Josh McDowell / Sean McDowell

# Mit Sicherheit Teil 1

## Grundlagen unseres Glaubens

Ein Kurs für Einzelne und Gruppen

# Dank

Wir möchten den vielen Menschen danken, die durch ihre Kreativität und ihr Wissen zur Entstehung dieses Kurses beigetragen haben.

Terri Snead und David Ferguson von Great Commandment Network herzlichen Dank für das Einbringen ihrer Kenntnisse bei den Punkten „Wir reden über die Wahrheit“ und „Wir begegnen der Wahrheit“ in diesem Bibelstudienheft. Terry Glaspey möchte ich für seinen Beitrag und seinen Rat bei der Entwicklung eines Konzeptes für Grundlagen unseres Glaubens danken.

Paul Gossard danke ich für seine fachkundige Bearbeitung dieses Manuskriptes.

Und schließlich dem ganzen Team von Harvest House, das uns den gesamten Weg begleitet hat.

Josh McDowell
Sean McDowell
Dave Bellis

lehre

# MIT SICHERHEIT TEIL 1

## GRUNDLAGEN UNSERES GLAUBENS

Josh McDowell · Sean McDowell

rigatio | 6 LEKTIONEN für Einzelne und Gruppen | ZUSATZMATERIAL www.rigatio.com

## Impressum

**Josh McDowell** ist seit mehr als 45 Jahren als Vortragsredner weltweit unterwegs. Er hat als Autor und Mitherausgeber mehr als 120 Bücher veröffentlicht, darunter die Klassiker *Wer ist dieser Mensch* und *Die Bibel im Test.*

**Sean McDowell** ist Pädagoge und wird im ganzen Land als Redner in Schulen, Gemeinden und zu Konferenzen eingeladen. Er ist der Autor verschiedener Bücher und Herausgeber der Apologetics Study Bible for Students.

**David Bellis** ist Autor, Produzent und Produktentwickler. Er und seine Frau Becky haben zwei erwachsene Kinder und leben im Nordwesten von Ohio.

Josh McDowell / Sean McDowell
**Mit SicherheitTeil 1**
Grundlagen unseres Glaubens

Titel des amerikanischen Originals *The Unshakable Truth.*  Published by Harvest House Publishers, Eugene, Oregon 97402.

ISBN: 978-3-95790-014-2


Übersetzung: Hildegund Beimdieke, Herborn; Katrin Schneeberger, CH Rubigen
Umschlaggestaltung: rigatio
Satz: rigatio; www.jensweigel.de
Druck: Kösel Altusried

# Inhalt

# Einführung

# Worum geht es in diesem Kurs?

Menschen reden davon, dass sie eine persönliche Beziehung zu Jesus Christus haben und dass man ihn kennenlernen kann. Doch was verbirgt sich dahinter? Natürlich ist damit gemeint, dass sie Christen sind und dass Gott ihnen persönlich alle Sünden vergeben hat. Aber macht das einen Christen aus – ein Mensch zu sein, dem vergeben wurde? Ist das alles?

Wir wollen deutlich machen, dass es weit mehr bedeutet, ein Nachfolger Jesu Christi zu sein. Es betrifft uns als ganzen Menschen und schließt unsere gesamte Entwicklung ein. Als Jesus sagte: „Ich bin der Weg und die Wahrheit und das Leben" (Joh 14,6), bot er uns zugleich seine Kraft an, um seinem Weg, seiner Wahrheit und seinem Leben zu folgen. Und während wir mit ihm unterwegs sind, fangen wir an zu begreifen, was sein Wille ist und wie wir leben sollen. Mit Beginn unseres Weges als Nachfolger Jesu findet zugleich ein Richtungswechsel statt. Von diesem Zeitpunkt an sehen wir die Welt immer mehr aus seiner Perspektive. Das heißt, wir denken zunehmend wie er und werden angetrieben, wie Jesus zu leben. Das wiederum schenkt uns unbeschreibliche Freude und ein erfülltes Leben.

Wenn wir das Leben und unsere Beziehung zu anderen Menschen aus der Perspektive Jesu sehen, bekommen wir ein klares Bild davon, wer wir sind, und wir entdecken unsere eigene Identität. Zunehmend erkennen wir den Zweck unseres Lebens und verstehen, welchen Sinn und welche Bedeutung es hat. Christ zu werden – ein bewusster Nachfolger Jesu sein – bestimmt unsere Identität, den Zweck und die Bestimmung unseres Lebens. Es ist auch der Beginn eines natürlichen Prozesses, den man geistliches Wachstum nennt und der dann auch unserer Familie und unseren Mitmenschen nicht verborgen bleibt, sondern zeugnishaft sichtbar wird. Doch was bedeutet es, solch ein Nachfolger Jesu zu sein – ein Mensch, der Freude und Erfüllung in seinem Leben gefunden hat und in der Lage ist, den Glauben der nächsten Generation zu bezeugen?

Dieser Kurs möchte entfalten, was es heißt, ein wahrer Jünger zu sein, und was es bedeutet, Jesus Christus persönlich zu kennen. Sie können den Kurs allein, zu zweit oder in einer Gruppe durcharbeiten. Sie machen sich auf einen Weg, der ein Leben lang andauern will. Es ist eine Entdeckungsreise, um den biblischen Glauben eines Jüngers Jesu zu erkunden. Das Ziel dabei ist, dass diese Glaubensüberzeugungen zentrale Werte in unserem Leben werden, die man im Alltag in allen Beziehungen auslebt. Dabei werden wir die Kernwahrheiten des christlichen Glaubens in vier Schritten erarbeiten:

### 1. Welche Grundwahrheiten machen unseren biblischen Glauben aus?

Im ersten Schritt geht es darum herauszufinden, welche Wahrheiten wir über Gott, sein Wort etc. glauben.

### 2. Warum glauben wir diese Wahrheiten?

Natürlich kann man bestimmte Wahrheiten einfach deswegen glauben, weil sie biblisch sind. Wenn man jedoch weiß, warum man sie glaubt, wird der Glaube gefestigt. Zusätzlich wird unsere Fähigkeit gestärkt, diese Überzeugungen anderen weiterzusagen – besonders innerhalb unserer Familie.

### 3. Inwiefern sind diese Wahrheiten für unser Leben relevant?

Wahrheit ist oft erst dann von Bedeutung, wenn man erkennt, dass sie uns im persönlichen Leben hilft und uns nutzt.

### 4. Welche praktische Konsequenz haben diese Wahrheiten im Alltag?

Es ist sicherlich notwendig, um die Bedeutung der Wahrheit für unser Leben zu wissen. Aber genauso wichtig ist es, dass diese Wahrheit in unserem Leben erfahrbar wird und Praxisbezug hat. Im Alltag wird sozusagen die Nagelprobe bestanden.

*Eine Warnung!* Dieser Kurs ist nicht als Anleitung gedacht, theoretisch über das Christsein zu diskutieren. Dabei stößt man schnell an Grenzen und hat sehr wenig Nutzen davon. Wir möchten vielmehr darlegen, wie man konkret erleben kann, dass Gottes Wahrheiten hier und jetzt und für alle Zeiten Gültigkeit haben. Es geht darum, Gott real und persönlich zu erleben. Der Apostel Johannes schreibt: *„Kinder, lasst uns nicht lieben mit Worten noch mit der Zunge, sondern in Tat und Wahrheit"* (1Jo 3,18).

Im Verlauf des Kurses und in den Gesprächsgruppen wird sehr viel Wert darauf gelegt, dass bestimmte Wahrheiten regelmäßig wiederholt und in der persönlichen Beziehung mit Gott und den Mitmenschen gelebt werden. Wenn wir sie so verinnerlichen, fällt es uns auf der lebenslangen Glaubensreise leichter, sie Familienangehörigen und Freunden sichtbar zu vermitteln.

Das hier Erarbeitete soll ein Leben lang Bestand haben. Weder in diesem Leben noch im zukünftigen wird dieser Lernprozess jedoch abgeschlossen sein. Gottes Wahrheiten sind dazu angelegt, dass wir uns bis in alle Ewigkeit daran erfreuen können. Seine Wahrheit zu begreifen und ihn zu erkennen, ist ein Prozess, der sich bis in die Ewigkeit erstreckt. Gleicherweise wird sich auch unsere Liebe zu ihm vertiefen. Dieser Prozess beginnt hier und jetzt. Dabei ist es völlig gleichgültig, ob unsere Beziehung zu Jesus Christus vor fünf Monaten, fünf oder 50 Jahren begonnen hat. Die Glaubenswahrheiten, die wir in diesem Kurs erarbeiten möchten, können für jeden gewinnbringend vertieft werden. Das Ermutigende dabei ist, dass Gottes Wahrheit von einem kleinen Kind erfasst und erlebt werden kann, obwohl sie ewig und unerschöpflich ist. Das ist gleichzeitig das Geheimnis ihrer Schönheit.

Dieser Kurs behandelt in zwei Bänden insgesamt 12 verschiedene Themen zum geistlichen Wachstum. Der vorliegende Band Nummer 1 beschäftigt sich mit den Wahrheiten 1-6.

Und jetzt geht es auf Erkundungsreise!

1. Wahrheit:

# Gott existiert

Kapitel 1.1

# Wer ist Gott?

Als ich (Josh) Teenager war, hatte ich große Probleme damit, mich selbst anzunehmen und zu akzeptieren. Ich verabscheute mich, weil ich der Sohn eines stadtbekannten Alkoholikers war. Meinen Vater und sein Alkoholproblem hasste ich über alles. Genau diese Gefühle waren ausschlaggebend dafür, wie ich mich sah, und sie prägten deshalb ganz stark mein Selbstbild. Als ich älter wurde und mich entschied, von zu Hause auszuziehen, stellte ich mir immer wieder die gleiche Frage: „Wer bin ich wirklich?"

Da ich ein skeptischer Mensch bin, zweifelte ich stark an der Existenz eines persönlichen Gottes. Ich konnte deshalb auch keine klare Antwort auf die Frage finden, wie meine Bestimmung als Geschöpf Gottes aussehen sollte. Trotzdem schaute ich nachts oft in den Sternenhimmel und fragte mich, wie wohl jeder einzelne Stern dorthin gekommen war und wie das alles entstanden sein mochte. Mich erstaunte die Tatsache, dass der Planet Erde die Sonne in einer Galaxie umkreist, von der es im Weltraum Milliarden gibt. Angesichts dieses gewaltigen Universums fühlte ich mich winzig und verloren. Wenn ich ehrlich bin, hoffte ich insgeheim, dass es da draußen in diesem weiten Kosmos ein intelligentes Wesen, einen Gott, geben würde. Er könnte mir helfen zu verstehen, wer ich eigentlich bin und was der Sinn meines Lebens ist.

## Existiert Gott?

Wir Menschen leben auf einem Planeten in einem ungeheuer großen Universum. Es ist ganz selbstverständlich, dass wir uns die Fragen stellen: Woher kommen wir? Was ist der Sinn unseres Lebens? Die Erde, unser Zuhause, erscheint uns so unbedeutend und winzig, gemessen an der Größe und Weite des Weltraums. Kann es irgendwo in dieser unermesslichen Weite einen Gott geben? Wenn wir über diesen Weltraum nachdenken, scheint es, als ginge er endlos weiter, ohne dass er jemals an ein Ende käme. Allein der Versuch, die Größe des uns bekannten Universums zu erfassen, bringt uns schon an die Grenze des Vorstellbaren. Wir wollen es trotzdem einmal versuchen.

## Warum existiert überhaupt etwas?

Die Größe des Universums ist so gewaltig, dass wir es in Lichtjahren messen müssen. *Ein* Lichtjahr ist die Strecke, die Licht in 365 Tagen zurücklegt. Da es sich mit einer Geschwindigkeit von 299.792 km pro Sekunde ausbreitet, legt es pro Jahr fast 9.460.730.472.581 km zurück, also etwa 9,5 Billionen Kilometer. Ich will es für uns ein bisschen konkreter machen: Ein Sonnenstrahl braucht acht Minuten und 20 Sekunden, um die Entfernung von 150 Millionen Kilometern zwischen Sonne und Erde zurückzulegen. Wie viel größer ist also das uns bekannte Universum, wenn wir es in Lichtjahren messen? Manche Wissenschaftler gehen davon aus, dass die Materie sich über einen Raum von mehreren Milliarden Lichtjahren verteilt. Um eine Ahnung von diesen Größen zu bekommen, muss man wissen, dass unsere Milchstraße einen Durchmesser von ca. 100.000 Lichtjahren hat. Die nächste Galaxie, die Andromedagalaxie, ist 2,5 Millionen Lichtjahre entfernt. Allein im beobachtbaren Universum existieren wahrscheinlich Milliarden von Galaxien.[1] In unserer menschlichen Begrenztheit können wir diese gewaltigen Entfernungen und Größenordnungen gar nicht erfassen und begreifen. Dieser unendlich groß erscheinende Weltraum sprengt unsere Vorstellungskraft. Aber wie wurde er erschaffen? Und warum?

**Lesen Sie Psalm 19,2-4. Wovon reden diese unvorstellbaren Weiten des Universums?**

Die gleiche Begrenztheit erleben wir, wenn wir über die *Zeit* nachdenken. Wir können nicht begreifen, dass sie irgendwann begonnen hat oder enden wird. Für uns scheint es, als läge vor dem Beginn oder nach dem Ende der Zeit einfach noch mehr Zeit. Das liegt daran, dass alles in unserer Erfahrung einen Anfang und ein Ende hat und in der Zeit abläuft. Aus diesem Grund ist der Begriff *Ewigkeit* oder die Idee eines ewigen Lebens für uns nicht vorstellbar – wir sind immer an unsere Vorstellung von der Zeit gebunden.

**Lesen Sie Prediger 3, 11. Woher hat der Mensch eine Idee von der Ewigkeit?**

Die Zeit, die Größe des Weltraums und die Anzahl der Galaxien sind weitgehend Rätsel für uns. Aber kann das alles nur durch Zufall entstanden sein? Haben sie vielleicht auch irgendwo einen Ursprung? Wenn wir unseren Planeten Erde einmal genauer betrachten, entdecken wir eine Fülle von Geheimnissen und Faszinationen der Natur. Die Blattschneiderameisen sind dafür ein ideales Beispiel. Diese verblüffenden Insekten leben in einer sehr komplexen Sozialstruktur, den Kolonien. Bis zu 100.000 Ameisen leben in einer Kolonie zusammen. Damit das funktionieren kann, ist ein hohes Maß an Organisation und differenzierter Kommunikation notwendig, um die Kolonie mit großen Mengen an Nahrung zu versorgen. Dabei übernimmt jede Ameise eine besondere Aufgabe innerhalb eines Teams, das zu dieser Meisterleistung beiträgt.

Der Ablauf, um Nahrung zu beschaffen, sieht folgendermaßen aus: Zunächst senden die Ameisen Kundschafter mit der Aufgabe aus, geeignete Nahrung zu finden. Wenn eine dieser Ameisen ein saftiges Blatt gefunden hat, läuft sie schnell zurück zu ihrer Kolonie und berichtet davon. Damit das Blatt wiedergefunden wird, berührt sie auf dem Weg zurück zum Ameisenhaufen mit ihrem Körper immer wieder den Boden. Dadurch legt sie einen Geruchspfad an, dem die sammelnden Ameisen folgen und so zur Nahrungsquelle gelangen.

Bestimmte Blattschneiderameisen kommunizieren durch „Singen", um mitzuteilen, dass sie Nahrung gefunden haben. Die Ameise „singt" dieses Lied, indem sie ihren Unterleib gegen das Blatt drückt und so einen hochfrequenten Vibrationston erzeugt. Andere Ameisen, die bis zu 90 cm entfernt sind, können diese Schwingungen durch ihre Beine wahrnehmen. Sie folgen dem Vibrationston bis zum Blatt, brechen es gemeinsam vom Stängel ab und transportieren es zum Ameisenhügel. Das Faszinierende an Ameisen ist, dass sie das Hundertfache ihres Eigengewichtes transportieren können. Die Blattschneiderameisen können die Blätter außerdem noch bis zu 300 m weit tragen, was einer Distanz von mehr als drei Fußballfeldern entspricht, um die Nahrung zu ihrer Kolonie zu bringen.[2]

**Lesen Sie Psalm 104, 24. Was erkennt der Psalmist in der Schöpfung?**

**Lesen Sie Hiob 38,36. Woher stammt das planvolle Handeln selbst in der Tierwelt?**

*Wer hat Weisheit in den Ibis gelegt, oder wer hat dem Hahn Verstand gegeben?*
**Hiob 38,36**

Blattschneiderameisen sind wirklich ein großes und wunderbares Geheimnis der Natur. Viel erstaunlicher ist aber die Tatsache, dass z. B. *Sie* als Mensch überhaupt in der Lage sind, in diesem Moment eine Seite im Buch zu lesen, sie zu verstehen und über die ausgeklügelte Kommunikations- und Organisationsfähigkeit dieser kleinen Insekten zu staunen. Das liegt daran, dass sich in unserem menschlichen Schädel ein großes, etwa drei Pfund schweres Wunderwerk befindet. Dadurch können unsere Augen den Wörtern auf dieser Seite folgen. Diese einzelnen Wörter wiederum sind Symbole mit bestimmten Bedeutungen, die miteinander verknüpft Gedanken ergeben, die wir beim Lesen verstehen. Unser Herz schlägt, wir atmen ein und wir atmen aus, unser Körper verdaut und verarbeitet Nahrung.

Diese dabei ablaufenden Bewegungen der Muskeln, die wir nur unbewusst wahrnehmen, werden alle von einem brillanten Organ kontrolliert: unserem Gehirn. Dadurch können wir laufen, gehen, sitzen, sehen, tasten, hören, riechen, schmecken und jede Art von Emotion wahrnehmen. Das menschliche Gehirn besteht schätzungsweise aus 100 Milliarden bis eine Billion Nervenzellen, den Neuronen. Sie können elektrochemische Signale aufnehmen und weiterleiten; dadurch werden unsere Muskeln aktiviert und bewegen bestimmte Stellen unseres Körpers. So sind wir in der Lage, die gewünschten Bewegungen auszuführen. Die Neuronen sind vergleichbar mit den Leiterbahnen in einem Computer – nur unglaublich komplexer.

**Lesen Sie Psalm 139,14. Was sagt die Bibel angesichts dieser Komplexität?**

Obwohl die Medizin schon große Fortschritte in der Erforschung der Gehirnfunktionen gemacht hat, ist vieles noch unerforscht und ein Rätsel. In einem digitalen Computer werden die Informationen beispielsweise in einem sogenannten Register zwischengespeichert; es hat eine Arbeitsgeschwindigkeit von Milliarden Schwingungen pro Sekunde. Unser Gehirn hingegen kann durch die Neuronen größere Mengen an Information bei einer Arbeitsgeschwindigkeit von nur 100 Schwingungen pro Sekunde verarbeiten.[3]

Wie kann das Gehirn so viel effektiver arbeiten als die leistungsfähigsten und hochentwickeltesten Computer unserer Zeit? Diese Frage kann niemand beantworten.

Unser Gehirn ist die komplexeste biologische Struktur, die zurzeit bekannt ist. Doch wie ist es in all seiner Genialität entstanden? Woher kommen eigentlich wir Menschen, unser Gehirn, die kleinen Ameisen, das Milchstraßensystem und alles, was es im Universum gibt? Warum existiert überhaupt etwas, warum ist nicht einfach nichts da? Was ist der Ursprung hinter allem, und zu welchem Zweck ist es geschaffen worden? Was oder wer hat alles zum Entstehen gebracht? Wie und warum?

## Eine unpersönliche Macht

Manche denken, dass jedes Lebewesen aus sich selbst heraus entstanden sei und sich eines Tages wieder im Universum auflöse. Diese Denkweise schließt ein Wesen oder ein höheres Sein, einen Gott, als Schöpfer vollkommen aus. Gott wird als kosmische Kraft verstanden, die die ganze Substanz des Universums in sich vereint. Nach dieser *pantheistischen* Auffassung ist die Natur mit Gott identisch und somit göttlich.[4] Acht Prozent der Teenager, die sich selbst als konservative Christen bezeichnen, teilen diese New-Age-Philosophie.[5] Danach sind wir durch diese kosmische Kraft alle göttlich und eins mit dem Universum. Klassisch wird dieser „Glaube" mit „Gott ist alles und alles ist Gott" beschrieben.

**Beschreiben Sie kurz die Überzeugung des Pantheismus.**

Viele Menschen, die nicht die pantheistische Auffassung teilen, glauben an ein höheres Wesen außerhalb des Universums, das alle Lebewesen und alles Seiende geschaffen hat. Für dieses Wesen ist die Schöpfung abgeschlossen; darum nimmt es keinen weiteren Einfluss mehr auf sie. Man nennt diese Sicht *Deismus.* Er lehnt alles Übernatürliche (Prophetie, Wunder) ab und behauptet, dass Gott als der „große Baumeister" einen Plan für die Welt habe, der nicht mehr verändert werde. Gott greife weder in das Schicksal des Einzelnen ein, noch setze er die natürlichen Gesetze des Universums außer Kraft.[6]

Zehn Prozent der Teenager mit konservativ christlichem Hintergrund stimmen der deistischen Philosophie zu.[7] Sie glauben, dass es einen Gott gibt, der ähnlich wie ein Uhrmacher die Welt zunächst nach seinen Vorstellungen geplant, sie dann wie eine Uhr aufgezogen hat und sie nun sich selbst überlässt. Diese Sicht hat jedoch Auswirkungen auf den Alltag eines jungen Menschen. Unter diesen Voraussetzungen wird es ihm schwerfallen, sich in Notsituationen im Gebet an Gott zu wenden oder den

Herrn in Zeiten der Anfechtung um Kraft zu bitten. Gott ist gemäß diesem Denken ein unpersönliches Wesen, das den Menschen sich selbst überlässt.

**Beschreiben Sie kurz die Überzeugung des Deismus.**

## Was glauben wir über Gott?

Christen glauben, dass ein persönliches Wesen bereits vor dem Beginn von Raum und Zeit existiert hat. Dieses Wesen sprach *„Es werde!"* und erschuf allein durch die Kraft seiner Worte alles Existierende: *„Und Gott sprach: Es werde Licht! Und es wurde Licht"* (1Mo 1,3). Christen glauben auch, dass diese Worte das Reden eines persönlichen, ewigen Gottes waren: *„Alles wurde durch dasselbe, und ohne dasselbe wurde auch nicht eines, das geworden ist"* (Joh 1,3). Sie glauben außerdem, dass Gott als weiser Schöpfer alles Lebendige in diesem Universum erschaffen hat.

Natürlich fragt man an dieser Stelle nach dem Wesen, dem Charakter dieses Schöpfergottes: Ist es vielleicht möglich, etwas mehr über ihn zu erfahren; kann man eine Antwort darauf finden, warum er uns überhaupt erschaffen hat, welchen Zweck unser Leben hat? Die Antwort liegt auf der Hand: Dieser Gott, der so mächtig ist, dass er das endlos weite Universum erschaffen hat, und der damit unsere menschliche Vorstellungskraft vollkommen übersteigt, ermöglicht es uns endlichen Wesen, ihn kennenzulernen. Aber wie ist das möglich? Obwohl wir ihn nicht völlig begreifen können, ist es denkbar, dass wir ihn zuverlässig und wahrhaftig anhand der Tatsachen erkennen, die er über sich selbst offenbart hat. Gott hat sich damit durch mindestens sechs Merkmale erkennbar gemacht:

### Wesensmerkmal 1
### Gott ist ewig – er lebt ohne Anfang oder Ende

**Lesen Sie Jesaja 40,28 und Psalm 102,26-28.**

**Wann war der Beginn von Gottes Existenz? Wann wird sie enden?**

**Was bedeutet es für uns, dass wir einen Gott kennen dürfen, der kein Ende hat und ewig ist?**

*Ewig* bedeutet Existenz ohne Anfang und Ende. Es gab keinen Augenblick, in dem Gott nicht existierte. Er war immer da und wird immer da sein. Das können wir uns nur schwer vorstellen.

## Wesensmerkmal 2
## Gott ist allmächtig – er kann alles und ist allgewaltig

**Lesen Sie Hiob 42,2; Psalm 147,5 und Jeremia 32,17.**

**Woher kommt Gottes Stärke? Was gibt ihm Energie und hält ihn am Leben?**

**Was bedeutet es für uns, einen Gott persönlich kennenzulernen, der allmächtig ist und über alle erdenkliche Kraft verfügt?**

Der ewige, unvergängliche Gott ist auch ein allmächtiger Gott, der alles wirken kann, was er sich vorgenommen hat.

## Wesensmerkmal 3
## Gott ist allgegenwärtig – er ist immer da

**Lesen Sie Jeremia 23,23-24; Psalm 139,7-8; und Matthäus 28,20.**
**Wo ist Gott?**

**Was bedeutet dieses Wissen für Sie praktisch?**

Gott ist immer und überall da. Er erfüllt einerseits alle Galaxien mit seiner Gegenwart und ist zur gleichen Zeit auch bei jedem Einzelnen von uns, egal wo wir gerade sind. Aufgrund unserer menschlichen Begrenztheit ist es für uns nur schwer vorstellbar, wie jemand in jedem Winkel des Universums sein kann. Genau das ist aber das Wesen Gottes. Genau dieser Gott, der zur gleichen Zeit überall ist und der das ganze Universum mit seiner Gegenwart erfüllt, kann uns hören, wenn wir ein stilles Gebet an ihn richten.

## Wesensmerkmal 4
## Gott ist unveränderlich – er ist immer derselbe

Ein weiteres Merkmal Gottes ist seine absolute Treue. Auf ihn kann man sich immer hundertprozentig verlassen, weil er sich niemals verändern wird.

**Lesen Sie Psalm 102,27-28, Hebräer 13,8 und 4. Mose 23,19. Was erfahren Sie dort über das Wesen Gottes?**

Gott schenkt uns eine Sicherheit, in der wir ruhen können; weder gerät er ins Wanken, noch lügt er uns an. Er wird immer zu seinem Wort stehen; darauf ist Verlass.

**Was bedeutet Ihnen dieses Wissen persönlich?**

## Wesensmerkmal 5
## Gott ist allwissend – er weiß alles

**Lesen Sie Jesaja 46,9-10 und Psalm 139,1-2.**

**Wie viel Wissen hat Gott über die Vergangenheit?**

**- über die Gegenwart?**

**- über die Zukunft?**

Denken Sie darüber nach, was es bedeutet, einen allwissenden Gott persönlich zu kennen; einen Gott, der alles weiß, was man über Vergangenheit, Gegenwart und Zukunft nur wissen kann.

Gott weiß alles. Er überblickt die gesamte Vergangenheit, Gegenwart und Zukunft. Sein Wissen ist unbegrenzt. Solch ein gewaltiges Wissen übersteigt unseren Verstand. Selbst wenn wir unzählige Computer mit allem Wissen der Menschheit fütterten, käme das nicht ansatzweise an Gottes Wissen heran.

## Wesensmerkmal 6
## Gott ist persönlich – er ist in seinem Wesen Beziehung

**Lesen Sie 1. Mose 1,26-27.**

**Gott sagte: „*Lasst uns Menschen machen.*" Wer verbirgt sich hinter dem Wörtchen „uns"?**

**Lesen Sie 1.Mose 2,18. Welche Lösung wird für das menschliche Alleinsein angeboten?**

Gott sagte zu Mose: *„Denn du darfst dich vor keinem andern Gott anbetend niederwerfen; denn der HERR, dessen Name Eifersüchtig ist, ist ein eifersüchtiger Gott"* (2Mo 34,14).

**Warum ist Gott solch ein eifersüchtiger Gott?**

______________________________________________

______________________________________________

**Was bedeutet es, einen Gott zu kennen, der ein vollkommenes Gemeinschaftswesen ist?**

______________________________________________

______________________________________________

**Wir glauben, dass es einen unvorstellbar großen, persönlichen Gott des Universums wirklich gibt.**

Obwohl Gott ewig, allmächtig, allgegenwärtig, unveränderlich und allwissend ist, sehnt er sich nach einer persönlichen Beziehung mit jedem einzelnen Menschen. Auf der einen Seite mag seine Stärke und außerordentliche Macht für uns furchterregend sein. Doch er ist ein Gott, der um uns eifert, weil er mit uns Gemeinschaft haben will.

Tief in meinem Herzen suchte ich (Josh) genau danach – ohne es zu wissen. Gott, den Schöpfer des Universums, ganz persönlich kennenzulernen, war die Antwort auf so viele meiner Fragen: Wer bin ich eigentlich? Warum lebe ich hier auf der Erde? Wohin werde ich einmal gehen? Gott ist kein Gott, der das Universum geschaffen hat, um es dann sich selbst zu überlassen. Er ist immer noch am Werk und mit seinen Geschöpfen verbunden; sie sind ihm wichtig. Das zeigt sich daran, dass er in Jesus Christus als Mensch auf diese Erde kam. In dem Moment, wenn wir uns zu ihm bekehren, kommt er durch seinen Heiligen Geist in unser Leben. Er beantwortet unsere Gebete und schenkt uns durch seinen Heiligen Geist Kraft, damit wir Versuchungen widerstehen können. Er möchte, dass wir seinen Plan in unserem Leben umsetzen. Er ist ein persönlicher Gott, der mit seinen Geschöpfen in eine Beziehung treten und in ihrem Leben handeln möchte.

Als der Engel Maria erschien, sagte er treffend: *„Denn kein Wort, das von Gott kommt, wird kraftlos sein“* (Lk 1,37), d. h., nichts ist bei ihm unmöglich. Obwohl Gottes Wesen, Macht, Gegenwart und Wissen für uns unermesslich sind, wünscht er sich, mit jedem von uns in eine persönliche Beziehung zu treten. Genau das ist so erstaunlich. Ein Gott, der selbst keine Bedürfnisse hat und nichts braucht, der alles zu tun in der Lage ist und für den es keine Grenzen gibt, wünscht sich trotzdem eine enge, vertraute Beziehung mit jedem von uns. So ist der ewig seiende Gott, der immer da sein wird und dem wir unser ganzes Vertrauen schenken können.

Kapitel 1.2

# Woher wissen wir, dass Gott existiert?

Vielleicht glauben wir, dass es einen persönlichen Gott gibt – aber können wir uns da wirklich sicher sein? Einen absoluten Beweis für die Existenz Gottes zu liefern, ist nicht möglich – etwa in der Art, dass er einer großen Menschenmenge erschiene und so seine Allmacht, Allgegenwart, Allwissenheit und Herrlichkeit sichtbar werden ließe.

Selbst wenn das geschehen würde, gäbe es immer noch viele Menschen, die weiter an der Existenz Gottes zweifeln und diesen Beweis nicht akzeptieren würden. Vielleicht hielten sie diese Erscheinung für eine Halluzination oder Einbildung. Die Wahrheit ist aber, dass Gott sich bereits einmal in menschlicher Gestalt gezeigt und seine göttliche Macht durch Zeichen und Wunder bewiesen hat. Trotzdem zweifeln die Menschen an Jesu Gottheit.

Es ist aber durchaus nicht so, dass wir nicht über ausreichende Beweise für die Existenz Gottes verfügten. Für jeden Menschen, der ernsthaft sucht, gibt es genügend überzeugende Tatsachen. Darüber hinaus wird sich Gott selbst allen Menschen offenbaren, die ihn von ganzem Herzen suchen.

**Lesen Sie Lukas 11,9. Was verspricht Jesus hier?**

**Gott selbst wird sich allen Menschen offenbaren, die ihn von ganzem Herzen suchen.**

Egal wo wir hinschauen, wir finden Beweise für ihn. Er hat seine Fingerabdrücke überall hinterlassen. Sie sind sowohl in den Weiten des Universums als auch im Mikrokosmos einer Zelle zu finden. Wir wollen uns vier Beweise oder Argumente für die Existenz Gottes näher anschauen.

## 1. Der kosmologische Gottesbeweis

Dieser Gottesbeweis wird auch der Beweis von der *ersten Ursache* genannt und geht davon aus, dass alles, was existiert, auf eine Ursache zurückzuführen ist. Dabei stoßen wir, wenn wir der Ursachenkette bis an den Anfang folgen, auf eine erste Ursache, die selbst nicht verursacht ist. Diese erste Ursache ist der Schöpfergott.

Thomas von Aquin, ein berühmter Philosoph des 13. Jahrhunderts, argumentierte in ähnlicher Weise. Er sagte, dass alles, was in Bewegung ist, wie z. B. das Universum, sich nicht von selbst bewegen kann, sondern durch etwas anderes bewegt wird. So kam er zu dem Schluss, dass es einen ersten unbewegten Beweger geben muss, der die Bewegung in Gang gesetzt hat. Das ist Gott.

Der christliche Apologet Frank Turek vertritt die Ansicht, dass die Wissenschaft die These von der Existenz Gottes als erste Ursache stützt. Vermutlich werden nicht alle – auch nicht alle Christen – die Sicht von Dr. Turek teilen. Dennoch möchte ich einige seiner Argumente anführen, damit jeder sich eine eigene Meinung bilden kann. Er schreibt:

> In der Philosophie lautet das kosmologische Argument für die Existenz Gottes folgendermaßen:
>
> 1. Alle Dinge, die zu existieren begonnen haben, sind aufgrund einer bestimmten Ursache entstanden.
> 2. Das Universum hat ebenfalls einen Anfang und begann zu existieren.
> 3. Aus diesem Grund ist auch das Universum aufgrund einer bestimmten Ursache entstanden. (Schlussfolgerung: Diese Ursache ist Gott.)
>
> Stützt die Wissenschaft einen solchen Gedankengang? Ja. Die Wissenschaft liefert uns bemerkenswerte Indizien dafür, dass das Universum an einem bestimmten Punkt in der Vergangenheit aus dem Nichts entstanden ist.
>
> Dabei gibt es insgesamt fünf Indizienstränge der wissenschaftlichen Argumentation, die auf den Ursprung des Universums hinweisen: Es ist der *zweite*

*Hauptsatz der Thermodynamik*, das *expandierende Universum*, die *kosmische Hintergrundstrahlung*, die *gewaltigen Galaxien* und *Einsteins Relativitätstheorie*. Man kann also mit großer Wahrscheinlichkeit davon ausgehen, dass das Universum einen Beginn hatte.

Diese Hinweise legen nahe, dass das Universum aus dem Nichts heraus entstanden ist. Es war vermutlich rein gar nichts vorhanden – weder Zeit noch Raum noch irgendeine Materie.

Was war die Ursache für diese Schöpfung? Um dies zu beantworten, ist es wichtig zu verstehen, dass es sich dabei nicht um eine Expansion (Ausdehnung) *im* Raum, sondern eine Expansion *des* Raums handelte. Es war auch keine Expansion *in* der Zeit, sondern *der* Zeit. Es war keine Expansion bereits existierender Materie, sondern die Schöpfung der Materie. Die Ursache für die Entstehung des Universums muss daher außerhalb von Raum, Zeit und Materie gelegen haben.

Ein Atheist hat vielleicht folgende Einwände: „Warum kann es nicht möglich sein, dass eine natürliche Kraft oder ein Prozess der Ursprung des Universums gewesen ist?" Das Problem liegt darin, dass weder die Natur noch natürliche Kräfte zuvor existierten und deshalb als erste Ursache nicht infrage kommen. Das wiederum bedeutet, dass die Ursache des Universums etwas sein muss, das über es hinausgeht. Es muss etwas *Über*natürliches sein.[1]

**Beschreiben Sie in eigenen Worten den kosmologischen Gottesbeweis.**

**Lesen Sie Johannes 1,3 und Apostelgeschichte 4,24. Wodurch ist laut diesen Versen alles geschaffen worden?**

**Wer hat Gott geschaffen?**

Das führt uns natürlich zu der Frage: „Wer hat Gott geschaffen?“ Es ist wichtig klarzustellen, dass Christen nicht glauben, dass *alles Existierende eine Ursache haben muss*. Vielmehr gehen sie davon aus, dass alles, was zu existieren *beginnt*, eine Ursache haben muss. Vieles existiert ohne Ursache, wie zum Beispiel mathematische Wahrheiten und Gesetze der Logik. Selbst wenn die Welt niemals erschaffen worden wäre, würde trotzdem 1+1=2 gelten. Das Universum hat einen Beginn, deshalb muss es auch eine Ursache haben. Gemäß der Definition von Gottes Wesen braucht er keine Ursache, er ist unverursacht.

Der Philosoph William Lane Craig bringt es auf den Punkt:

> Es geht hier nicht um ein besonderes Plädoyer für die Sache Gottes. Aber Atheisten beharren stets darauf, dass das Universum keine Ursache brauche, weil es ewig sei. Doch wie können sie daran festhalten, dass das Universum zwar ewig und ohne Ursache sei, Gott aber nicht ohne Zeit und Ursache sein könne.[2]

Als kleiner Junge habe ich (Sean) oft darüber nachgedacht, *wie* es sein kann, dass Gott ewig ist. Schließlich kam ich zu folgender Erklärung: Wenn die Welt einen Anfang hat, dann müsste es etwas geben, was vor der Welt bestanden und sie zum Entstehen gebracht hat. Dieser Gedanke ließ mich immer stutzig werden, und das hat sich bis heute nicht geändert. Obwohl es für den menschlichen Verstand unfassbar ist, wie Gott schon immer existiert haben kann, ahnen wir alle, dass es etwas außerhalb des Universums geben muss, das als Ursache für dessen Entstehung infrage kommt. Deshalb ist ein Gott, der ohne Ursache ist, die sinnvollste und schlüssigste Erklärung.

**Lesen Sie Hebräer 1,8. Seit wann existiert Gott?**

## 2. Der teleologische Gottesbeweis

Bei dem teleologischen Gottesbeweis geht es um die planvolle Gestaltung der Welt, um das Design. Das Leben, die Naturgesetze zeugen von einer faszinierenden und beeindruckenden Komplexität. Sie haben vielfache Merkmale von Design (Gestaltung), dass sie nur von einem persönlichen Schöpfer, einem „Gestalter“, kommen können.

**Lesen Sie Hiob 38,1-38. Wer hat laut der Bibel allem Seienden Ordnung gegeben?**

**Beschreiben Sie in eigenen Worten, was der teleologische Gottesbeweis besagt.**

Wer schon einmal Disneyland oder Disneyworld besucht hat, kennt wahrscheinlich auch die Blumenbeete am Steilhang. Die Farben, die Konturen und die verschiedenen Blumen ergeben zusammen das Bild von Mickey Mouse. Niemand würde das Wunderwerk irgendeinem Zufall zuschreiben. Warum auch? Zum einen wachsen Blumen in dieser Vielfalt und Farbgebung nicht einfach so, um Mickey Mouse darzustellen. Gerade die Vielfalt und die Positionen der Blumen innerhalb der Beete vermittelt ganz eindeutig, dass sich hier jemand Gedanken gemacht und geplant haben muss. Komplexität in dieser Form lässt es höchst unwahrscheinlich sein, dass diese Blumen zufällig so gewachsen sind.

Außerdem weist das Blumenbeet nicht nur Komplexität auf; das Blumenarrangement wurde auch in einer bestimmten Art gepflanzt. Einige Blumen stellen das Auge, andere die Nase und wieder andere den Mund und die berühmten Ohren dar. Insgesamt ergibt das Bild ein frei entworfenes Muster – und aus diesem Grund wurde es ganz bewusst angelegt.

Diese Kombination von Komplexität (also durch Zufall höchst unwahrscheinlich) und Detailgenauigkeit (also ganz und gar nicht beliebig) nennt man *bewusste Komplexität*. Sie ist das Kennzeichen für Intelligenz. Das große Blumenbeet im Disneyland mit seiner ausgefeilten Formgebung führt uns zu dem Schluss, dass hier ein intelligenter Gärtner am Werk war.

## Die Botschaft einer einzigen Zelle

Je komplexer etwas gestaltet ist, und je mehr die Form bestimmten Mustern folgt, desto mehr lässt es auf einen intelligenten Urheber schließen. Nehmen wir zum Beispiel die Bausteine menschlichen Lebens – eine einzige lebendige Zelle. Weist sie eine gewisse Komplexität auf?

Sehen wir uns eine Zelle in milliardenfacher Vergrößerung an. Ihre Zellwand weist Millionen winziger Öffnungen auf – so wie Bullaugen an einem Schiff. Aufgabe dieser Öffnungen ist es, die Stoffe in die Zelle hinein- und wieder aus ihr herauszulassen. Zellen verfügen über eine Nanotechnik, wie sie die Wissenschaft noch nicht einmal im Ansatz zu leisten vermag. Francis Crick, einer der Mitentdecker der DNA-Struktur, beschrieb die Zelle als „eine winzige Fabrik, leistungsstark mit einer raschen, organisierten chemischen Aktivität." Dieses Zitat stammt aus den frühen 1980er Jahren. Die heutigen Wissenschaftler vergleichen die Zelle bereits mit einer automatisierten Stadt.

Im Inneren der Zelle finden wir eine Sammlung von Stoffen, die von aufeinander abgestimmten „roboterähnlichen Maschinen" hinein- und hinausmanövriert werden. Sie werden dabei auf bestimmten Wegen in der Zelle genaustens gesteuert. Das Ausmaß von Logistik dieser fein gesteuerten Bewegung ist in der Tat kaum vorstellbar, wobei sich alles nur in einer einzigen Zelle abspielt. In größeren Organismen müssen Zellen zusammenwirken, damit die Funktionen von Organen wie Herz, Augen, Leber, Ohren sichergestellt werden; diese wiederum müssen mit ihrer Funktion den gesamten menschlichen Organismus aufrechterhalten.

Wenn wir in das Innere einer Zelle schauen, finden wir die spiralförmigen DNA-Bausteine. Sie speichern die Informationen, die notwendig sind, um Proteine aufzubauen. Proteine sind erstaunlich kompliziert aufgebaute molekulare Systeme. Ein typisches Protein besteht aus ein paar hundert Aminosäuren, die in genau durchdachter Reihenfolge angelegt sind; die Aminosäuren wiederum sind in einer hochorganisierten dreidimensionalen Struktur miteinander vernetzt. Dieser Aufbau ermöglicht es dem Protein, seine Funktion innerhalb der Zelle auszuüben.

Biologen können heutzutage die Prozesse innerhalb einer Zelle nicht beschreiben, ohne sie mit Maschinen zu vergleichen oder zu ihrer Beschreibung Begriffe aus dem Bereich der Hochtechnologien des modernen Ingenieurswesens zu verwenden. Der Grund dafür ist, dass nahezu jedes Merkmal uns bekannter Hochtechnologie in einer Zelle zu finden ist.[3]

Bei sorgfältigem Beobachten der Vorgänge in einer Zelle wird daher eines deutlich: Hier herrschen eine Komplexität und eine Entwicklungsstufe, die alle heutigen technischen Innovationen in den Schatten stellt. Aus diesem Grund kommen immer mehr Wissenschaftler zu dem Schluss, dass eine *intelligente Verursachung* die beste Erklärung für eine Zelle bietet.

**Fallen Ihnen andere Beispiele ein, wo Komplexität nicht durch Zufall erklärt werden kann?**

## Das Leben erfordert eine Fülle von Information

Das Hauptmerkmal des Lebens lautet: *Information*. Leben, auch das der einfachsten Bakterien, erfordert ungeheuer viel Information, um zu funktionieren. Diese Zellinformation ist in der DNA gespeichert. Die DNA *einer* menschlichen Zelle enthält die Information von etwa 8000 Büchern. Ein durchschnittlicher menschlicher Körper besteht aus über 100 Billionen Zellen. Jede von ihnen besitzt einen DNA-Strang, der abgewickelt eine Länge von drei Metern ergibt. Würde man die gesamte DNA eines Menschen abwickeln und zusammenknüpfen, ergäbe das ungefähr 70-mal die Strecke von der Erde zur Sonne und zurück.[4]

Angenommen, es gäbe keinen intelligenten Schöpfer – woher stammte dann die notwendige Information für das Leben? Die typische Antwort eines Darwinisten würde lauten, dass bei genügend Materie, Zeit und Zufall alles möglich sei.

Doch wie viel Zeit, Materie und Zufall stehen zur Verfügung? Bereits 1913 argumentierte der französische Mathematiker Emile Borel: Wenn man eine Million Affen zehn Stunden pro Tag auf Schreibmaschinen tippen ließe, wäre es dennoch ziemlich unwahrscheinlich, dass sie die Werke aus den Bibliotheken der Welt reproduzierten. Das Universum ist sehr alt und gewaltig, aber laut Borel nicht alt genug, dass so etwas Unwahrscheinliches passieren könnte.

Lasst uns Borels Gedankenspiel einmal eingrenzen. Anstatt sich auf viele Bücher zu konzentrieren, nehmen wir nur einmal die Werke Shakespeares. Nun lautet die Frage: Wie viele Affen und welcher Zeitraum wären erforderlich, um auch nur eines der Werke von Shakespeare zu reproduzieren – oder auch nur wenige Zeilen davon?

Der Quanteninformatiker Seth Llyod, Wissenschaftler am *Massachusetts Institute of Technology*, hat dieses Problem hochgerechnet. Nach Lloyd können in dem uns bekannten physikalischen Universum durch Zufall nur 400 Bits (eine Folge von 400 Nullen und Einsen) einer vorgegebenen Information produziert werden. Das entspricht einer Reihe von ungefähr 82 normalen Buchstaben und Leerzeichen. Der längste Abschnitt aus Hamlets Monolog, den das gesamte Universum durch Zufall produzieren könnte – innerhalb seiner Größe und bei angenommenen vielen Billionen Jahren – wären die folgenden Zeilen:

> „Sein oder Nichtsein; das ist hier die Frage: Obs edler im Gemüt, die Pfeil und Schleudern erdulden."

Mit dem Prinzip des Zufalls stoßen wir bei der Erklärung von Vorgängen in dieser Welt also ganz klar an Grenzen. Selbst im allergünstigsten Fall gelingt es nicht, wahllos zwei Sätze von Shakespeare zu Papier zu bringen – schon gar nicht ein ganzes Buch.[5]

Wenn es nach dem Zufallsprinzip in einem großen Zeitraum nicht gelingt, ausreichend Information für zwei Sätze von Shakespeare zu liefern, wie soll dann eine einfachste Zelle mit ihrer Komplexität zustande kommen? Eine einfache Zelle braucht schon allein in ihrer DNA hunderttausende Bits an Information in einer exakten Reihenfolge. Gegner der Idee eines intelligenten Schöpfers stehen daher vor einer unmöglichen Aufgabe. Sie müssen erklären, wie diese Information (in ihrer hohen Komplexität) in einem einfachen lebendigen Organismus durch die Prinzipien von Zufall und Zeit entstanden sind. Es liegt auf der Hand, dass das Leben zu viel Information enthält, als dass es ein Produkt des Zufalls sein könnte. Zum Beispiel:

> Der Informationsspeicher der DNA übersteigt bei Weitem die stärksten modernen Rechner, die heute bekannt sind. Der Molekularbiologe Michael Denton erklärt, dass die notwendige DNA-Information für die Konstruktion der Proteine aller Arten von Organismen, die bisher gelebt haben, „auf einen Teelöffel passen würde und dann immer noch Platz wäre für die Information aller jemals verfassten Bücher." Aber in der DNA sind nicht nur Informationen enthalten; es werden in der Kombination mit anderen Zellsystemen auch Informationen verarbeitet. Somit vergleicht Bill Gates die DNA mit einem Computerprogramm, das viel weiter entwickelt ist, als alle bisherige vom Menschen entwickelte Software.
>
> Daher scheint die Idee eines *intelligenten Schöpfers* die beste Erklärung für den Informationsinhalt der DNA zu sein. Angenommen, Sie machen einen Strandspaziergang und sehen plötzlich im Sand geschrieben: „Sean liebt Stephanie." Was würden Sie daraus schließen? Sie denken vielleicht, dass Sean oder Stephanie oder irgendein Fremder das geschrieben haben könnte. Es würde Ihnen aber niemals ernsthaft in den Sinn kommen, dass da Zufall oder Notwendigkeit bzw. eine Kombination aus beidem dahinterstecken könnte. Wind, Wasser und Sand schaffen keine Informationen oder Wörter, die einen Sinn ergeben. Die logische Schlussfolgerung ist, dass es sich um ein Produkt intelligenten Gestaltens handeln muss. Wenn wir berechtigterweise eine Absicht hinter der einfachen Botschaft von 15 Zeichen ableiten, können wir auch mit vollem Recht eine Intelligenz hinter dem Ursprung einer Zelle annehmen, die aus Hunderttausenden von Bits besteht.[6]

**Lesen Sie Römer 1,19-20. Was können wir durch die Schöpfung über den Schöpfer erkennen?**

## 3. Der moralische Gottesbeweis

Jede derzeit bekannte menschliche Kultur verfügt über ein moralisches Gesetz. Es gibt zwar einige Unterschiede zwischen den Kulturen hinsichtlich moralischen Handelns, aber es gibt deutliche Übereinstimmungen bezüglich moralischer Prinzipien wie Gerechtigkeit, Mut und Fairness. Wie könnte man ohne Bezug auf eine höhere Quelle, nämlich Gott, dieses moralische Empfinden erklären, das Menschen zu allen Zeiten verbindet? Wo sonst könnte Moral ihren Ursprung haben?

Ein objektiver, universeller und fester Maßstab von Wahrheit und Moral macht die Existenz eines persönlichen und moralischen Gottes sehr wahrscheinlich.

**Beschreiben Sie mit eigenen Worten den moralischen Gottesbeweis.**

________________________________________

________________________________________

________________________________________

> „In *Die Brüder Karamasow* beobachtet der russische Autor Fjodor Dostojewski sehr treffend: ‚Wenn es keine Unsterblichkeit der Seele gibt, so gibt es auch keine Tugend, also ist alles erlaubt?' Mit anderen Worten: Wenn Gott nicht als die Grundlage der Moral existiert, dann ist alles erlaubt. Das bedeutet nicht, dass Atheisten oder ungläubige Menschen notwendigerweise unmoralischer als gläubige Christen handeln, aber dann fehlt unserem moralischen Urteilsvermögen eine objektive Basis. Wenn Gott nicht existiert, dann verlieren wir das Recht, Nazis und all diejenigen zu beurteilen, mit denen wir moralisch nicht einer Meinung sind. Viele ihrer Anhänger waren der Meinung, richtig zu handeln – wir sind der Meinung, dass sie falsch gehandelt haben. Wie sollen wir ohne ein über der Menschheit erhabenes Gesetz in der Lage sein, moralisch richtiges Handeln festzulegen? Wenn es keine höhere Instanz über dem menschlichen Sein gibt, dann ist die Existenz von Moral eine Illusion, für die es keine Erklärung gibt.[7]

**Welche persönlichen Konsequenzen würden Sie ziehen, wenn es keine objektive Moral gäbe?**

________________________________________

________________________________________

________________________________________

Doch wenn Gott existieren sollte, dann haben wir Grund, an Moral zu glauben. Wir sollten dann nicht lügen, sondern aufrichtig sein, weil Gott wahr und treu ist. Wir sollten Taten der Nächstenliebe und Barmherzigkeit vollbringen, weil Gott liebend um die Menschen besorgt ist. Moral ergibt sich aus dem Wesen und der Natur Gottes und ist bindend für seine Schöpfung. Die Existenz von Moral weist somit auf das Absolute von Gottes Existenz und Wesen hin. Nur seine Existenz und sein Wesen sind eine hinreichende Erklärung für die Notwendigkeit und das Vorhandensein von Moral.

Kontrovers dazu steht die Ansicht, dass Moral auch außerhalb von Gott möglich ist. Einige schlussfolgern, dass wir keinen Gott brauchen, um gut zu sein – oder auch böse. Doch dieser Ansatz konfrontiert uns mit einem weiteren Problem: Wie können wir von uns aus Gut und Böse ohne überweltlichen moralischen Maßstab definieren? Das Böse etwa wird gemeinhin als Perversion des Guten verstanden, so wie Heimtücke den Maßstab der Gradlinigkeit und das Böse den Maßstab des Guten voraussetzen. C. S. Lewis hat den Satz geprägt: „Die Beschwerde über einen krummen Stock macht nur Sinn, wenn man um gerade Stöcke weiß." In gleicher Weise kann es nur Böses geben, wenn zuerst Gutes da war. Wenn es also keinen Gott gibt, nach welchem Maßstab legen wir das Gute fest? Ohne Gott müssen wir selbst festlegen, was für uns gut ist; und die Idee des objektiv Guten schwindet immer mehr. Gut wird dann zu einem bedeutungslosen Begriff, denn es reduziert sich lediglich darauf, was uns persönlich im gegebenen Moment als richtig erscheint oder was die Evolution durch Zufall an Wertmaßstab in uns hineingelegt hat.

Diese allgemein anerkannte Existenz von moralischen Werten ist ein starkes Argument für den Glauben an Gott. Bedenken wir diese einfache Beweisführung:

1. Wenn es objektive moralische Werte gibt, dann muss Gott existieren.
2. Objektive moralische Werte existieren.
3. Aus diesem Grund muss Gott existieren.

Wir wissen, dass moralische Werte existieren. Man muss uns nicht davon überzeugen, dass etwa die Misshandlung von Säuglingen falsch ist. Diese Erkenntnis teilt jeder vernünftige Mensch. Das Vorhandensein moralischer Werte wiederum lässt auf die Existenz Gottes schließen.

**Lesen Sie Römer 2,14-15. Was sagen diese Verse über das moralische Empfinden der Menschen?**

**Lesen Sie Jesaja 5,20. Was sagt Gott über seine moralischen Standards – sind sie beliebig?**

## 4. Die persönliche Gotteserfahrung als Beweis

Kurze Zeit nachdem ich (Josh) als Student Christ geworden war, führte ich ein angeregtes Gespräch mit dem Leiter des Instituts für Geschichte an der *Midwestern University*. Ich erzählte ihm im persönlichen Gespräch, wie mir meine neue Beziehung zu Gott im Leben Bedeutung und Sinn verlieh. Er unterbrach mich mit den Worten: „McDowell, Sie wollen mir doch nicht sagen, dass Sie an Gott glauben und dass er in Ihrem Leben wirklich wesentliche Veränderung bewirkt. Das müssen Sie mir näher erklären!" Nachdem er mir 45 Minuten zugehört hatte, meinte er schließlich: „In Ordnung, das reicht!"

Einige fragten mich damals: „Woher weißt du denn, dass du Christ geworden bist", oder: „Woher weißt du, dass Gott wirklich lebt?" Ich antwortete ihnen: „Er hat mein Leben verändert. Diese Veränderung hat dazu beigetragen, dass ich mir meiner Bekehrung und der Existenz eines realen und persönlichen Gottes sicher sein kann."

Bestimmt kennen Sie Berichte, dass Menschen praktisch wie vom „Blitz getroffen" wurden, als sie sich bekehrten. Bei mir war es weniger dramatisch. Nachdem ich im Gebet Jesus Christus mein Leben übergeben hatte, passierte erst einmal gar nichts – mir wuchsen keine Flügel, und mein Gesicht begann nicht zu leuchten. Ganz im Gegenteil, als ich mein Leben Gott anvertraute, fühlte ich mich elend. Mir ging es sogar eher schlecht. „Oh nein", dachte ich, „wo bist du denn jetzt hineingeraten?" Irgendwie hatte ich das Gefühl, ich verliere den Boden unter den Füßen (und ich bin mir sicher, dass viele das auch von mir dachten).[8]

Was dann folgte, war zwar keine plötzliche, aber eine erkennbare Lebensveränderung. In sechs Monaten bis anderthalb Jahren wusste ich, dass ich da nirgendwo „hineingeraten" war. Ich war lediglich Gott begegnet und hatte anschließend eine tiefgreifende Veränderung erfahren.

Eine persönliche Begegnung mit Gott ist ein Beweis seiner Wirklichkeit. Einige mögen diese Behauptung zwar infrage stellen und sagen, dass eine solche Erfahrung auch eine Illusion sein kann, das Resultat eines gefühlsmäßigen Hochs oder schlicht psychologisch bedingte Schwärmerei. Aber wer etwas Ähnliches erlebt hat wie der Apostel Paulus auf dem Weg nach Damaskus, der weiß es besser; der ist von der Realität einer solchen Erfahrung überzeugt. Solche Erlebnisse sind eine von vielen Bestätigungen der paulinischen These: *„Wenn ihr aber des Christus seid, so seid ihr damit Abrahams Nachkommenschaft"* (Gal 3,29).

Es ist wahr, dass wir als Nachfolger Jesu und Kinder Gottes diese persönliche Beziehung mit Gott im Glauben annehmen müssen. Doch trotzdem verliert diese Erfahrung nichts von ihrer Realität. Als Jesu Nachfolger gehören wir zu denen, die Gott als Kinder angenommen hat.

**Lesen Sie Römer 8,16. Welche Vorrechte haben wir als Kinder Gottes?**

Wenn Sie eine persönliche Begegnung mit Gott durch Jesus Christus gehabt haben, dann wissen Sie, dass er lebt und real ist. Dieser Beweis durch eine persönliche Begegnung wird nicht automatisch von anderen akzeptiert. Aber für einen Menschen, der Jesus Christus bereits persönlich kennt, kann er einer von vielen überzeugenden Beweisen sein.

**Haben Sie eine persönliche Begegnung mit Gott durch Jesus Christus gehabt? Wie war das?**

## Zusammenfassung

Viele Philosophen haben versucht, Gott aus ihren Theorien für die menschliche Existenz und die Bedeutung des Lebens auszuschließen. Aber ohne einen unbegrenzten, persönlichen Schöpfergott hat das Leben eigentlich keine Bedeutung. Der bekannte britische Philosoph und Atheist Bertrand Russell machte diesen Punkt in ausgezeichneter Weise deutlich, indem er als „fast sicher" bezeichnete,

> dass der Mensch das Produkt von Zufällen ohne Perspektive für das Ende ist, das er erreichen will; dass sein Beginn, sein Wachstum, seine Hoffnungen und Ängste, seine Neigungen und Überzeugungen nur das Ergebnis von zufälligen Zusammensetzungen von Atomen sind; dass kein Feuer, kein Heldentum, keine

> starken Gefühle oder Gedanken in der Lage sind, das menschliche Leben über das Grab hinaus zu erhalten; dass alles Bemühen über die Jahre, alle Aufopferung, alle Inspiration, alle Schärfe menschlichen Verstandes dazu bestimmt sind, im großen Tod des Sonnensystems ausgelöscht zu werden; und dass der ganze Tempel der menschlichen Errungenschaften unausweichlich unter den Trümmern eines einstürzenden Universums begraben werden muss.[9]

Entweder ist Gott die „erste Ursache" des Lebens und aller Dinge, oder es gibt keinen bleibenden Sinn für unsere Existenz oder von irgendwas, was wir hier auf Erden tun oder lassen. Wir und alles, was wir tun, wird dann nach den Worten von Russell unter den Trümmern des „Universums begraben werden". Die Existenz eines unendlichen, persönlichen Gottes zu verleugnen, nimmt unserem Leben Hoffnung, Zweck und Sinn. Es ist, als würden wir mit einem reißenden Strom flussabwärts gerissen und müssten die Entscheidung treffen, uns auf einen sicheren Felsen zu retten oder uns im reißenden Wasser treiben zu lassen. Die eine Alternative bietet Sicherheit und einen festen Grund unter den Füßen; die andere endet mit unserem Aufprall im Nichts, wo es weder Sinn noch Wahrheit gibt.[10] Aber all die Hinweise, die unser Universum und das Leben bieten, enthalten zu viel Komplexität, als dass man guten Gewissens einen intelligenten Schöpfer in Abrede stellen könnte. Wir stehen an dem Punkt, den Paulus in Römer 1,20 beschreibt.

**Schreiben Sie diesen Vers auf die untenstehenden Zeilen.**

________________________________________

________________________________________

________________________________________

Wenn wir Gott erkennen und sein Bild in unserem Leben widerspiegeln, dann finden wir jene Freude und jenes Glück, das er den Menschen geben möchte – und das nicht erst im zukünftigen Leben, sondern schon jetzt.

Das ist das Thema des nächsten Kapitels.

**Kapitel 1.3**

# Unsere Identität als Geschöpf Gottes verstehen

Überlegen wir einen Augenblick, wie es wohl war, als der erste Mann und die erste Frau geschaffen wurden. Adam, der erste Mensch, lebte in dem vollkommenen Paradies, das in der Bibel Garten Eden heißt. Es fehlte dort an nichts – wogende Gräser, wunderschöne Blumen und grasende Tiere aller Art, die zusammen durch den Garten zogen, auf den Wiesen weideten, alles unter herrlichem Himmel, alles in atemberaubender Schönheit und Vollkommenheit.

Es war ein herrliches Bild von Formen, Farben, Geräuschen und Bewegungen – ein einzigartiger Genuss für die Sinne. Singende Vögel und rauschende Wasserfälle erfüllten die Luft. Duftende Tropenbäume und Pflanzen ließen wunderbare Früchte wachsen – sehr zur Freude, Stärkung und zum Wohl des Leibes. Wenn der erste Mensch den Himmel betrachtete, verfolgte er fasziniert, wie die Wolken in fantastischen Farben leuchteten.

Adam muss von der Schönheit des Gartens Eden vollends begeistert gewesen sein. Er lebte in solch einer Harmonie mit seiner Umgebung, dass er zufrieden und wunschlos glücklich war. Vielleicht dachte er, dass nichts auf dieser Welt diese Schönheit übertreffen könnte.

Wir haben zwar keinerlei Hinweis darauf, dass Adam sich über seine Situation in diesem vollendet schönen Garten beschwerte, trotzdem fehlte etwas.

**Lesen Sie 1. Mose 2,18. Was war nicht gut in Gottes Schöpfung?**

Bedenken wir: Adam lebte in einer vollkommenen Welt ohne Sünde. Er hatte Gott als Freund und lebte in einer herrlichen Umgebung. Aber Gott plante eine weitere Dimension für Adam.

## Zur Beziehung geschaffen

Obwohl Adam die Gemeinschaft mit Gott genoss, war er noch nicht völlig glücklich. Tief innen verspürte er eine schmerzende Einsamkeit, ein Gefühl fehlender Zugehörigkeit und das Empfinden, nicht vollständig zu sein; irgendetwas fehlte. Da war eine emotionale Kluft, ein Gefühl von seelischer Unvollkommenheit; es mangelte an etwas Wesentlichem – einer menschlichen Beziehung. Selbst in der vollkommenen Welt des Gartens Eden waren Beziehungen wichtig. Noch bevor Sünde das Miteinander zerstören konnte, bezeichnete Gott das Alleinsein des Menschen als nicht gut: *„Und Gott, der HERR, sprach: Es ist nicht gut, dass der Mensch allein sei; ich will ihm eine Hilfe machen, die ihm entspricht"* (1Mo 2,18).

Und so ließ Gott Schlaf auf Adam fallen; und während er schlief, formte er einen weiteren Menschen. Stellen wir uns einmal Adams Reaktion und Faszination vor, als er erwachte. Sein Herz schlug schneller. Er war voller Bewunderung für dieses Geschöpf, genannt Frau. Solcher Schönheit war er noch nicht begegnet.

Aber Adam war nicht nur von ihrer Gestalt und ihrem schönen Gesicht angezogen. Auch ihre Persönlichkeit hatte eine ganz besondere Anziehungskraft. Adam fühlte ein nicht definierbares Verlangen, dieses Geschöpf tiefer kennenzulernen. Und so erging es diesem neuen Geschöpf auch. Beide fühlten über ihre körperlichen Empfindungen hinaus eine tiefe innere, seelische Verbindung zueinander.

Jeder dieser beiden ersten Menschen hatte den Wunsch, etwas vom anderen zu erkennen, was er nicht mit seinen Augen sehen und mit seinen Händen berühren konnte. In ihnen keimte Verlangen nach emotionaler Verbindung auf, nach innerem Einssein, nach tiefem seelischem Miteinander. Sie hatten den Wunsch nach Partnerschaft.

**Woher stammt im Menschen dieser tiefe Wunsch nach Partnerschaft?**

*Gott hatte tief in Adam und Eva ein Kennzeichen oder Merkmal seines Wesens eingepflanzt – die Fähigkeit, liebevolle Beziehungen zu führen.* Es ist diese von Gott gegebene Fähigkeit, die die menschliche Einsamkeit vertreibt und den Menschen zum Gegenüber macht, zum Du. Es ist in uns verankert, in einer Beziehung zu leben, die uns Sinn, Glück und Freude schenkt, wovon wir träumen.

## Das Kennzeichen unseres Menschseins: Gottes Beziehungs-DNA

**Lesen Sie 1. Mose 1,26-27. Gab es schon Beziehungen, bevor der Mensch geschaffen war? Woran erkennen wir das?**

Bevor es Menschen gab, noch bevor die Erde, das Universum oder die Zeit existierten, war Gott schon ewig als liebevolles Beziehungswesen da. Beziehungen bestimmen sein ganzes Wesen; drei Personen wirken hier in vollkommener Harmonie zusammen – Vater, Sohn und Heiliger Geist. Obwohl er der Unendliche ist und wir als Menschen dagegen endlich sind, tragen wir dennoch in unserer Anlage zur Beziehung seine „DNA" in uns. Durch diese von ihm vererbte Beziehungsfähigkeit sind wir in der Lage, einander zu lieben. Die Bibel sagt: *„Denn die Liebe ist aus Gott ... denn Gott ist Liebe"* (1Jo 4,7-8).

Zusammen mit der Beziehungsfähigkeit – wir können Gott und andere Menschen lieben – haben wir auch zahlreiche andere Charakterzüge von Gott geerbt, die auf Beziehung angelegt sind. So hat er die Fähigkeit in uns hineingelegt, unsere Gedanken, Absichten und Gefühle anderen Menschen mitzuteilen. Die Heilige Schrift wiederholt sehr oft den Satz: *„Und Gott sprach"*. Sie zeigt damit, dass Beziehung die Kommunikation mit anderen Menschen bedeutet. Unsere Fähigkeit, durch Kommunikation Beziehungen zu vertiefen und zu verbessern, spiegelt auf eine weitere Weise Gottes Ebenbildlichkeit wider.

**Lesen Sie 5. Mose 5,16-21. Was sagen diese Verse über den Stellenwert von Beziehungen und Leben aus?**

Von der Gesetzgebung am Sinai bis zur frühen Gemeinde und darüber hinaus verstand man es so und lehrte es, dass das Leben zu jedem Zeitpunkt heilig ist. Unser Eintreten für soziale Gerechtigkeit, unsere Sorge für die Armen und unser Eintreten für die Menschenrechte gründet in der Tatsache, dass wir nach Gottes Ebenbild geschaffen sind. In seinem Buch *The Faith* drückt Chuck Colson es sehr gut aus: „Wenn Christen heute das Leben mit Gottes Augen sehen, dann sind wir nicht nur aufgerufen, für die Armen und Verwundeten zu sorgen, sondern wir sollen jedes einzelne Recht verteidigen, das Gott den Menschen gegeben hat."[1] Aus diesem Grund wurden wir nach dem Bild Gottes geschaffen – mit seinen Werten und seiner Würde.

Wir haben von Gott das Empfinden von Zufriedenheit und Freude geerbt, etwas durch Beziehungen zu bewegen. Nach jedem Schöpfungsakt im ersten Buch Mose steht: *„Und Gott sah, dass es gut war ..."* (1Mo 1,10). Der Vater, der Sohn und der Heilige Geist empfanden Freude am gemeinsamen schöpferischen Wirken als Herr der Welt. Gott teilte den ersten Menschen mit, dass sie in einer guten Beziehung zu dem Planeten Erde leben sollten. Gott wies die Verwalter der Erde an, *„ihn zu bebauen und zu bewahren"* (1Mo 2,15). Der Schöpfer des Universums hat uns die Verantwortung über alle Lebewesen auf der Erde gegeben, und es ist unser Auftrag, diesen Planeten gut zu verwalten.

Indem wir nach dem Bild des dreieinen Gottes geschaffen sind, wird die erhabene Stellung des Menschen über die Schöpfung deutlich. Diese Gottesähnlichkeit bedeutete für den Menschen neue Aufgaben und Verpflichtungen:

- Gott und einander zu lieben
- Effektive Kommunikation
- Kreativität
- Logisches Denken
- Treffen moralischer Entscheidungen
- Eintreten für die Würde, den Wert und die Erhabenheit des menschlichen Lebens. Schutz des Friedens und des guten Miteinanders zwischen allen Menschen; Bewahrung der Einheit und Heiligkeit zwischen Mann, Frau und Familie.
- Verwalter der Schöpfung sein etc.

Es ist diese Beziehungsdimension mit all ihren Auswirkungen, die uns als Geschöpfe nach Gottes Bild hervorhebt und uns eine besondere Bedeutung gibt. Aber diese Beziehungsdimension ist weit mehr als ein Unterscheidungskriterium vom Rest der Schöpfung. Sie definiert auch, wer wir sind, und verleiht uns ein Gefühl von Identität.

**Wenn wir davon ausgehen, dass der dreieine Gott in seinem Wesen auf Gemeinschaft angelegt ist und diese lebt, inwiefern sind wir Erben dieser Eigenschaften Gottes geworden?**

## Entdecken, wer wir sind

Wenn wir innehalten, um gründlicher darüber nachzudenken, wird uns erst bewusst, wie sehr wir uns über Beziehungen definieren. Wir verstehen uns selbst – und andere Menschen um uns herum – als Tochter oder Sohn unserer Eltern, als Ehefrau und Ehemann unseres Partners, als Mutter und Vater von XY, als „McDowells Nachbar“, „Seans Freund“ oder „Joshs Pastor“.

Während wir durch menschliche Beziehungen auch unsere eigene Identität besser verstehen, liegt unsere wahre Identität in der Tatsache, dass wir auf einzigartige Weise nach Gottes Bild geschaffen wurden. Weil die Sünde uns von Gott entfremdet und entfernt hat, haben wir den in uns verankerten Sinn von persönlicher Identität verloren. Auch wenn wir Christ geworden sind, fällt es uns nicht automatisch leicht zu erkennen, wer wir wirklich sind. Obwohl ich (Josh) mein Leben während meiner Studienzeit Jesus Christus übergeben hatte, verstand ich nicht sofort, wer ich als Persönlichkeit bin. Das lag hauptsächlich daran, dass ich von zu Hause aufgrund meiner bisherigen Erfahrung gar nicht wusste, wie man ein liebevolles Miteinander leben kann. Ich hatte bisher auch keine intakte Beziehung erlebt. Meine Jahre als junger, heranwachsender Mann waren belastet von Beziehungsunfähigkeit, emotionalen Nöten und Chaos. Folglich war ich überhaupt nicht in der Lage, mich als besonderen, individuellen Menschen wahrzunehmen, der geschaffen wurde, um in liebevoller Beziehung mit Gott und anderen Menschen zu leben.

Doch jeder von uns ist ein einzigartiges Original. So wie keine zwei Schneeflocken einander gleichen, sind auch keine zwei Menschen gleich. Natürlich haben wir Übereinstimmungen. Wer einen Bruder oder eine Schwester hat, kann wahrscheinlich Ähnlichkeiten erkennen, weil man aus der gleichen Familie stammt. Doch uns ist nur zu bewusst, dass es in jedem Fall trotzdem Unterschiede gibt; und Eltern wissen, dass es einfach keine zwei gleichen Kinder gibt. So hat jeder von uns – geboren als Kind hier auf der Erde oder wiedergeboren als Kind Gottes – seine ganz besondere Identität. Wir sind „Unikate“. Uns wurden besondere Eigenschaften verliehen, die uns im Miteinander einmalig machen. Gott hat tief in uns besondere Gaben, Talente, Interessen und eine Persönlichkeit gelegt, die uns als Mensch so sein lassen, wie wir sind.

Die Bibel beschreibt den Menschen als einzigartig. Ein feiner, aber deutlicher Hinweis ist in den bekannten Worten König Salomos verborgen.

**Lesen Sie Sprüche 22,6. Wie sollen wir unsere Kinder erziehen?**

*Erziehe den Knaben seinem Weg gemäß; er wird nicht davon weichen, auch wenn er älter wird.*
**Spr 22,6**

Leider wird dieser Vers sehr oft von jenen missverstanden und falsch angewandt, die junge Menschen begleiten oder in der Jugendarbeit tätig sind. Einige interpretieren ihn so: „Macht Familienandachten, achtet darauf, dass eure Kinder die Gemeinde besuchen, in die Jugendstunde und auf eine christliche Schule gehen. Dann werden sie, wenn sie erwachsen sind, nicht vom Glauben abfallen.“

Der wirkliche Schwerpunkt dieses Verses liegt jedoch auf den Worten *„seinem Weg gemäß“*. Salomo bezieht sich auf den Weg des Kindes, auf seine Neigung oder Veranlagung. Die Grundbedeutung ist also, dass es gilt, einen jungen Menschen nach seiner Besonderheit zu erziehen. Eltern müssen ihr Kind sehr genau kennen – seine Einzigartigkeit und Originalität herausfinden. Erzieht das Kind zu der einzigartigen Persönlichkeit, zu der Gott es auch im Hinblick auf Beziehungen und soziales Miteinander geschaffen hat.

Das hebräische Wort, das wir in Sprüche 22 für *erziehen* finden, wird in zwei Psalmen mit der Bedeutung *spannen* verwendet (Ps 11,2; 64,4). Es bezieht sich auf den Bogen, den ein Schütze spannt. Bei unseren modernen Fertigungsmöglichkeiten kann sich fast jeder einen Bogen mit 45 Pfund Zuggewicht besorgen und dann ziemlich zielsicher die Scheibe treffen. Aber zur Zeit der Bibel war nichts genormt. Die Schützen stellten ihre eigenen Bögen her, und jeder musste die einzigartige Beschaffenheit seines eigenen Bogens kennen, wenn er etwas treffen wollte.

Gottes Wort sagt uns, dass uns eine einzigartige Persönlichkeit verliehen wurde, die unsere Eltern oder Erzieher herausfinden und entsprechend fördern müssen. So erklärt eine Anmerkung in der *Ryrie-Studienbibel ‚seinem Weg gemäß'* mit *‚seinem Weg entsprechend, nach seinen Gewohnheiten und Interessen‘* (Spr 22,6). Diese Erziehung greift die Besonderheit und Neigungen eines Menschen, sein Wesen, die Einzigartigkeit, wie Gott ihn geschaffen hat, fördernd auf; sie muss jeweils dem körperlichen und emotionalen Stand seiner Entwicklung angemessen sein."[2]

Meine (Seans) Eltern hatten diese Wahrheit erkannt und halfen mir, meinen *„Weg“* zu verstehen – jene Talente, Gaben, Vorlieben, Interessen und die Besonderheit, die meine Persönlichkeit ausmachen. Meinem Vater entging zum Beispiel nicht meine Freude am Basketballspiel. Ich bin nicht besonders groß, mein Vater auch nicht. Aber als junger Mann war er ein herausragender Basketballer, und bald entdeckte er, dass ich seine Begabung geerbt hatte. Er ermutigte mich zum Training und gab mir Tipps, als ich Basketball lernte. Schließlich erfüllte sich mein Traum, und ich wurde Aufbauspieler in der Mannschaft der *Biola University.*

Meine Eltern förderten auch meine Wissbegier. Ich war neugierig und wollte vieles herausfinden. Anschließend machte es mir Spaß, anderen weiterzugeben, was ich entdeckt und gelernt hatte. Weil mich meine Eltern in diesen natürlichen Begabungen bestärkten, studierte ich schließlich Philosophie und Theologie und wurde Pädagoge und Vortragsredner. Das alles führte dazu, mich selbst zu verstehen – als eine einzigartige Persönlichkeit, die Gott nach seinem Beziehungsbild geschaffen hat.

**Erklären Sie mit Ihren Worten, was es bedeutet, ein Kind „seinem Weg gemäß“ zu erziehen.**

## Unsere einzigartige Identität

Gott hat uns als einzigartige Person, als Original, geschaffen, indem er uns verschiedene Begabungen und Talente geschenkt hat – wir sind jemand, der Dinge so tut, wie kein anderer sie kann. Gott hat uns nach seinem eigenen Bild geschaffen wie eine komplexe Schneeflocke, die als seine besondere und ursprüngliche Schöpfung erkennbar ist.

Und nun ist es Gottes Wille, dass unsere Wesenszüge nicht nur der Beziehung zwischen uns und ihm dienlich sind. Sie sollen auch für die Beziehung untereinander zum Segen sein.

**Lesen Sie Römer 12,4-5. Mit welchem Bild vergleicht Paulus unsere Beziehung zu anderen Menschen – in diesem Zusammenhang zu den Geschwistern in der Gemeinde?**

**Nennen Sie konkrete Beispiele dafür, wie wir einander dienen und uns ergänzen:**

Uns wird es kein zweites Mal geben. Gott hat uns auf besondere Weise ausgerüstet, um eine bestimmte Rolle auszufüllen – einen Zweck –, die niemand sonst ausfüllen kann. Wir alle wollen wissen, welchen Platz wir in dieser Welt haben, für den Gott uns geschaffen hat.

So haben wir Wesenszüge, die uns helfen, Gott zu lieben und in Gemeinschaft mit ihm zu leben. Gott möchte uns gebrauchen, weil niemand sonst diesen Platz so ausfüllen kann, wie wir es können. Und er möchte durch unsere Persönlichkeit seine Liebe und sein Wesen auf besondere und einmalige Weise zum Ausdruck bringen. Paulus erklärt: *„Es gibt **Verschiedenheiten** von Wirkungen, aber es ist derselbe Gott, der alles in allen wirkt. Jedem aber wird die Offenbarung des Geistes zum Nutzen gegeben. Dies alles aber wirkt ein und derselbe Geist und teilt **jedem** besonders aus, **wie er will**“* (1Kor 12,6-7.11).

Einige Merkmale dieser Einmaligkeit sind durchaus leicht erkennbar. Unsere persönlichen Eigenschaften sind unverwechselbar. Unsere Fingerabdrücke sind einmalig. Unsere Netzhaut ist einzigartig, unser Gesicht und unser Körper sind zumindest leicht verschieden von allen anderen Menschen, die bisher auf diesem Planeten lebten. Aber es ist nicht immer leicht, die ureigene Besonderheit zu verstehen, mit der Gott uns geschaffen hat, und zu erkennen, welche Gaben uns der Heilige Geist verliehen hat.

Man kann es lernen, seine Besonderheiten zu erkennen, z. B. am Umgang mit bestimmten Dingen und an den persönlichen Interessen. Gott hat bestimmte Vorlieben für bestimmte Bereiche in uns hineingelegt: etwas, für das wir mehr Interesse zeigen und wofür wir ein Anliegen haben. Es sind Dinge, die uns Freude machen, von denen wir mit Begeisterung reden und die wir tiefer verstehen wollen. Ihre Anlagen und Interessen führen Sie zu den Menschen, Orten und Aufgaben, wo Gott Sie gebrauchen will, so, wie es nur Ihnen als Individuum möglich ist. Kennen wir unsere Anlagen und Interessen?

**An welchen Dingen haben Sie besonderes Interesse, was macht Ihnen Freude, worüber reden Sie mit Begeisterung?**

Wie ein Mac und ein PC verschiedene Operationssysteme haben, hat Gott auch Ihnen verschiedene Anlagen geschenkt, wie Sie Informationen verarbeiten und Entscheidungen treffen. Sind Sie eher ein emotionaler oder ein rationaler Typ? Denken Sie lieber nach oder reden Sie geradeheraus? Sind Sie in Ihrem Wesen kreativ oder systematisch? Mit künstlerischem oder technischem Ansatz? Diese Neigungen, gepaart mit Interessen und Talenten, machen unsere bestimmte Persönlichkeit aus. Gottes Liebe wird so auf besondere Weise durch unsere jeweilige Persönlichkeit ausgedrückt, wie nur wir sie ausdrücken können.

**Innen versus außen (Kreuzen Sie jeweils eins von beiden an.)**

❏ Ich bin eher extrovertiert.
❏ Ich bin eher introvertiert.

**Verstehen versus Intuition**

❏ Ich plane alles genau.
❏ Ich bin eher intuitiv.

**Analytiker versus Gefühlsmenschen**

❏ Ich bin eher der Analytiker.
❏ Ich bin eher der Gefühlsmensch.

**Planer versus Augenblicksmenschen**

❏ Ich bin eher jemand, der vorausplant.
❏ Ich bin eher ein Augenblicksmensch.

Wir sind zwar Gottes Kinder, und es ist wunderbar, dass wir immer tiefer erkennen können, welchen Platz wir innerhalb des Leibes Christi haben. Aber diese wunderbare Tatsache bedeutet nicht, dass Nichtchristen keine Gaben oder Talente haben. Es bedeutet auch nicht, dass sie nicht bis zu einem gewissen Grad ihre Begabungen und ihre Einzigartigkeit erkennen. Es bedeutet vielmehr, dass nur Menschen, die Gott durch

Jesus Christus als ihren Vater kennen, ihren wirklich zugedachten Platz in dieser Welt erkennen. Gott hat uns nach seinem Bild erschaffen, und wenn wir seinem Weg folgen, seine Wahrheit und sein Leben als Maßstab nehmen, erleben wir wahre Identität und erfahren wahre Freude. Wir sind dann das, wozu wir geschaffen worden sind. Wir spiegeln sein Bild wider. Zu wissen, wer wir sind, und nach dem zu leben, wozu Gott uns ursprünglich geschaffen hat, schenkt unserem Leben Sinn und Bedeutung.

**Wo liegen meine Talente? (Wählen Sie zwei oder drei Beschreibungen aus.)**

- ❑ Ich bin eher der Realist.
- ❑ Ich bin eher erfinderisch.
- ❑ Ich bin eher ein Künstler.
- ❑ Ich bin eher ein sozialer Mensch.
- ❑ Ich bin gerne initiativ und unternehme etwas.
- ❑ Ich bin eher der Regelmensch.

**Wir sind einzigartige und begabte Kinder Gottes. Hat er einen „speziellen" Kurs für Ihr Leben geplant, dem Sie folgen sollen?**

______________________________________________

______________________________________________

______________________________________________

______________________________________________

**Sollen Sie diesen Weg allein gehen? Warum oder warum nicht?**

______________________________________________

______________________________________________

______________________________________________

______________________________________________

Wir alle brauchen im Leben Ermutigung, Unterstützung und die Herausforderung, um den Weg mit anderen zu gehen. Wir lernen uns selbst besser kennen, wenn wir uns in eine Gemeinschaft einbringen. Wir erhalten Bestätigung von denen, die mit uns unterwegs sind.

Nachdem Sie über Ihre Persönlichkeit und individuellen Anlagen nachgedacht haben, halten Sie inne und überlegen Sie, wie Sie anderen zum Segen werden können.

## Zusätzliche Aufgabe:

**Lesen Sie zusätzlich 1. Korinther 12,11-12; Römer 12,3-13 und Epheser 4,11-13. In diesen Versen findet sich eine Vielzahl von geistlichen Gaben. Wie heißen sie und welche Gaben hat Gott Ihnen geschenkt? Auf www.rigatio.com finden Sie außerdem einen hilfreichen Gabentest.**

Kapitel 1.4

# Unsere Ebenbildlichkeit mit Gott in Beziehungen ausleben

Die Erkenntnis, dass wir nach Gottes Bild als Beziehungswesen geschaffen wurden, ist sehr wichtig. Aber wie gestaltet sich ihre praktische Umsetzung in unserem zwischenmenschlichen Miteinander? Wenn wir das Bild unseres Gottes widerspiegeln sollen, der selbst in seinem Wesen Beziehung ist, dann umfasst das bestimmte soziale Pflichten, moralische und ethische Entscheidungen, Kreativität etc. Diese Verantwortung für andere entspringt Gottes tiefstem Wesen; wir definieren es als Liebe. Johannes sagt: *„Und wir haben erkannt und geglaubt die Liebe, die Gott zu uns hat. Gott ist Liebe, und wer in der Liebe bleibt, bleibt in Gott und Gott bleibt in ihm“* (1Jo 4,16). Es scheint, als ob Gott in uns den Wunsch nach Gemeinschaft eingepflanzt hätte. Es ist das Sehnen, jemanden zu lieben und wiederum von jemandem so tief geliebt zu werden, dass wir dadurch erst die Tiefe unseres Geschaffenseins nach dem Bild Gottes begreifen.

## Liebevolle Beziehungen entwickeln

Beziehungen sind oft erst dann nachhaltig und bedeutsam, wenn die Möglichkeit tieferen gegenseitigen Kennenlernens besteht. Dann entwickelt sich ein Beziehungsprozess unter dem weiten Begriff *Liebe* – kennen und gekannt werden.

**Wann geriet der Mensch in den ersten vier Kapiteln von 1. Mose erstmals in eine Krise? War das der Fall, als Adam und Eva sündigten, als Kain Abel tötete oder bei einem anderen Anlass?**

**Lesen Sie 1. Mose 2,18. Welche Krise spricht Gott in Vers 18 an, und wie lautet seine Lösung? Lesen Sie auch 1. Mose 2,24-25.**

Selbst in einer vollkommenen Umgebung war es Gottes Anliegen, uns vor Einsamkeit durch eine enge Beziehung zu ihm und einem anderen Menschen zu schützen.

## Andere kennenlernen

Ein Wort, das die Bibel für verbindliche Vertrautheit nutzt, ist das Wort *yada* (erkennen). Damit ist tiefes und vertrautes Kennen gemeint. Ein 16-jähriges Mädchen sandte mir (Josh) eine der besten Definitionen dieser Vertrautheit, die mir bis dahin begegnet war. Sie schrieb: „Es ist die Fähigkeit, mit einer anderen Person real und ehrlich umzugehen – keine Fassade, keine Schranken." Wir alle wollen echt und gekannt sein. Es ist so, als würden die Menschen in unserem Umfeld ein Schild um den Hals tragen, auf dem steht: „Bitte lerne mich kennen." Wir begegnen diesem Ausdruck bei Jeremia wieder, als Gott zu ihm spricht: *„Ehe ich dich im Mutterleib bildete, habe ich dich erkannt"* (Jer 1,5). Der Herr hat uns voll und ganz erkannt, bevor wir zur Welt kamen; und er möchte uns auch zeigen, wie wir andere näher kennenlernen können.

Nach dem Bild Gottes geschaffen zu sein bedeutet, dass wir auf komplexe und komplizierte Weise gestaltet wurden. Jeder Mensch ist ein „spannendes Wunderwerk". Man muss sich daher Zeit nehmen für Beziehungen mit den Menschen, die einem lieb und wert sind – d. h. wir versuchen herauszufinden, was unseren Lieben wichtig ist oder was sie stört. Wir möchten ihre Interessen und Wünsche erfahren und das Geheimnis ergründen, wer sie als Mensch eigentlich sind. Beziehungen wollen gepflegt sein.

**Welche Menschen aus Ihrer Umgebung möchten Sie einmal richtig kennenlernen?**

Jedes Mal, wenn ein Mensch merkt, dass jemand ihn wirklich so kennen und lieben lernen möchte, wie er ist, wird an diesem ernsten Interesse Gottes Beziehungsgedanke sichtbar. Wenn das unsere Devise im Miteinander ist, spiegeln wir die „DNS der Liebe Gottes" wider.

## Offen für andere sein

König Salomo sagte: „... *mit den Aufrichtigen hält er* (Gott) *seinen Rat"* (Spr 3,32). Hinter dieser Art Freundschaft steht das hebräische Wort *sod*, was so viel wie „ungeschütztes Öffnen" oder „absichtliche Transparenz" bedeutet. Mit anderen Worten: Gott bietet seine Freundschaft an – er wird für Menschen transparent, die nach seinem Willen leben wollen.

**Lesen Sie Hosea 6,6. Was ist Gott besonders wichtig?**

Gott möchte sich uns gerne offenbaren, und er hat uns nach seinem Bilde geschaffen, damit auch wir uns anderen öffnen können. Damit sind wir bei einer weiteren Dimension einer tiefen, liebevollen Beziehung. Dabei fällt es uns durchaus nicht leicht, uns verletzlich zu machen und zu öffnen. Es kann risikoreich sein; zuweilen werden wir selbst dabei verletzt. Aber dieser Preis ist es wert.

**Was erstaunt Sie daran, dass sich Gott uns gegenüber so öffnen möchte?**

**Gibt es Menschen in unserer Umgebung, denen gegenüber Sie sich gerne öffnen würden, zu denen Sie eine tiefere Beziehung suchen?**

Wenn wir enge Beziehungen mit anderen pflegen möchten, dann ist es wichtig, sie wirklich wissen zu lassen, wer wir in unserem Inneren sind. Das bedeutet, dass wir sie Anteil nehmen lassen an unseren Träumen und Lebensvorgaben, unseren Hoffnungen und Erwartungen. Indem wir lernen, uns in der rechten Weise zu öffnen, spiegeln wir wiederum die Ebenbildlichkeit Gottes wider und gewinnen Tiefe in Beziehungen.

## Sich für andere interessieren

**Lesen Sie Psalm 139,1.3. Was erfahren Sie hier über Gottes Interesse an Ihnen?**

Das hebräische Wort *sakan*, das hier mit „kennen" übersetzt wird, bedeutet fürsorgliche Anteilnahme. Gott besaß von David weit mehr als nur Kenntnisse von Daten und Informationen; er nahm Anteil an seinem Leben und war um ihn besorgt. Gottes DNA will sicherstellen, dass wir nicht nur uns selbst kennen und von Gott gekannt werden wollen, sondern es schließt seine liebevolle Anteilnahme an unserem Leben ein.

**Was bedeutet es für Sie, dass Gott Sie vollkommen kennt?**

Wenn wir es ihm hier gleichtun wollen, dann bedeutet das, am Leben derjenigen Anteil zu nehmen, die wir lieben. Es schließt ein, dass wir uns mit ihrer Welt vertraut machen und uns für das interessieren, was ihnen wichtig ist. Wenn wir aufrichtiges Interesse am anderen haben und ihm unsere Fürsorge zeigen, dann leben wir dem Bild Gottes entsprechend und vertiefen unsere Beziehung zu ihm.

Mit ungefähr zehn Jahren war ich (Sean) der totale Sportwagen-Fan. Ich schnitt aus Zeitschriften Bilder von *Maserati*, *Lamborghini* und *Ferrari Testarossa* aus und hängte sie dann in meinem Zimmer über dem Bett auf. Ich fand das cool.

Meinem Vater entging mein neues Hobby nicht, und eines Tages überraschte er mich gründlich. Er sah das Branchenverzeichnis durch und suchte sich die Adressen einiger führender Sportwagenhändler in Beverly Hills heraus. Dann schrieb er an alle Händler den folgenden Brief:

> Ich bin ein „verzweifelter" Papa. Ich gebe alles darum, Zeit mit meinem Sohn zu verbringen. Im Moment hat er es mit Sportwagen. Wäre es möglich, dass ich nach der Schule mit ihm in Ihren Ausstellungsräumen vorbeikomme und Sie ein paar Probefahrten mit ihm machen? Ich muss Ihnen aber ehrlicherweise sagen, dass bei mir kein Kaufinteresse vorliegt.

Erstaunlicherweise kam von allen Händlern eine positive Reaktion. Mein Vater rief also bei ihnen an, machte für uns Termine, und anschließend fuhren wir einen Tag nach Beverly Hills in die Ausstellungsräume (eine Entfernung von ca. 240 km). Was war das für ein Tag! Mein Vater wartete auf mich, während ich mit den Händlern auf „Probefahrt" ging und alle erdenklichen Autos testete. Jedes Mal, wenn ich wieder mit einem Auto an ihm vorüberfuhr, winkte er mir zu, und ich war unendlich stolz.

Im Anschluss an die Probefahrten bekam ich zusätzlich noch Poster, von denen einige von berühmten Rennfahrern signiert waren. Es war ein unbeschreiblich toller Tag. Auf dem Nachhauseweg unterhielten wir uns darüber, welche Wagen mir am besten gefallen hatten, und studierten alle Flyer, Broschüren und Poster aus meiner „Sammlung". Dann wechselte mein Vater plötzlich das Thema und fragte, wie das alles aus christlicher Sicht zu beurteilen sei.

„Weißt du, Sean", sagte er, „diese Fahrzeuge sind der Wahnsinn. Aber sie kosten gewaltige Geldsummen. Es ist schon wichtig, dass wir uns darüber Gedanken machen, welche Prioritäten wir als Familie nach Gottes Willen setzen sollen." Dann fuhr er fort: „Lass uns doch unsere Erlebnisse heute aus der Perspektive der Liebe Gottes sehen mit dem Blick auf das, was Jesus am Kreuz getan und was er für uns bewirkt hat." Mit diesem Einstieg gelang es ihm, mir als Zehnjährigem eine der besten Lehrstunden über Materialismus zu geben, die er je gehalten hat. Er predigte mich nicht an, aber er wies darauf hin, dass wir vielleicht manches mögen und uns daran erfreuen können. Dass diese Dinge aber im Vergleich zu dem kostbaren Besitz, den wir als Jünger Jesu haben, in eine sehr niedrige Preisklasse einzustufen sind.

Diese Lektion über Materialismus habe ich nie vergessen. Aber ich bin überzeugt, diese Lehrstunde über die wichtigen Dinge im Leben wäre nie so eindrücklich gewesen, wenn mein Vater nicht durch die Wertschätzung meiner Interessen deutlich gemacht hätte, wie sehr er mich liebt. Als eigentliche Lektion jenes Tages hat sich mir auch später als Vater und Ehemann tief eingeprägt, dass ich am Leben meiner Ehefrau und meiner Kinder Anteil nehmen muss. Ich muss ihnen zeigen, dass ich sie liebe, wenn ich von ihnen geliebt werden will.

**Was könnten Sie unternehmen, um jemandem Ihre besondere Aufmerksamkeit zu zeigen? Seien Sie kreativ!**

## Unser Leben im Kontext von Beziehungen sehen

Alles um uns und in uns macht deutlich, dass wir als Gemeinschaftswesen geschaffen sind. Man kann die moralischen Werte oder die Schöpfung anführen – was immer es ist, alles gründet sich in Gottes Beziehung zu uns.

### Gottes Gebote haben einen Beziehungskontext

Diese Erkenntnis ist entscheidend wichtig, weil viele Menschen Gottes Gebote als einengend und hart empfinden. Tatsache ist jedoch, dass Gottes Gebote Teil seines Wesens sind und seinem Wunsch entspringen, uns zu segnen. Es ist wichtig, hinter Gottes Geboten seine liebevolle Fürsorge und seine Bewahrung zu erkennen und zu verstehen, dass sich seine Liebe in seinem Wesen widerspiegelt. Dies gilt es, zu lehren und deutlich zu machen.

**Nennen Sie Beispiele aus dem alltäglichen Leben, wo Gebote Ausdruck von Liebe sind.**

Seine Gebote sind uns gegeben, weil sie Segen bedeuten. Sie fordern uns zum Beispiel auf, nicht zu stehlen, nicht zu lügen oder zu betrügen (vgl. 2Mo 20,15-16). Mit anderen Worten: Wir sind angehalten, ein ehrliches Leben zu führen, weil Gott wahrhaftig ist.

**Lesen Sie 5. Mose 32,4. Was erfahren Sie über Gottes Werke?**

Sein Wesen ist wahrhaftig – er ist nicht wankelmütig, er weicht von seiner Heiligkeit und Gerechtigkeit nicht ab. Aus diesem Grund hält der Schreiber des Hebräerbriefes fest: *„Gott kann unmöglich lügen“* (Hebr 6,18), d. h., Gott kann sein eigenes Wesen nicht verleugnen. Wenn wir daher in unserem Verhalten aufrichtig und ehrlich sind, dann spiegeln wir Gottes Wesen wider. Das wiederum schützt uns vor Schuld und lässt uns ein reines Gewissen haben. Zusätzlich ersparen wir uns Scham und können glücklich sein, als rechtschaffen und aufrichtig zu gelten. Solch ein Lebensstil bewahrt uns vor zerbrochenen Beziehungen und trägt dazu bei, dass in unseren Beziehungen das Vertrauen wächst.

## Kleine Mädchen petzen oft

Als meine (Joshs) Tochter Kelly im 4. Schuljahr war, nahmen sich mehrere Schüler in der Pause etwas vom Pult, um damit zu spielen. Dabei ging die Sache zu Bruch. Sie legten sie schnell wieder zurück und warteten ab, was passieren würde.

Als der Lehrer den Schaden sah, fragte er ein Mädchen, was denn geschehen sei. Das Mädchen gab dem Gruppendruck nach und log. Dann fragte er Kelly. Sie erzählte wahrheitsgetreu den Ablauf.

Am folgenden Tag ging ich mit Kelly zum Frühstück in ein beliebtes Café. Ich wollte ihr zeigen, dass sie richtig gehandelt hatte trotz des Druckes und der Schikane, die sie von ihren Klassenkameraden erwartete.

„Kelly“, fragte ich, „warum ist Lügen falsch?“
„Weil in der Bibel steht, dass es nicht richtig ist“, antwortete sie.
„Warum sagt die Bibel, dass es falsch ist?“
„Weil Gott es so angeordnet hat.“
„Warum hat Gott es angeordnet?“
„Ich weiß es nicht!“, gab sie zu.

Daraufhin nahm ich sie bei den Händen, schaute ihr in die Augen und sagte: „Weil Gott wahrhaftig ist. Und weil Wahrhaftigkeit sein Wesen ist, kann er einfach nicht lügen. Indem du die Wahrheit gesagt hast, hast du das getan, was Jesus auch getan hätte. Du hast gezeigt, wie sein Wesen ist.“ Anschließend unterhielten wir uns noch eine Weile, welche Vorteile man als ehrlicher Mensch hat.

Es gilt, Gottes Gebote als Teil unserer Beziehung mit ihm zu sehen. Dann erkennen wir uns selbst als seine Geschöpfe, die in einem liebevollen Verhältnis zu ihm stehen. Wir sehen, dass wir mit der inneren Anlage erschaffen wurden, im Ausleben der Wesensart Gottes Freude und Erfüllung zu finden. Dann erfahren wir, dass diese Lebensausrichtung ihn ehrt und uns zum Segen ist. So werden seine Gebote für uns niemals einengend oder gesetzlich sein.

**Lesen Sie Titus 1,2. Welche Eigenschaft Gottes wird hier genannt?**

## Auch unsere eigenen Verbote gehören in den Beziehungskontext

Als Eltern brauchen wir unseren Kindern nicht immer den Grund unserer Anweisungen zu erklären. Vielmehr müssen sie begreifen, dass alle Verbote und Regeln aus einem liebevollen Herzen kommen, das es mit ihnen gut meint und zu ihrem Besten dienen möchte.

Ich (Sean) erinnere mich, dass mir meine Eltern als Jugendlichem nicht alles kauften, was ich mir wünschte, und dass sie mich auch nicht überall hingehen ließen, wo ich hin wollte. Natürlich war ich enttäuscht, manchmal beschwerte ich mich auch und wir gerieten in Streit. Wenn ich jetzt zurückblicke, erinnere ich mich nicht in erster Linie an unsere Diskussionen oder meine große Enttäuschung. Ich erinnere mich daran, dass sie mir immer Folgendes sagten: „Sean, wir hoffen, dir ist bewusst, dass wir aus Liebe so handeln müssen.“ Darum ging es also letztlich.

Natürlich habe ich als junger Mensch nicht diese Tiefen der elterlichen Liebe verstanden. Jetzt, da ich selbst Kinder habe, weiß ich alles neu zu schätzen. Aber die Gewissheit, dass mich meine Eltern über alles liebten, hat mich vor schweren Fehlern bewahrt. Das bedeutet nicht, dass ich mich immer an ihre Vorgaben gehalten habe. Wie jedes Kind habe auch ich genügend falsch gemacht. Trotzdem war die Gewissheit, dass meine Eltern mir wirklich gut wollten, ein starker Antrieb, mir ihre Weisheit zu Herzen zu nehmen. Keiner von uns ist als Eltern perfekt, aber es ist möglich, dass tiefe Zuneigung unser Verhalten bestimmt. Wir können unsere Kinder wissen lassen, dass sich hinter Korrekturen das Motiv der Liebe verbirgt.

**Können Sie sich an Verbote Ihrer Eltern erinnern, die Sie damals nicht verstanden haben, von denen Sie aber heute wissen, dass sie Ausdruck ihrer Liebe waren?**

## Staunen über die Natur als Anlass zum Lobpreis für Gottes Existenz nutzen

Die Natur eignet sich als Anknüpfungspunkt, um zu verdeutlichen, dass wir es bei Gott mit einem intelligenten Schöpfer zu tun haben. Dieser Gedanke spricht Klassenkameraden, Freunde und Familienangehörige gleichermaßen an. Naturfilme oder ein Ausflug in den Zoo sind herrliche Gelegenheiten, um über die großartige Gestaltung von Gottes Welt nachzudenken. Man kann den Kindern Fragen stellen wie: „Was sagt uns die Rose über Gott und darüber, was er wohl schön findet?“ Oder: „Warum hat Gott die Giraffen mit solch langen Hälsen geschaffen?“ Dabei ist es sicherlich nicht notwendig, alle Antworten zu wissen, um über Gottes wunderbare Schöpfung ins Staunen zu geraten und ihm dafür die Ehre zu geben.

Vor einigen Jahren lief die Fernsehserie *Planet Erde*. Alle meine Freunde (Sean) hatten sie gesehen und waren davon begeistert. Ich besorgte mir die DVD, weil ich wissen wollte, was die ganze Aufregung sollte. Die Bilder waren wirklich einzigartig, der Naturfilm absolut grandios. Nachdem ich meiner Familie einige Auszüge gezeigt hatte, begann mein kleiner Sohn Scottie zu fragen: „Können wir heute Abend *Planet Erde* anschauen?“

Meine Frau und ich nahmen diese Serie zum Anlass, gemeinsam mit unserem Sohn über die Größe der Schöpfung Gottes zu staunen. Wir nutzten die Natur als Sprungbrett, um die biblische Weltsicht zu vermitteln.

**Schreiben Sie Psalm 8,4-5 auf die Leerzeilen.**

Haben Sie Freude an Astronomie, Blumen oder Gartenarbeit? Interessieren Sie sich für Bienen, Ameisen, Wale oder den Winterschlaf der Bären? Dann ist das ein Einstieg, um über das Wunder der Schöpfung zu staunen und darüber, was uns das über das Wesen des Schöpfergottes lehrt. Die Physik und das Studium der Schwerkraft, des Lichts, der Atomenergie, des Stroms und anderer Bereiche sind reich an Geheimnissen, die uns Anlass geben, die Großartigkeit von Gottes Schöpfung zu erkennen. Man muss kein Wissenschaftler sein, um Menschen in unserer Umgebung darauf aufmerksam zu machen, welche Demonstration von Gottes Herrlichkeit das ist. Schon bei einer gemeinsamen Wanderung kann man ins Staunen kommen, wie wunderbar Gott alles geschaffen hat.

**Was könnten Sie als Anlass nehmen, um mit anderen über Gott und seine Größe zu reden?**

## Staunen über das Wunder der Geburt als Anlass zum Lobpreis über Gottes Existenz nutzen

Die Geburt eines Kindes oder ein Geburtstag ist auch ein Anlass, um über das Wunder der Geburt zu staunen.

**Lesen Sie Psalm 139,13-14. Wie ist jeder Mensch von Gott erschaffen?**

Unsere fein aufeinander abgestimmten Vorgänge in unserem Organismus bieten sich an, auf Gottes wunderbare Maßarbeit hinzuweisen. Wir wissen aus dem Biologieunterricht in der Schule, dass die *Doppelhelix* der DNA wie eine Wendeltreppe aussieht. Jede Stufe ist ein Stück unseres genetischen Codes, und erstaunlicherweise enthält jede Zelle unseres Körpers einen vollständigen DNA-Abdruck von uns. Durch die Abfolge dieser „Stufen" entsteht ein Muster, das den Aufbau jedes Bausteins unseres Lebens festlegt. In jeder Keimzelle liegt die Information, die sich bei der Verschmelzung mit dem Erbgut des Partners verbindet und so das genetische Muster für das Kind bildet.

Unsere DNA bestimmt also nicht nur, wer *wir* sind, sondern auch das Aussehen unserer Kinder. Diese faszinierende Information eignet sich wunderbar, um Menschen über unseren Schöpfergott ins Erstaunen zu bringen. Lautes Denken bietet sich an: „Wie wäre es, wenn wir alles wüssten, was es zu wissen gäbe? Wie wohl Gott aussehen mag? Was mag wohl seine Lieblingsfarbe sein? Warum liebt Gott uns so sehr, dass er alles so wunderbar geschaffen hat?" Mit solchen Fragen wollen wir auf keinen Fall Gott vermenschlichen. Wir wollen anderen helfen, Gott kennenzulernen. Er ist einerseits grenzenlos und für uns unfassbar, aber andererseits ein Gott, dem wir nahen dürfen, der mit uns Gemeinschaft haben will und der jedes Haar kennt, das auf unserem Kopf wächst.

## Unseren Kindern die Grundsätze biblischer Weltsicht vermitteln

Als Christ und Pädagoge überlege ich (Sean) mir ständig, wie ich meinen Schülern die Grundprinzipien biblischer Weltsicht vermitteln kann. Dabei weise ich sie immer darauf hin, dass jede Weltanschauung drei Fragen beantworten muss:

1. *Herkunft* – wie sind wir hierhergekommen?
2. *Dilemma* – was ist falsch gelaufen?
3. *Lösung* – wie können wir das wieder korrigieren?

**Wenden Sie diese 3 Punkte auf die Situation des Menschen an.**

______________________________

______________________________

______________________________

______________________________

Da Gott die Welt geschaffen hat, war alles einmal ursprünglich gut (*Herkunft*). Aber der Mensch hat all das Gute ruiniert und schlecht gemacht (*Dilemma*). Gott sandte seinen Sohn Jesus Christus, damit er am Kreuz für unsere Sünde stirbt, so dass wir wieder Gemeinschaft mit ihm haben können (*Lösung*).

Als Anwendung dieser Wahrheit stelle ich meinen Schülern oft die Frage: „Was macht den Wert der Menschen aus?“ Die Antwort lautet selbstverständlich: dass sie nach Gottes Bild geschaffen wurden (*Herkunft*). Dann frage ich: „Wie wurde diese Wahrheit außer Kraft gesetzt?“ Die Antworten drehen sich dann oft um weitverbreitete falsche Vorstellungen: Unser Wert kommt z. B. aus unserem Besitz, unserem Erscheinungsbild, Erfolg (*Dilemma*). Dann frage ich: „Wie können wir wieder dem Bild entsprechen, das Gott ursprünglich geplant hat?“ Auch hier lautet die selbstverständliche Antwort, dass wir die falschen Ideen, die wir von unserer Kultur übernommen haben, durch biblische Wahrheit ersetzen müssen (*Lösung*). Um diesen Gedanken praktisch werden zu lassen, kann man Bereiche aus Gottes Schöpfung inklusive Kunst, Sport, Arbeit, Musik, Beziehungen etc. beispielhaft anführen und die obigen Fragen stellen. Das kann jungen Menschen eine Hilfe sein, ihre eigene christliche Weltsicht zu entwickeln.

**Notieren Sie, welche nächste Gelegenheit Sie ergreifen wollen, um mit anderen in solch ein Gespräch einzusteigen.**

## Zusammenfassung

Der Glaube an die Existenz eines persönlichen Gottes, der uns nach seinem Bild geschaffen hat, lässt uns die Segnungen seiner Schöpfung genießen, besonders liebevolle Beziehungen. Unsere ethischen Maßstäbe, Moralvorstellungen, soziale Verantwortung wie die Fähigkeit zu lieben und geliebt werden, basieren auf der Tatsache, dass wir von einem Schöpfer erschaffen sind, der ebenfalls in Beziehung lebt.

Wir finden daher unsere wahre Identität in diesem Gott. Ist es unser Wunsch, ihm ähnlich zu werden und im Alltag nach dem Grundsatz der Liebe zu leben, dann machen wir ihm Freude und unser Leben hat Sinn, Bedeutung und Erfüllung.

## 2. Wahrheit:

# Gottes Wort

Kapitel 2.1

# Warum hat Gott uns sein Wort gegeben?

Als Sean 12 und seine Schwester Kelly 14 Jahre alt war, schrieb ich (Josh) ihnen ein Buch mit 15 Briefen. Als Widmung stand darin: „Für meinen tollen Sohn und meine wunderbare Tochter. Hier sind die Briefe, die ich euch versprochen habe. Sie sprechen mir aus tiefstem Herzen Alles Liebe, Papa.“ Hier ein Auszug aus dem ersten Brief:

Liebe Kelly, lieber Sean,

wenn Buchstaben umarmen könnten, dann würde ich euch in diesem Augenblick fest an mich drücken.

Ihr wisst beide, dass ich die letzten Jahre durch ganz Amerika gereist bin, um Vorträge zu halten; dass ich in Radio und Fernsehen aufgetreten bin und mit jungen Menschen über viele Fragen diskutiert habe. Auf manchen dieser Reisen wart ihr dabei.

Es tut mir innerlich weh, wenn ich die persönlichen Geschichten von Jungen und Mädchen höre, die sie mir erzählen. Es erschüttert mich, wenn sie mir anvertrauen, wie ihr Leben ruiniert wurde, weil sie Gottes Plan nicht verstanden haben oder nicht wussten, wie man mit Sexualität umgeht.

Wenn wir als Eltern euch irgendetwas wünschen, Kelly und Sean, dann ist es das Geschenk der sexuellen Unberührtheit. Dieses Geschenk bekommt man, wenn man es als Teenager durch das Minenfeld sexueller Anfechtung schafft, ohne emotional in die Luft gesprengt zu werden. Damit ihr diesen Kampf gewinnt, schreibe ich euch dieses Buch. Es soll eine Art Wegweiser sein und enthält die wichtigsten Erkenntnisse, Erfahrungen, Tipps und Geheimnisse, die ich in den 20 Jahren Ehe mit eurer Mutter gelernt habe.

Und jetzt, meine liebe Kelly und mein lieber Sean, gebe ich euch diese Briefe. Ich kann gar nicht sagen, wie sehr ich euch beide lieb habe.

*Papa*

P.S.: Ihr dürft eure Freunde die Briefe gerne lesen lassen, wenn ihr meint, dass sie ihnen eine Hilfe sein könnten.

Auch wenn ich (Sean) erst 12 Jahre alt war, als mir mein Vater dieses Buch gab, hinterließen die Briefe einen starken Eindruck auf mein Leben. Sie waren ein großer Motivationsfaktor, um mich später von aller sexuellen Freizügigkeit fernzuhalten. Auf den ersten Blick könnte man meinen, dass ich den Maßstäben in punkto Sexualität nur folgte, weil sie so deutlich in diesem Buch für mich entfaltet wurden. Aber das hat mich gar nicht so sehr beeindruckt. Wichtig war viel mehr, dass sie aus dem liebevollen Herzen meines Vaters kamen, um mich vor Kummer zu bewahren und sicherzustellen, dass ich künftig in meinen Beziehungen das höchstmögliche Glück erfahren würde. Meinem Vater lag es am Herzen, dass ich die gleichen positiven Erfahrungen in der Ehe und im Leben mache wie er.

*„Alle Schrift ist von Gott eingegeben und nützlich zur Lehre, zur Überführung, zur Zurechtweisung, zur Unterweisung in der Gerechtigkeit, damit der Mensch Gottes richtig sei, für jedes gute Werk ausgerüstet“* **(2Tim 3,16-17).**

## Briefe aus einem liebevollen Herzen

Vielleicht hat Ihnen Ihr irdischer Vater kein solches Buch geschrieben, dafür aber der himmlische Vater. Sein Buch, das wir die Bibel nennen, ist wie Briefe an Sie, die aus seinem Herzen kommen. Sie wurden geschrieben, *„damit ... eure Freude völlig werde“* (Joh 15,11). Sie sind Gottes Wegweiser, seine „Geheimtipps“, wie man es durch die Minenfelder des Lebens schaffen kann, die Kummer und Elend verursachen können, denn das geschriebene Wort Gottes kommt aus seinem Vaterherzen.

**Lesen Sie 2. Timotheus 3,16-17. Ist die Bibel eine Sammlung von Richtlinien, die wir befolgen müssen, um ein gutes Leben zu führen? Warum oder warum nicht?**

Jede Anweisung und jedes Gebot Gottes entspringen seiner Liebe zu uns; alles dient zu unserer Bewahrung und zu unserem Guten:

Alle Lehren der Bibel – ob in Form von Unterweisungen, Gleichnissen, Ermahnungen, Verhaltensregeln, Verordnungen oder Befehlen – haben daher die Absicht zu zeigen, wie Gott wirklich ist; sie wollen eine genaue Darstellung seiner Wege sein. Wenn Gott sagt „vermeidet dieses Verhalten“ und „folgt jenem Weg“, dann will er nicht unserem Glück im Wege stehen. Dahinter steht vielmehr das Bemühen, uns durch die Gemeinschaft mit sich zu einem guten, erfüllten Leben zu führen. Das erfreut ihn und bringt uns selbst Freude und Glück.

**Lesen Sie 5. Mose 10,13. Wozu dienen Gottes Gebote?**

Jedes Gebot und jede Anweisung Gottes kommen aus seinem liebevollen Herzen, das uns beschützen und versorgen will.

**Lesen Sie Psalm 19,8-11. Notieren Sie anschließend sechs Eigenschaften, mit denen das Gesetz, die Vorschriften, die Gebote und Rechtsbestimmungen des Herrn umschrieben werden.**

**Spiegeln einige dieser Eigenschaften des Gesetzes das Wesen Gottes wider? Wenn ja, welche?**

Hinter Gottes Aufforderung ihn zu lieben, steht sein Gedanke: „Richtet euch ganz darauf aus, mich zu erkennen. Öffnet euch ganz meinen Gedanken, dann werden meine Wege eure Wege werden." Gottes Plan für uns Menschen ist so angelegt, dass wir einzig durch eine enge Gemeinschaft mit ihm sinnvolles Leben und Freude erfahren können. Mose hatte das begriffen, und er bat Gott: *„Wenn ich also Gunst gefunden habe in deinen Augen, dann lass mich doch deine Wege erkennen"* (2Mo 33,13). Auf Gottes Wegen zu gehen, hat auch zur Folge, dass wir ihn immer mehr erkennen; und diese Erkenntnis führt dazu, dass wir so leben und werden wie Jesus Christus war. Ihm ähnlich zu sein, schenkt wiederum Erfüllung und Freude.

Mit anderen Worten: Wenn wir durch das Tun von Gottes Willen unsere Liebe zu ihm ausdrücken, erfahren wir Segen, weil seine Wege das Wesen eines unbeschreiblich guten Gottes widerspiegeln. Je mehr wir leben wie Jesus Christus, desto mehr spiegeln wir seine Güte und Vollkommenheit wider. Ehrlich sein bringt Segen, weil Gott wahrhaftig ist. Reinheit im sexuellen Bereich bringt Segen, weil Gott heilig ist. Wir werden gesegnet, wenn wir anderen gegenüber fair sind, weil Gott gerecht ist.

Wenn es unser Wunsch ist, ihn wirklich zu erkennen – ihn zu lieben –, haben wir die Kraft, auf seinen Wegen zu gehen und kommen in den Genuss der Segnungen. David sagt in Psalm 19, dass die Wege des Herrn die Seele erquicken, uns weise machen, uns Freude bringen und zeigen, wie wir leben sollen. Dahinter steht Gottes liebevolle Fürsorge. Ohne diese endet ein Leben in Schuld, seelischen Nöten, Scham, Einsamkeit und zerbrochenen Beziehungen. Davor möchte Gott uns bewahren.

Wir können also sagen, dass die Bibel eine vollkommen zuverlässige Sammlung von Geboten und Weisungen ist, die von einem vollkommen gerechten Gott stammen und uns den Weg zeigen, damit wir so leben, wie Gott es für uns vorgesehen hat.

*Wir glauben und bezeugen als Wahrheit, dass die Bibel Gottes Offenbarung für uns ist, die darlegt, wie Gottes Wege für unser Leben aussehen*

Sie offenbart einen Gott, der in Beziehung zu Menschen lebt; jenen Gott, der *„mit Mose von Angesicht zu Angesicht"* redete (2Mo 33,11). Es ist ein Gott, der *„eifersüchtig"* über unserer Beziehung mit ihm wacht (2Mo 34,14). Von den ersten Worten, die Mose im Schöpfungsbericht niederschrieb, bis zu dem letzten Wort, das Johannes in der Offenbarung festhielt, offenbart uns die Bibel Gottes liebendes Vaterherz. Er möchte in einer intakten Beziehung mit uns leben; und wir sollen alle das Gute genießen können, das eine solche Gemeinschaft bietet.

Um es zusammenzufassen: Die Bibel ist das Mittel, das Gott ausgewählt hat, um sich uns selbst vorzustellen und zu offenbaren. Diese Offenbarung hat zum Ziel, dass wir in den Genuss einer lebendigen Verbindung mit ihm kommen. Gottes Wort – die Niederschrift all seiner Wege mit uns – ist also von dem Gedanken der Beziehung geprägt. Aus dieser Gemeinschaft kommt reicher Segen.

König David ging davon aus, dass sein Leben nur Sinn machte, wenn sein ganzes Streben darauf gerichtet war, Gott zu gefallen und seinen Wegen zu folgen.

**Lesen Sie Psalm 25,4-10. Was war Davids Ziel im Leben, und was wünschte er sich von Gott?**

---

---

**Welche Wesenszüge Gottes wollte David näher kennenlernen?**

---

---

## Ist die Zuverlässigkeit der Bibel entscheidend oder nicht?

Stellen wir uns einmal einen Studentenbibelkreis vor, der sich über einen Abschnitt der Bibel austauscht. Hören wir einmal hin, wie die Unterhaltung sich wendet, als es um den Zweck der Bibel geht.

Thomas, der Kleingruppenleiter, nimmt Platz und begrüßt die Studenten, die zum Bibellesen gekommen sind. „Ich möchte etwas Neues mit euch machen", beginnt er. „Was haltet ihr davon, wenn wir uns mit dem Thema befassen *Wie man die Bibel mit Gewinn liest?*" Er steht auf und hält eine Bibelstudienhilfe hoch. Die Gruppe nickt zustimmend.

„In Ordnung, dann möchte ich mit einer Frage beginnen: Was ist Sinn und Zweck der Bibel?“ In der Runde schauen ihn erwartungsvolle Gesichter an. „In welcher Form hilft sie uns eurer Ansicht nach weiter?“

Augenblicke verstreichen. Bei einigen in der Gruppe scheint es in den Köpfen zu arbeiten. Schließlich meldet sich Jan. „Es ist Gottes Wahrheit. Es ist das inspirierte Wort Gottes.“ Thomas nickt. „In Ordnung. Was sonst noch?“

„Es ist ein Buch, das christliche Lehren enthält“, wirft Sara in die Runde.

„Es enthält auch die Lehren des Judentums“, fügt Laura hinzu. „Im Alten Testament auf jeden Fall.“

Verschiedene Gruppenteilnehmer melden sich zu Wort, bieten Lösungen an.

„In Ordnung“, meint Thomas und nickt zustimmend. „Das sind alles gute Antworten. Aber ich möchte jetzt eine etwas andere Beschreibung der Bibel vorstellen und bin dann gespannt auf eure Reaktion.“ Er schlägt sein Studienheft auf und liest vor: „Die Bibel ist Gottes Handbuch zum Leben. Sie ist unser Wegweiser zum Himmel. Sie ist Gottes Liebesbrief an uns. Sie weist uns den Weg zu ihm und hilft uns, ihn zu erkennen.“ Er lässt einen Moment Zeit, damit sich die Worte bei allen setzen können. Dann hält er seine Bibel hoch und fährt fort: „Wenn Menschen dieses Buch also nicht lesen, können sie Gott auch nicht richtig kennenlernen.“

„Was ist, wenn sie unvollständig ist?“, unterbricht Jan. „Was ist, wenn zum Beispiel Bücher oder Kapitel fehlen? Heißt das, dass wir Gott dann nicht kennenlernen können?“

„Hmm?“, beginnt Thomas und legt die Bibel auf seinen Schoß.

„Ja“, wendet auch Sara ein. „Was ist, wenn Gott uns in Wirklichkeit 15 Gebote gegeben hat, wir aber nur zehn kennen?“

„Jetzt mal langsam“, meint Thomas und hebt den Arm, als wolle er den Verkehr regeln. „Wir wollen jetzt nicht ganz abschweifen.“

„Aber Sara und Jan haben recht“, protestiert Laura. „Was ist, wenn die Menschen, die die Bibel verfasst haben, nicht alles aufgeschrieben haben, was Gott gesagt hat, oder vielleicht haben sie es falsch verstanden. Heißt das, dass wir dann alle Pech haben? Denkst du das?“

Thomas seufzt tief und schaut die Gruppe mit großen Augen und etwas irritiert an. Schließlich sagt er: „Soll ich euch was sagen? Vielleicht genehmigen wir uns jetzt erst mal eine Pizza.“ Er blickt in die neugierigen Gesichter im Raum. „Wir kommen später noch mal auf diese Fragen zurück, oder?“

**Was ist, wenn Gott Mose in Wirklichkeit 12 Gebote gegeben hat und die Kopisten des Alten Testaments vor vielen Jahren zwei Manuskripte übersehen haben? Welche Probleme oder Konsequenzen zöge das für uns nach sich?**

Wir können es Thomas kaum übel nehmen, dass er auf falschem Fuß erwischt wurde. Die Fragen dieser Studenten hätten vielleicht den erfahrensten Bibellehrer in Verlegenheit gebracht. Aber es waren gute Fragen. Fragen, die beantwortet werden müssen, wenn wir ein tiefes, festes und bleibendes Bibelverständnis erlangen wollen. Und es sind Fragen, die jedem von uns und unseren Kinder zwangsläufig in einer postmodernen Gesellschaft begegnen, für die religiöse Wahrheiten eine Sache persönlicher Interpretation sind.

Wenn die Bibel lediglich eine hilfreiche Sammlung von erbaulichen Geschichten und Gedanken ist, dann ist es nicht weiter von Belang, ob Teile verschwunden sind oder über die Jahre falsch überliefert wurden. Als lediglich weitere Version der Wahrheit tut es wenig zur Sache, ob sie zuverlässig ist oder nicht. Wenn sie jedoch das ist, als das Thomas sie vorgestellt hat – nämlich Gottes Handbuch für unser Leben und der primäre Weg, um ihn kennenzulernen –, dann ist es extrem wichtig, ob sie zuverlässig ist und genauso aufgezeichnet wurde, wie Gott sie vermittelt hat. Außerdem ist es wichtig, ob sie uns irrtumsfrei überliefert wurde. Wenn uns Sinn und Zweck der Bibel klar sind, dann kommt Fragen zu ihrer Vertrauenswürdigkeit eine entscheidende Bedeutung zu. Dann ist die Frage von Studentin Laura berechtigt: „Was ist, wenn die Menschen, die die Bibel verfasst haben, nicht alles aufgeschrieben haben, was Gott gesagt hat?" Oder: „Vielleicht haben sie auch einiges durcheinandergebracht. Ist das dann unser Pech?"

**Müssten wir dann heute unter den Folgen leiden, Gottes Geboten nicht korrekt zu gehorchen – selbst wenn es nicht unsere Schuld wäre, weil wir ja seine Vorschriften nicht kennen würden? Warum oder warum nicht?**

Zum Glück beantwortet die Bibel Lauras Frage selbst, und zwar anhand einer Begebenheit aus dem Alten Testament.

## Als die Worte des Gesetzes verloren gingen

Dieser Vorfall ereignete sich in Juda während einer Zeit, als ein junger König namens Josia regierte. Zu jener Zeit hatten die Menschen in Juda über lange Jahre Götzen verehrt. Viele der alten Gebote und Vorschriften waren in Vergessenheit geraten oder verloren gegangen. Aber Josia *„...tat, was recht war in den Augen des HERRN. Und er ging auf den Wegen seines Vaters David“* (2Chr 34,2). Er setzte sich für die Zerstörung der heidnischen Götzenbilder und deren Altäre ein, die im ganzen Land aufgestellt waren. Außerdem sorgte er dafür, dass der Tempel in Jerusalem wieder instandgesetzt und der Bund mit Gott erneuert wurde.

Eines Tages arbeitete der Hohepriester Hilkija auf der Baustelle für die Ausbesserungsarbeiten am Tempel und entdeckte dabei plötzlich eine lange und alte Schriftrolle. Die Hände des Priesters müssen gezittert haben, als er sie entrollte und die Worte las, die schon vor vielen Jahren verloren gegangen waren. Hilkija gab daraufhin das Schriftstück weiter an einen Mann mit Namen Schafan, den Privatsekretär des Königs.

Als dieser dem Josia aus der Schriftrolle vorlas, erkannte der König sofort die Worte – auch wenn er sie niemals vorher aus der Heiligen Schrift selbst gehört hatte. Vieles von dem, was Schafan jetzt vorlas, war ihm durch die mündliche Überlieferung von Eltern zu Kindern und von Lehrer zu Schüler bekannt. Josia, Schafan und Hilkija erkannten in dieser Schriftrolle *„das Buch des Gesetzes des HERRN“* (2Chr 34,14).

Als Schafan weiterlas, wandelte sich Josias Faszination zuerst in Sorge, dann in Bestürzung.

**Lesen Sie 5. Mose 28,1-2.15. Was verheißt Gott bei Be- bzw. Missachtung seiner Gebote?**

Als der König diese Worte hörte, zerriss er seine Kleider als Zeichen der Trauer. *„... weil unsere Väter das Wort des HERRN nicht beachtet haben, um nach allem zu tun, was in diesem Buch aufgeschrieben ist“* (2Chr 34,21). Josia erkannte, dass Gott sich seinem Volk nicht offenbarte – ungeachtet von Josias guten Absichten –, weil es ohne die schriftliche Offenbarung Gottes war. In großer innerer Not und aus Sorge um sich und sein Volk rief Josia die Menschen zusammen. Er las ihnen aus der wiedergefundenen Schriftrolle vor, und das Volk versprach, dem Herrn und seinem Wort zu gehorchen.

## Eine verzerrte Offenbarung liefert verzerrte Ergebnisse

Die Geschichte des Königs Josia macht deutlich, wie folgenschwer es wäre, wenn Gottes Wort verloren ginge, verzerrt, verändert oder durch fehlerhafte Abschriften über einen Zeitraum von hunderten oder tausenden von Jahren falsch wiedergegeben würde. Bevor es die Heiligen Schriften gab, sprach Gott direkt zu Mose, Abraham und den Propheten. Später offenbarte er sich selbst im Fleisch und redete zu uns durch seinen Sohn Jesus Christus (siehe Hebr 1,1-2). Diese Offenbarungen Gottes wurden aufgeschrieben und auf den Seiten der Bibel festgehalten. Aber angenommen, die Tatsachen und Ereignisse der Bibel wären nicht sorgfältig und wahrheitsgemäß überliefert worden, dann hätten wir heute in der Bibel eine verzerrte Darstellung von Gottes Wesen und Charakter.

Die Erkenntnis Gottes und das daraus folgende Leben in seiner Gemeinschaft sind daher abhängig davon, ob wir im Besitz einer genauen und zuverlässigen schriftlichen Offenbarung sind. Wenn die Bibel nicht zuverlässig ist, haben wir keine Gewissheit, dass ihre Lehren, denen wir folgen und gehorchen, überhaupt wahr sind. Nehmen wir an, Gott hätte Mose tatsächlich 15 Gebote gegeben, und im Laufe der Zeit hätte irgendein Schriftgelehrter beschlossen, fünf davon unter den Tisch fallen zu lassen. Dann wären wir bestenfalls im Besitz eines unvollständigen Bildes von Gottes Wesen und wüssten seinen Willen nur teilweise. Im schlimmsten Fall würden wir Katastrophen heraufbeschwören und *„Fluch, ... Bestürzung und ... Verwünschung“* (vgl. 5Mo 28,20) Tür und Tor öffnen – so wie Josia das auch erkannte.[1]

*Keine Sorge: Gottes Wort ist zuverlässig.*

Wenn wir den Segen der Erkenntnis Gottes erleben wollen, müssen wir sicher sein, dass wir im Besitz der Heiligen Schriften sind, die genau das enthalten, was Gott den Schreibern eingegeben hat. Wenn nämlich das Wort Gottes nicht genau aufgeschrieben und überliefert wurde, sitzen wir und unsere Kinder einem Betrug auf in dem Bemühen, Gott kennenzulernen, und wir werden *„Fluch, ... Bestürzung und Verwünschung“* ausgeliefert sein – wie Josia und Juda.

**Lesen Sie Matthäus 5,18 und 24,35. Was sichert Jesus Christus uns zu, und warum ist er sich seiner Sache so gewiss?**

**Ist es angebracht, Zweifel oder Anfragen bezüglich der Zuverlässigkeit der Bibel zu haben? Warum oder warum nicht?**

Gott hat auf erstaunliche Weise sein Wort durch die Zeiten hindurch bewahrt. Wir können genau das lesen, was er die Menschen damals aufschreiben ließ. Und aufgrund der klaren Beweise brauchen wir nicht einen Augenblick zu zweifeln oder besorgt zu sein. In der nächsten Lektion werden wir sehen, was uns bei Zweifeln so sicher sein lässt, dass die Bibel zuverlässig ist.

Kapitel 2.2

# Beweise dafür, dass Gottes Wort zuverlässig ist

Warum kann man sicher sein, dass die Bibel, die wir heute lesen, auch wirklich das enthält, was Gott gesagt hat? Dabei ist zu bedenken, dass die Texte zum Teil vor mehr als 3000 Jahren niedergeschrieben wurden. Woher nehmen wir die Zuversicht, dass sie korrekt abgeschrieben wurden? Wer kann beurteilen, ob größere Abschnitte nicht ausgelassen oder verfälscht wurden, weil Menschen ihre eigenen Ideen hinzugefügt haben? Oder gibt es Beweise dafür, dass die Bibel, die wir heute in Händen halten, eine zuverlässige Abschrift dessen ist, was Gott den Schreibern bei der Abfassung eingegeben hat? Wir wollen diese Fragen näher untersuchen.

**Lesen Sie Lukas 1,1-4. Was zeichnet Lukas' Bericht über Jesu Leben aus? Welches Quellenmaterial benutzte er?**

**Lesen Sie Johannes 19,35; 1. Johannes 1,3 und 2. Petrus 1,16. Woher bezogen diese Verfasser ihre Information?**

## Gottes Worte wurden exakt weitergegeben

Dieses von Gott inspirierte Buch, das man Bibel nennt, wurde während eines 1500-jährigen Zeitraums geschrieben. Über mehr als 40 Generationen und 40 verschiedene Autoren aus den verschiedenen Gesellschaftsschichten waren an ihrer Abfassung beteiligt – Schafhirten, Soldaten, Propheten, Dichter, Könige, Gelehrte, Staatsmänner, Herren, Knechte, Zöllner, Fischer und Zeltmacher. Sie hielten die von Gott eingegebenen Worte an verschiedenen Orten fest – in der Wüste, in einem Palast, in einer Höhle, auf einem Hügel, im Gefängnis und im Exil. Biblische Texte wurden auf den Kontinenten Asien, Afrika, Europa und unter Nutzung der drei Sprachen Hebräisch, Aramäisch und Griechisch verfasst. Hunderte von Geschichten werden erzählt, Hunderte von Liedern werden aufgezeichnet, Hunderte von kontroversen Themen besprochen. Doch bei aller Unterschiedlichkeit von Autoren, Ursprüngen und Inhalten sind eine starke Kontinuität und ein roter Faden erkennbar, der von Gottes Erlösung seiner Kinder und der Wiederherstellung aller Dinge nach seinem ursprünglichen Plan handelt.

**Welche Aussage macht Jesus über Gottes bzw. sein Wort?**

**Matthäus 5,18**

**Matthäus 24,35**

Weil der Zweck der Bibel die Botschaft von der Erlösung und der Gemeinschaft mit Gott ist, kann Gott es nicht zulassen, dass diese Information verlorengeht, verdreht oder verzerrt wird.

Gott kämpft leidenschaftlich darum, mit uns wieder in eine lebendige Verbindung zu kommen. Darum hat er uns persönlich und auf wunderbare Weise sein inspiriertes Wort geschenkt. Er hat seine Überlieferung überwacht und wiederholt deren Zuverlässigkeit bestätigt, damit alle, die offene Augen und offene Herzen haben, fest darauf vertrauen können. Völker haben die Bibel verworfen, Tyrannen wollten sie ausmerzen, Irrlehrer haben versucht, sie zu entstellen. Aber die Beweise für die

Zuverlässigkeit der Bibel sind so sicher, dass wir und unsere Kinder die Gewissheit haben können, dass die Heilige Schrift die Wahrheit über Gott wiedergibt und dass es *„leichter* (ist), *dass Himmel und Erde vergehen, als dass ein einziges Strichlein des Gesetzes wegfalle"* (Lk 16,17).

Es ist unschwer zu erkennen, dass Gott seine Hand bei der Zusammenstellung des Alten und Neuen Testaments im Spiel hatte. Wenn wir einmal den Prozess des Schreibens und Erhaltens von Manuskripten im Altertum betrachten, wird deutlich, wie sehr es wirklich ein Wunder ist, im Besitz einer fehlerfreien Bibel zu sein. Keines der Originalmanuskripte, die Gott den Schreibern inspirierte, existiert heute noch. Was wir heute lesen, sind gedruckte Kopien von alten, handgeschriebenen Kopien von weiteren Abschriften des Originals. Dieser Werdegang war notwendig, denn die Bibel wurde in einer Zeit zusammengestellt und überliefert, in der es noch keine Druckerpressen gab. Alle Manuskripte wurden mit der Hand geschrieben; mit der Zeit verblasste die Tinte und die Materialen zerfielen, auf denen geschrieben wurde. Wenn daher ein Dokument erhalten und der nächsten Generation weitergereicht werden sollte, mussten neue Abschriften erstellt werden; ansonsten ging das Dokument für immer verloren. Natürlich wurden diese Abschriften in gleicher Weise hergestellt wie die Originale – mit der Hand kopiert, mit verblassender Tinte auf Materialen geschrieben, die früher oder später dem Zerfall ausgesetzt waren.

Wir fragen uns richtigerweise, ob nicht die Erstellung handschriftlicher Kopien eine Fehlerquelle darstellte. Kann man mit Sicherheit ausschließen, dass ein ermüdeter Kopist nur noch verschwommen sah, einige bedeutsame Wörter übersprang, ganze Abschnitte ausließ oder einige Schlüsselverse falsch zitierte? Oder dass ein übereifriger Kopist z. B. während der Abschrift des Markus-Evangeliums einige hundert Jahre nach dessen Abfassung eigenmächtig fünf Kapitel hinzufügte oder versuchte, Jesu Worte und Taten anders darzustellen? Nehmen wir einmal an, dass die Worte, die Gott dem Mose, David, Matthäus oder Petrus eingab, später verändert oder ungenau abgeschrieben wurden. Wie können wir dann sicher sein, dass wir auf dieser Grundlage den wahren Gott kennenlernen? Wie können wir darauf vertrauen, dass die Gebote, denen wir folgen, wahrhaftig Gottes Wesen widerspiegeln? Was ist, wenn die Kritiker Recht haben mit ihrer Behauptung, die Bibel sei eine Sammlung überholter Schriften, voller Ungenauigkeiten und Fehler? Wie können wir sicher sein, dass die Texte, die uns heute zur Verfügung stehen, eine genaue Wiedergabe der Originale sind?

Gott lässt uns nicht mit dieser Ungewissheit zurück. Es kommt einem Wunder gleich, wie er die Weitergabe seines Wortes überwacht hat, um sicherzustellen, dass es lückenlos von einer Generation zur nächsten überliefert wurde.[1]

## Akribisch genaue Schreiber

Eine Maßnahme, mit der Gott sicherstellte, dass man sich auf sein Wort zuverlässig stützen kann, war die Erwählung, Berufung und Kultivierung eines Volkes von Männern und Frauen, das das Gesetz sehr ernst nahm.

Dabei rief Gott das israelitische Volk nicht nur zu einer großen Verehrung seines Wortes auf, sondern legte es auch in sein Herz hinein.

**Lesen Sie 5. Mose 6,3.6-9. Was sollte Israel tun, um das Gesetz zu verinnerlichen und es nicht zu vergessen?**

Diese Haltung Gottes Geboten gegenüber wurde ein solcher Teil des jüdischen Selbstverständnisses dass sich zwischen dem 5. und dem 3. Jahrhundert vor Christus eine Gruppe jüdischer Gelehrter bildete, die sogenannten *Sopherim*, abgeleitet von dem hebräischen Wort „Schriftgelehrte". Diese Hüter der hebräischen Schriften widmeten sich dem sorgfältigen Erhalt der alten Manuskripte und stellten bei Bedarf neue Abschriften her.

Die *Sopherim* wurden später von den *Talmudisten* an Eifer übertroffen, die von ca. 100-500 n. Chr. über die heiligen Texte wachten, sie auslegten und kommentierten. Auf die talmudischen Schriftgelehrten folgten die bekannteren *masoretischen* Schriftgelehrten (500-900 n. Chr.). Die *Masoreten* übertrafen noch die leidenschaftlichsten ihrer Vorgänger. Sie entwickelten detaillierte und strenge Richtlinien für die Abschrift der Manuskripte. Ihre Kopierregeln waren so streng, dass eine neue Abschrift die gleiche Autorität wie die Vorlage erhielt. Sie gingen aufgrund der strengen Vorschriften fest davon aus, ein genaues Duplikat in Händen zu halten.

Gott wachte darüber und fügte es so, dass durch diese sorgfältigen Kopisten die Bewahrung alttestamentlicher Texte sichergestellt wurde. Ein Schriftgelehrter begann z. B. seinen Arbeitstag als Kopist mit der zeremoniellen Waschung seines ganzen Körpers. Bevor er sich an seinem Pult niederließ, hüllte er sich in den jüdischen Gebetsschal. Kam er beim Schreiben an den hebräischen Namen Gottes, durfte er nicht mit frisch getränkter Feder zum Schreiben des Wortes ansetzen, damit nicht die frische Tinte das Blatt verschmierte. Während er den Namens Gottes schrieb, durfte er nicht innehalten oder sich ablenken lassen – selbst wenn ein König in das Zimmer gekommen wäre -, bis er den heiligen Namen des einzig wahren Gottes zu Ende geschrieben hatte.

Die masoretischen Richtlinien für das Abschreiben der Manuskripte verlangten folgende Einhaltung:

- Eine Buchrolle musste auf den Häuten reiner Tiere geschrieben werden.

- Jede Haut musste eine bestimmte Anzahl von Spalten enthalten; diese durfte in der gesamten Buchrolle nicht variieren.
- Die Länge jeder Spalte durfte nicht weniger als 48 und nicht mehr als 60 Zeilen umfassen.
- Die Breite jeder Spalte musste genau 30 Buchstaben betragen.
- Zwischen den einzelnen Konsonanten musste der Abstand einer Haaresbreite oder eines Fadens eingehalten werden.
- Zwischen den Abschnitten war ein Abstand von neun Buchstaben vorgeschrieben.
- Zwischen Büchern mussten drei Zeilen freigelassen werden.
- Das fünfte Buch Mose musste mit einer vollen Zeile enden.
- Nichts, auch nicht das kleinste Wort, durfte aus dem Gedächtnis aufgeschrieben werden; man musste es Buchstabe für Buchstabe übertragen.
- Der Schreiber musste genauestens zählen, wie oft ein Buchstabe des Alphabets in jedem Buch vorkam, und die Zahl mit dem Original vergleichen.
- Wurde in einem Manuskript auch nur ein einziger Fehler gefunden, war es ungültig.[2]

**Warum hat Gott den Masoreten wohl die Begabung gegeben, mit 100-prozentiger Sorgfalt zu arbeiten? Warum ist es Gott wichtig, dass wir fehlerfreie Schriften in Händen haben?**

Um über die erstaunlich exakte Überlieferung der hebräischen Schriften zu wachen und dafür zu sorgen, dass wir und unsere Kinder eine genaue Offenbarung Gottes in Händen halten, gab Gott diesen Masoreten große Gewissenhaftigkeit und Ehrfurcht im Umgang mit den Heiligen Schriften.

Bis vor einigen Jahrzehnten gab es noch keine Möglichkeit festzustellen, wie großartig die Bewahrung des Alten Testaments gewesen ist. Vor 1947 war die älteste hebräische Handschrift auf die Zeit 900 n. Chr. datiert. Aber mit der Entdeckung von 223 Manuskripten in den Höhlen von Qumran auf der Westseite des Toten Meeres haben wir nun Handschriften des Alten Testaments vorliegen, die auf die Zeit um 125 v. Chr. datiert werden. Die Schriftrollen vom Toten Meer sind 1000 Jahre älter als die zuvor bekannten Manuskripte.

Doch das Spannendste kommt noch: Nachdem die Schriftrollen übersetzt und mit anderen modernen Bibelversionen verglichen worden waren, erwies sich die hebräische Bibel in 95 Prozent des Textes als gleichlautend. Die fünfprozentige Abweichung lag hauptsächlich an unterschiedlichen Schreibweisen. So wurden von den 166 Wörtern in Jesaja 53 nur 17 Buchstaben in Frage gestellt. Von diesen 17 Buchstaben wiesen zehn Buchstaben Abweichungen in der Rechtschreibung auf, vier waren stilistische Abänderungen; die drei verbleibenden Buchstaben betrafen das Wort *Licht*, das in Vers 11 hinzugefügt worden war.

Mit anderen Worten: Der größte Manuskriptfund aller Zeiten förderte zu Tage, dass während zweitausend Jahren des Kopierens und Überlieferns der biblischen Texte verschwindend wenige Abweichungen entstanden waren. Keine davon verwässert in irgendeiner Form die klare Bedeutung des Textes oder stellt die grundsätzliche Zuverlässigkeit der Manuskripte in Frage.

Trotzdem melden sich immer noch Kritiker zu Wort. Mit dieser überwältigenden Beweiskraft wird jedoch bestätigt, dass Gott sein Wort erhalten und durch die Zeit bis ins Detail genauestens bewahrt hat. Wenn wir daher heute ein Altes Testament aufschlagen, dann können wir sicher sein und vertrauen, dass wir ein sehr gut bewahrtes und zuverlässiges Dokument in Händen halten.

## Die neutestamentlichen Texte

Wie wir wissen, wurden die neutestamentlichen Manuskripte nicht von den jüdischen Kopisten vervielfältigt. Dafür gab es verschiedene Gründe. Das offizielle Judentum akzeptierte die christliche Gemeinde nicht. Briefe und Berichte, die von neutestamentlichen Autoren in Umlauf waren, wurden nicht als offizielle Teile der Heiligen Schrift betrachtet. Darüber hinaus wurden diese Dokumente nicht in Hebräisch, sondern in Griechisch und Aramäisch geschrieben. Für die Weitergabe dieser Schriften von einer Generation zur nächsten wurden andere formale Wege genutzt; die strengen Vorschriften für die Vervielfältigung der alttestamentlichen Schriften wurden nicht mehr beibehalten. Im Falle des Neuen Testaments nutzte Gott andere Wege, um sicherzustellen, dass der Segen des Wortes uns und unsern Kindern erhalten bleibt.

Historiker bewerten die Textsicherheit der Literatur des Altertums nach zwei Maßstäben: 1. die Zeitspanne zwischen dem Original und der frühesten Kopie und 2. die Anzahl der vorhandenen Abschriften.

Praktisch alles, was wir heute z. B. über die Eroberungen von Julius Caesar im Gallischen Krieg wissen, stammt aus zehn Manuskriptabschriften; die früheste davon datiert auf 1000 Jahre nach der Abfassung von *De bello Gallico*. Unser moderner Text von Titus Livius' *Ab urbe condita libri CXLII* (Von der Gründung der Stadt an – 142 Bücher [die Geschichte Roms]) stützt sich auf ein Teilmanuskript und 19 viel spätere Abschriften, die auf 400-1000 Jahre nach der Originalhandschrift datiert wurden (siehe Tabelle).[5]

Im Vergleich ist der Text von Homers *Ilias* am verlässlichsten. Er wird von 643 aktuell existierenden Manuskriptabschriften gestützt. Zwischen dem Datum der Abfassung und den frühesten davon existierenden Kopien gibt es lediglich eine Spanne von 400 Jahren.

Der Textbeleg für die Werke von Titus Livius und Homer wird von Historikern als mehr als ausreichend bezeichnet, aber wenn wir das mit der Beweisfülle vergleichen, die Gott uns für das Neue Testament geliefert hat, verblasst deren Beweislast.

## Die Beweise für die Zuverlässigkeit des Neuen Testaments sind unvergleichlich größer

Wenn man diese allgemein verbindlichen Maßstäbe zur Bestimmung der Zuverlässigkeit von antiken Texten nimmt, dann hat das Neue Testament eine einzigartige Stellung. Es gibt nichts Gleichwertiges. Kein anderes Buch in der antiken Welt reicht an die Zuverlässigkeit der neutestamentlichen Schriften heran. (siehe Tabelle)[6]

Fast 25.000 Manuskripte oder Fragmente des Neuen Testaments liegen in den Bibliotheken und Universitäten der Welt. Das älteste dieser Fragmente stammt vom Johannes-Evangelium (*John-Ryland-Manuskript*) und wird in der *Rylands Library* in Manchester/England aufbewahrt. Man datiert es auf das Jahr 50 nach Abfassung des Originals durch den Apostel Johannes.[7]

Seit der Zeit, in der die Originalmanuskripte geschrieben wurden – vor mehr als 1900 Jahren -, haben Skeptiker versucht, die Bibel zu widerlegen; Ungläubige wollten

Kriterien der Zuverlässigkeit von Texten in der klassischen Literatur

| Autor | Buch | Datum der Abfassung | Frühstes Manuskript | Zeitspanne | Anzahl bekannter Abschriften |
|---|---|---|---|---|---|
| Homer | *Ilias* | 800 v. Chr. | ca. 400 v. Chr. | ca. 400 Jahre | 643 |
| Herodot | *Historien* | 480-425 v. Chr. | ca. 900 n. Chr. | ca. 1350 Jahre | 8 |
| Thukydides | *Der Peloponnesische Krieg* | 460-400 v. Chr. | ca. 900 n. Chr. | ca. 1300 Jahre | 8 |
| Platon | | 400 v. Chr. | ca. 900 n. Chr. | ca. 1300 Jahre | 7 |
| Demosthenes | | 300 v. Chr. | ca. 1100 n. Chr. | ca. 1400 Jahre | 200 |
| Caesar | *De bello Gallico* | 100-44 v. Chr. | ca. 900 n. Chr. | ca. 1000 Jahre | 10 |
| Titus Livius | *Geschichte Roms* | 59 v. Chr. – 17 n. Chr. | Teilweise im 4. Jhd.<br>Größtenteils im 10. Jhd. | ca. 400 Jahre<br>ca.1000 Jahre | 1 Teil<br>19 Kopien |
| Tacitus | *Annalen* | 100 n. Chr. | 1100 n. Chr. | ca. 1000 Jahre | 20 |
| Plinius Secundus | *Die Naturgeschichte* | 61-113 n. Chr. | 850 n. Chr. | ca. 750 Jahre | 7 |

sie ausmerzen und Diktatoren sie verbannen. Doch Gottes Wort hat die Zeiten nicht nur überdauert, es hat sich auch verbreitet. Voltaire, der bekannteste französische Skeptiker des 18. Jahrhunderts, kündigte einst an, das Christentum werde in hundert Jahren nur noch eine Fußnote der Geschichte sein. Ironischerweise zog 1828, 50 Jahre nach Voltaires Tod, die *Genfer Bibelgesellschaft* in sein Haus und stellte mit der Druckerpresse Tausende von Bibeln her, die weltweit verbreitet wurden.

**Lesen Sie 1. Petrus 1,24. Wie wird der Mensch im Vergleich zum Wort Gottes beschrieben?**

Kein anderes Buch der Geschichte wurde so weit und in so vielen Sprachen verbreitet. Die zahlenmäßige Verbreitung der Bibel reicht an die Milliarden heran. Laut Bericht der *United Bible Society* von 2008 wurden durch deren Mitgliedsorganisationen allein in jenem Jahr 28,4 Millionen vollständige Bibeln und knapp 300 Millionen Teilausgaben der Bibel weitergegeben.[8] Die Bibel oder Teile der Bibel sind in

Kriterien der Zuverlässigkeit der neutestamentlichen Texten

| Autor | Buch | Datum der Abfassung | Frühstes Manuskript | Zeitspanne | Anzahl bekannter Abschriften |
|---|---|---|---|---|---|
| Johannes | *Johannes-Evangelium* | 50-100 n. Chr. | ca. 130 n. Chr. | 50-plus Jahre | Fragmente |
| Die übrigen Autoren des Neuen Testaments | *Das Neue Testament* | 50-100 n. Chr. | ca. 200 n. Chr. | 100 Jahre | ca. 5.600 griechische Manuskripte |
| | | | ca. 250 n. Chr. (der größte Teil des Neuen Testaments) | 150 Jahre | |
| | | | ca. 325 n. Chr. (das ganze Neue Testament) | 225 Jahre | |
| | | | ca. 366-384 n. Chr. (Übersetzung in die lateinische Sprache) | 284 Jahre | |
| | | | Ca. 400-500 n. Chr. (Übersetzung in andere Sprachen) | 400 Jahre | ca. 19.000 übersetzte Manuskripte |
| Ergebnis: In einer Zeitspanne von **50–400 Jahren** nach der Abfassung der Originale sind **ca. 24.600 Manuskripte** angefertigt worden. | | | | | |

etwa 2400 Sprachen übersetzt. Und erstaunlicherweise stellen diese Sprachen das wichtigste Kommunikationswerkzeug für über 90 Prozent der Weltbevölkerung dar![9]

**Was stellen wir fest, wenn wir die Manuskriptüberlieferung antiker Werke mit der des Neuen Testaments vergleichen?**

## Gottes Wort wurde exakt aufgezeichnet

*Diese sorgfältige Inspiration und Überlieferung der Bibel unterstreicht Gottes Absicht, dass auch nicht das kleinste Stück seiner Offenbarung über sich selbst und den Zustand des Menschen dem Zufall überlassen blieb oder unkorrekt wiedergegeben wurde.*

Wir können daher darauf vertrauen, dass die Manuskripte des Alten wie des Neuen Testaments über die Jahrhunderte mit Präzision und Genauigkeit überliefert wurden. Wir können sicher sein, dass das, was wir heute in Händen haben, auch ursprünglich so aufgeschrieben wurde. Dennoch stellt sich eine weit grundsätzlichere Frage: Wurden die Aussagen so aufgezeichnet, wie Gott es beabsichtigt hatte? Wenn diese inspirierten Schreiber geschichtliche Ereignisse festhielten, haben sie sich dann chronologisch an die Abläufe gehalten, sodass wir ihrer Schilderung vertrauen können? Viele antike Aufzeichnungen folgen nur grob den Fakten der Ereignisse, über die sie berichten. Einige sehr hochgeschätzte Autoren der Antike berichteten zum Beispiel über Begebenheiten, die viele Jahre vor ihrer Geburt und in Ländern stattfanden, in denen sie selbst nie persönlich gewesen waren. Ihre Aufzeichnungen mögen zwar größtenteils auf Fakten beruhen, doch rechnen Historiker denjenigen Autoren eine größere Glaubwürdigkeit zu, die geografisch und zeitlich näher am Geschehen liegen, von dem sie berichten.

Wenn wir das bedenken, wird uns die liebevolle Fürsorge Gottes deutlich, mit der er die Abfassung der neutestamentlichen Schriften inspiriert hat. Mit überwältigender Mehrheit bestätigen die Gelehrten, dass die Berichte vom Leben Jesu, die Geschichte der Urgemeinde und die Briefe, die den Großteil des Neuen Testamentes ausmachen, alle von Männern geschrieben wurden, die entweder selbst Augenzeugen der Geschehnisse oder Zeitgenossen von Augenzeugen waren.

**Lesen Sie die folgenden Bibelstellen. Worauf verweisen diese Autoren, um die Glaubwürdigkeit ihrer Schriften zu belegen?**

**Johannes 19,35:**

**Lukas 1,2:**

**1. Johannes 1,1.3a:**

**2. Petrus 1,16:**

Diese Männer beriefen sich auf ihre eigenen Erfahrungen als Augenzeugen; außerdem konnten sie sich auf das Wissen anderer Augenzeugen beziehen (Apg 2,32; 3,15; 13,31; 1Kor 15,3-8). Sie sagten nicht nur: „Seht her, wir waren dabei", oder: „Wir haben das gehört." Nein, sie konnten mit voller Überzeugung sagen: „Überprüft es", „Hört euch um", und: „Wie ihr selbst wisst ..." Diese Aufforderungen zeigen, wie sehr man davon ausging, dass das von Gott eingehauchte Wort die Geschehnisse exakt so wiedergibt, wie sie sich zugetragen haben (2Tim 3,16).

Solch sorgfältige Inspiration und Überlieferung der biblischen Texte zeigt Gottes Absicht, dass nicht ein einziger Teil dieser Offenbarung über seine Person und die Lage des Menschen verloren geht. Er sorgte dafür, dass die Niederschrift weder dem Zufall überlassen blieb noch Texte falsch aufgezeichnet wurden. Es gibt ausreichend Beweise, dass Gott die Menschen sehr sorgfältig auswählte, die seine Worte wiedergeben sollten – Menschen, die zentrale Ereignisse als Augenzeugen erlebt hatten und die verlässliche Werkzeuge waren, um die Tatsachen exakt zu berichten.

**Könnte sich jemand einfach eine Bibel nehmen, sie lesen und dann zum Glauben kommen? Warum ja oder warum nicht?**

**Lesen Sie 1. Korinther 2,11-16. Wer offenbart uns die Wahrheiten Gottes, und warum können Nichtchristen sie nicht ohne Weiteres verstehen?**

**Ist es möglich, dass Menschen ohne die Anleitung anderer, allein mit einer Bibel und mit der Hilfe des Heiligen Geistes die Wahrheiten Gottes verstehen? Warum oder warum nicht?**

**Lesen Sie 2.Timotheus 2,14-15. Warum brauchen wir andere Christen innerhalb des Leibes Christi (der Gemeinde), die uns verstehen helfen, wer Gott ist, was seine Wahrheit ist und wie man sie lebt?**

## Gottes Wort wird durch außerbiblische Quellen bestätigt

Gott hörte nicht auf zu wirken, nachdem er für den sicheren Beweis der Zuverlässigkeit seines Wortes gesorgt hatte. Zusätzlich stützte er diese Beweise durch außerbiblische Quellen.

Ein übliches Kriterium, um die Zuverlässigkeit eines historischen Dokuments zu prüfen, ist der Vergleich, ob andere historische Quellen die Aussagen bestätigen oder in Abrede stellen. Historiker fragen: „Welche Quellen belegen unabhängig von der zu prüfenden Literatur die Genauigkeit und Zuverlässigkeit eines Manuskripts?"

Die Bibel ist in der Geschichte das am häufigsten zitierte Buch und die meist angegebene Quelle. So wurde das Neue Testament zum Beispiel ausgiebig in antiken Manuskripten von außerbiblischen Autoren zitiert, sodass alle 27 Bücher von Matthäus bis Offenbarung nahezu wortwörtlich allein mit Hilfe dieser Quellen rekonstruiert werden könnten.

Die Aufzeichnungen früher Christen wie *Eusebius* (339 n. Chr.) in seiner *Kirchengeschichte III.39* und *Irenäus* (180 n. Chr.) in seinem Buch *Gegen die Häresien III* bestätigen die Schriften des Apostels Johannes. Außerdem bieten *Klemens von Rom* (95 n. Chr.), *Ignatius* (70-110 n. Chr.), *Polycarp* (70-156 n. Chr.) und der syrische Apologet *Titian* (170 n. Chr.) weitere externe Belege der neutestamentlichen Texte. Nichtchristliche Historiker wie der römische Geschichtsschreiber *Tacitus* (55-117

n. Chr.) und der jüdische Chronist *Flavius Josephus* (37/38-100 n. Chr.) bezeugen den Inhalt der biblischen Berichte. Diese und andere externe Quellen erhärten die Beweise dafür, dass die biblischen Berichte eine Genauigkeit an den Tag legen, wie wir sie bei keinem anderen Buch in der Geschichte finden.[10]

Die außerbiblischen Bezugnahmen sind jedoch nicht die einzigen externen Beweise, die die Zuverlässigkeit der Heiligen Schrift belegen. In der Tat schreien die Steine unüberhörbar, dass Gottes Wort wahrhaftig ist. Immer und immer wieder wurde und wird die Bibel durch die Archäologie bestätigt.

**Biblische Archäologie.** Bis ins späte 18. Jahrhundert war die Beschäftigung mit biblischer Archäologie im Nahen Osten vor allem das Werk von Hobbyschatzsuchern, die auch nicht vor Grabplünderungen zurückschreckten. Doch die Entdeckung des *Steins von Rosette* in Ägypten von Soldaten Napoleons im Jahr 1799 änderte alles. Die biblische Archäologie wurde nun Kompetenzbereich von geachteten Wissenschaftlern. Die Entdeckung antiker Ruinen im Bereich des gesamten Nahen Ostens warf ein neues Licht auf die Völker und Ereignisse, die in den biblischen Berichten erwähnt werden. Wir verstehen nun viel besser die Gewohnheiten und Lebensformen, die dem modernen Denken fremd sind.

Archäologische Funde haben auch die Geschichtlichkeit von Völkern und Ereignissen bestätigt, die in der Bibel erwähnt werden. Man förderte über 25.000 Funde zu Tage, die entweder direkt oder indirekt Bezug zur Bibel haben. Darüber hinaus bestätigte die Forschung die geschichtliche Existenz von ungefähr 30 Personen aus dem Neuen Testament und von etwa 60 Personen, die im Alten Testament erwähnt werden. Dabei konnte bisher nur ein kleiner Teil von relevanten historischen Stätten im Heiligen Land ausgegraben werden; noch viel mehr könnte hier über die bereits bestehenden Grabungsfelder berichtet werden. Die vorhandenen archäologischen Fakten bezeugen, dass die Bibel historisch zuverlässig ist und kein Produkt von Mythos oder Aberglaube (Joh 3,12; 2Petr 1,16; 1Jo 1,1-2).

**Das antike Korinth.** Die Archäologische Forschung, die von 1928 bis 1948 in Korinth betrieben wurde, brachte zwei erstaunliche Funde zu Tage, die im direkten Bezug zu den Briefen des Paulus an die Korinther und Römer steht. Eine lateinische Inschrift, die ungefähr 50 n. Chr. in einen antiken gepflasterten Weg eingemeißelt wurde, bezieht sich wahrscheinlich auf Paulus' Mitarbeiter Erastus, den Stadtkämmerer (Röm 16,23).

Die Inschrift sagt, dass Erastus aus Dank für seine Wahl zum Finanzverwalter einen Teil des Weges auf eigene Kosten pflastern ließ. Außerdem wurde 1935 ein gepflasterter Platz freigelegt, der auch für öffentliche Reden, offizielle Geschäfte und Gerichtsverhandlungen genutzt wurde. Man identifizierte diesen Platz als *bema*. Das ist das griechische Wort, das Paulus gebraucht, um den *Richterstuhl des Christus* zu beschreiben (2Kor 5,10), vor dem alle Christen erscheinen müssen, um ihren Lohn zu empfangen (1Kor 3,10-17).

**Lesen Sie Matthäus 24,2. Was sagt Jesus über den Tempel voraus?**

Die Zuverlässigkeit der Prophetien Jesu zeigt sich anhand des sogenannten *Titusbogens*. Dieses Siegesdenkmal für Kaiser Titus (79-81 n. Chr.) errichtete sein jüngerer Bruder, Kaiser Domitian (81-96 n. Chr.). Er steht in Rom zwischen dem *Forum Romanum* und dem *Kolosseum*; der Marmorbogen stellt den Abtransport der Kriegsbeute aus dem Tempel in Jerusalem dar (die Menora und die silbernen Trompeten sind zu sehen).

Zu diesen wichtigen Beweisen kommen weitere hinzu. Im Jahr 1970 förderten Grabungen entlang der südwestlichen Ecke des Jerusalemer Tempelberges große Steine zu Tage, die von den Römern bei ihrer Militäraktion im Jahr 70 n. Chr. von den Tempelbauten herabgestürzt worden waren. Heute stehen die ursprünglichen Bauten nicht mehr dort. Die Darstellung und Inschrift des Titusbogens wie auch die Trümmerteile am Fuße des Tempelberges in Jerusalem liefern jedoch eine ausreichende historische Bestätigung dafür, dass sich die Vorhersage Jesu erfüllt hat: *„Hier wird nicht ein Stein auf dem anderen gelassen werden, der nicht abgebrochen werden wird“* (Mt 24,2).

**Babylonische Chronik.** Die babylonische Chronik besteht aus einer Reihe von Tafeln mit Keilinschriften, die herausragende Geschehnisse zwischen dem achten und dritten Jahrhundert vor Christus festhalten. *Eine* Chronik umfasst die Periode zwischen 605-594 v.Chr. und dokumentiert die militärischen Eroberungen des babylonischen Königs Nebukadnezar II. (605-562 v.Chr.) und seine Invasion in Jerusalem (vgl. 2Kö 23). Es wird berichtet, wie Nebukadnezar nach dem Tod seines Vaters Nabopolassar im Jahr 605 v.Chr. zum König gekrönt wurde. Die Chroniken berichten, dass Nebukadnezars Armee um 599 v.Chr. in Syrien einmarschierte, weiter nach Judäa zog und im März 597 v.Chr. dort ankam. Er marschierte in Jerusalem ein, nahm König Jojachin gefangen (609-597 v.Chr.) und krönte als Ersatz Zedekia zum König (597-586 v.Chr., 2Kö 24,10-20).

Robert Koldewey entdeckte weitere Belege für dieses Geschehen in babylonischen Aufzeichnungen (595 v.Chr.), die die Menge der Essensrationen dokumentierten, die man Jojachin und seiner königlichen Familie während der Gefangenschaft gab (2Kö 24,8-16). Zusätzlich enthielten hastig beschriftete Scherben, die man als *Lachischbriefe* bezeichnet, verzweifelte Hilferufe aus den Stunden, bevor babylonische Streitkräfte Israels militärische Außenposten ungefähr 40 Kilometer vor Jerusalem überwältigten. Diese starken archäologischen Beweise unterstützen den biblischen Bericht über die letzten Tage Jerusalems unter der Belagerung Nebukadnezars.

**Bileaminschrift.** Die Geschichte von Bileam und seinem sprechenden Esel (4Mo 22,22-40) wurde viele Jahrzehnte skeptisch von kritischen Gelehrten beäugt. Es wurde sogar bezweifelt, dass Bileam überhaupt existiert hat. Diese Sichtweise begann sich 1967 zu ändern, als Archäologen Putzfragmente mit aramäischer Schrift in den Überresten eines antiken Gebäudes in Tell Der-Alla (Jordanien) entdeckten. Der Text enthält 50 Zeilen, die in ausgeblichener roter und schwarzer Tinte geschrieben wurden. Die Inschrift lautet „Warnungen von dem Buch des Bileam des Sohnes Beor. Er war ein Seher der Götter" (vgl. 4Mo 22,5; Jos 24,9). Obwohl die Gebäudereste, in denen der Text gefunden wurde, nur auf das 8. Jahrhundert vor Christus datiert wurden (während der Regierungszeit König Usijas, siehe Jes 6,1), so zeigt der Zustand von Putz und Tinte, dass es vermutlich sehr viel älter ist und in die Zeit des biblischen Bileam datiert werden muss.

Außer Bileam wurden fast 60 andere alttestamentliche Personen entweder historisch oder archäologisch identifiziert. Dazu gehören die Könige David (1Sam 16,13), Jehu (2Kö 9,2), Omri (1Kö 16,22), Usija (Jes 6,1), Jotam (2Kö 15,7), Hiskia (Jes 37,1), Jojachin (2Chr 36,8), Salmanassar (2Kö 17,3), Tiglat-Pileser III. (1Chr 5,6), Sargon II. (Jes 20,1), Sanherib (Jes 36,1), Nebukadnezar (Dan 2,1), Belsazar (Dan 5,1), Kyrus (Jes 45,1).

**Ebla Tafeln.** Sie wurden vom italienischen Archäologen Paolo Matthiae im Jahre 1976 in Tell Mardikh in Aleppo (Syrien) entdeckt und enthalten ein königliches Archiv mit über 16.000 Tontafeln. Datiert auf 2400 v.Chr. ermöglichen uns die Berichte Einblick in Lebensstil, Wortschatz, Handel, Umfeld und die Religion der Völker, die in der Zeit unmittelbar vor Abraham, Isaak und Jakob in der Gegend von Kanaan (später Israel) lebten. Übersetzungen von verschiedenen Tafeln von Giovanni Pettinato finden sich in seinem Buch *Archives of Ebla: An Empire Inscribed in Clay* (Die Archive von Ebla: Ein Imperium in Ton geritzt) und belegen die Existenz von biblischen Städten wie Sodom (1Mo 19,1), Zebojim (1Mo 14,2.8-9), Adma (1Mo 10,19), Hazor (1Kö 9,15), Megiddo (1Chr 7,29), Kanaan (1Mo 10,19) und Jerusalem (Jer 1,15).

Des Weiteren sind auf den Tafeln Eigennamen, die wir auch in der Bibel finden, wie Nahor (1Mo 11,22), Israel (1Mo 32,29), Eber (1Mo 10,21), Michael (4Mo 13,13) und Ismael (1Mo 16,11). Sprachlich enthalten die Tafeln ähnliche Wörter, die in der Bibel benutzt werden, wie *tehom*, was in 1. Mose 1,2 mit *Tiefe* übersetzt wird. Wir erhalten Informationen, die uns helfen, die Zivilisation in dieser Region zu verstehen, die wir heute als Israel kennen.[11]

Wiederholt wurde durch die Geschichte die herausragende Genauigkeit des Wortes Gottes außerbiblisch bestätigt. Das ist zum Beispiel ein großer Unterschied zum Buch Mormon, für das es keine externen Belege gibt. Die externen Beweise für die Bibel sind ein äußerst seltenes Phänomen, und das macht sie im Vergleich zu anderen religiösen Aufzeichnungen in der Welt einzigartig.

Der Beweis für die Zuverlässigkeit des Alten und Neuen Testaments ist nicht nur überzeugend und bestechend. Er ist auch ein klarer und herrlicher Hinweis darauf, wie Gott in liebevoller Weise für die Überlieferung seines Wortes gesorgt hat, damit wir und unsere Kinder gesegnet werden. Der Segen und die Verheißungen aus Gottes Wort können unser persönlicher Besitz werden, wenn wir ihn näher kennenlernen und ihm gehorchen.

**Lesen Sie 2. Timotheus 3,16-17. Wozu ist Gottes Wort in unserem Leben nützlich?**

**Warum hat Gott uns also sein Wort gegeben?**

Kapitel 2.3

# Bewahrung und Fürsorge durch Gottes Wort

Haben Sie jemals einen Teenager gefragt, an welche biblischen Wahrheiten er glaubt? Wir haben unzählige junge Menschen ähnlich wie im folgenden Beispiel befragt. Stellvertretend greifen wir jetzt die Antwort der 16-jährigen Hanna heraus – sie ist gläubige Christin und kommt aus einem intakten christlichen Elternhaus. Die Antworten im Rahmen der Umfrage waren, unabhängig vom Alter, alle sehr ähnlich. Doch lesen Sie, was Hanna im Einzelnen sagte.

„Ist es falsch, vorehelichen Sex zu haben?“, fragten wir.

„Ich glaube, es ist für mich falsch“, antwortete Hanna.

Wir fragten weiter nach. „Aber glaubst du, dass die Bibel lehrt, vorehelicher Sex ist für jeden Menschen falsch?“

Während sie sich die Antwort überlegte, gingen Hannas Augen nervös hin und her. „Nun“, begann sie schließlich vorsichtig, „ich weiß, dass es für mich nicht richtig ist; und ich habe beschlossen, erst dann Sex zu haben, wenn ich verheiratet bin. Aber ich denke nicht, dass ich das Handeln anderer Menschen verurteilen kann.“[1]

Dabei stellt sie nicht in Abrede, dass die Bibel eindeutige Richtlinien für moralische Wahrheit darlegt. Sie steht vielmehr voll und ganz dahinter. Aber sie ist auch von der heute herrschenden Meinung geprägt, dass moralische und geistliche Ansprüche erst dann Allgemeingültigkeit besitzen, wenn man sich bewusst entscheidet, daran zu glauben. Doch diese Auffassung von Wahrheit birgt die Gefahr, dass das Wort Gottes im persönlichen Leben immer mehr an Kraft und Bedeutung verliert, bis gar nichts mehr davon spürbar ist.

**Lesen Sie Hebräer 4,12 und 2. Timotheus 3,16. Was können wir diesen Bibelstellen entnehmen? Machen sie deutlich, dass Gottes Wort das Kriterium ist, um Maßstäbe für richtig oder falsch festzulegen? Warum oder warum nicht?**

---

**Lesen Sie noch einmal Hebräer 4,12 und anschließend Vers 13. Vers 12 sagt, dass Gottes Wort unser Verhalten ans Licht bringt und unser Leben aufdeckt. Welche Einsicht fügt Vers 13 hinzu? Vor wem wird unser Leben offengelegt?**

---

## Zwei Modelle, um zu erkennen, was richtig ist

In unserer Kultur gibt es zwei unterschiedliche Modelle, um festzulegen, ob etwas moralisch richtig ist oder nicht. Jedes Modell ist abhängig von unserem Bibelverständnis und davon, wie wir Gottes Wort im Alltag leben. Beide Ansätze repräsentieren wiederum zwei grundlegend verschiedene und gegensätzliche Weltanschauungen.

*Modell 1:* Die Wahrheit wurde von Gott für jeden Menschen festgelegt. Sie ist objektiv und allgemeingültig. Wir können die Wahrheit erkennen, wenn wir Gott und sein Wort studieren.

*Modell 2:* Was wahr ist, wird von jedem einzelnen Menschen festgelegt. Es ist subjektiv zu verstehen und hängt von der jeweiligen Situation ab. Wahr ist etwas in dem Moment, wenn wir uns entscheiden, daran zu glauben.

Das erste Modell erkennt an, dass Gott – nicht der Mensch – das Zentrum ist, dass er der Ursprung von allem ist und über alles regiert. *Gott ist Quelle der Wahrheit, der Urheber und Richter von richtig und falsch.*

Das zweite Modell hingegen überlässt dem einzelnen Menschen die Kontrolle über die moralischen Prinzipien. Weil der Einzelne die Maßstäbe selbst festlegt, sind sie seine persönliche Angelegenheit (subjektive Sichtweise) und richten sich nach den jeweiligen Umständen (situationsabhängig). Mit anderen Worten, er betrachtet sich selbst als Richter über das, was für ihn unter den gegebenen Umständen richtig ist und legt es selbst fest.

Das zweite, relativistische Modell umschreibt die Sichtweise, mit der sich die meisten Menschen heutzutage identifizieren. *Eine subjektive, an die jeweilige Situation angepasste Haltung bestimmt Denken und Handeln.* Aus dieser Perspektive wird das Leben gesehen, und auf dieser Basis werden persönliche Entscheidungen getroffen.

Entsprechend des relativistischen Modells verletzt das eigene unmoralische Handeln die jeweilige „Vorstellung" des anderen von richtig oder falsch. Sieht ein Mensch aber den Maßstab Gottes von gut und böse als verbindlich an, dann verstößt sein Verhalten gegen Gottes Wort, das Ausdruck des göttlichen Wesens ist, es widerspiegelt und somit die Moral begründet. Während das eine Modell den Aussagen Gottes nicht viel Bedeutung beimisst, betrachtet das andere Gott als höchste Instanz über gut und böse, richtig und falsch.

**Welches Wahrheitsmodell haben sich wohl unserer Einschätzung nach unsere Kinder und deren Freunde zu eigen gemacht? In welcher Form erfreut oder beunruhigt Sie das?**

**Lesen Sie 5. Mose 6,4-9.20+24. Gottes Anweisungen für Israel sind für uns heute genauso hilfreich. Auf welche praktische Art und Weise können wir unseren Kindern ein Wahrheitsmodell weitergeben, das sie über die Gebote hin zu dem Gott führt, der hinter dem Gesetz steht?**

Paul Copan gibt folgendes Beispiel für Wahrheit versus Relativismus in seinem Buch *True for You, but not for me* an (dt. Wahr für dich, aber nicht für mich).

> Stellen wir uns eine Massenkarambolage auf einer großen Straßenkreuzung vor. Alle Beteiligten laufen nach dem Unfall auf der Kreuzung zusammen und erzählen ihre Sicht des Hergangs. Einer behauptet: „Sie haben mir die Vorfahrt genommen!" Jemand anderes sagt: „Ich hatte Vorfahrt." Ein Dritter brüllt: „Wissen Sie nicht, dass man an einer roten Ampel halten muss?" Sogar Fußgänger, die den Unfall vom Bürgersteig her gesehen haben, geben ihren Kommentar zu dem Geschehnis ab. Dann auf einmal meldet sich ein Beteiligter zu Wort und gesteht ein: „Es war meine Schuld. Ich habe mich nach vorne gebeugt, um das Radio auszuschalten, und habe dabei das Lenkrad verrissen."
>
> Trotz allem Für und Wider zum Unfallhergang ist eine Sache unbestreitbar: Ein Unfall ist passiert, und über kurz oder lang wird die Wahrheit bekannt werden. Wir sind überzeugt, dass es bei diesem Unfall eine objektive Wahrheit gibt. Es

wird schließlich eine Beschreibung des Unfalls zustande kommen, die der Wirklichkeit entspricht.[2]

Was bei dem Unfall geschah, hat sich also wirklich zugetragen und ist keine Einbildung. Die Wahrheit hängt nicht von der Wahrheitsversion des Fahrers oder der Zuschauer ab. Sie ist das, was sich wirklich abgespielt hat; nicht die jeweilige Interpretation der Beteiligten. In gleicher Weise bilden auch Gott und Wahrheit eine Einheit. Persönliche Interpretationen haben da keinen Platz, denn Wahrheit ist nicht abhängig von Meinungen oder persönlichen Ansichten; sie entspricht den Tatsachen. Entweder wir leben in Übereinstimmung mit ihr und entsprechen dieser absoluten Realität, oder wir setzen unsere Interpretation der Wahrheit an ihre Stelle und müssen dann mit der Konsequenz leben, die Wahrheit missachtet zu haben.

Wie für die Menschen in der Unfallszene ist die Wahrheit jedoch für uns nicht immer unmittelbar ersichtlich. Gläubige Menschen basteln sich nicht irgendeine Wahrheit zusammen, die ihnen im Moment gelegen zu sein scheint. Weil wir als Christen vielmehr wissen, dass es eine objektive Wahrheit gibt, versuchen wir, sie herauszufinden und Klarheit zu bekommen. Bei notwendigen Entscheidungen wägen wir Tatsachen und Beweise ab. Wir tun unser Bestes, um zur Wahrheit zu gelangen und anschließend dementsprechend zu leben. Aber für einen Relativisten gibt es so etwas wie objektive Wahrheit nicht. Er argumentiert, dass die Wahrheit nicht sicher bestimmt werden kann, weil jeder – wie bei der Unfallschilderung – von einer anderen Perspektive ausgeht. Einige werden sogar einwenden, dass man noch nicht einmal sicher sein könne, ob es den Unfall überhaupt gegeben habe.[3]

Bei moralischer Wahrheit gilt das gleiche Prinzip. Ohne Bezug auf einen objektiven Maßstab ringen Menschen mit der unmöglichen Aufgabe festzulegen, was Wahrheit und Irrtum, richtig oder falsch, gut oder böse ist. Wenn wir uns von einem objektiven Maßstab fortbewegen – wobei das Wort Gottes das Wesen und den Charakter unseres Schöpfers widerspiegelt – und versuchen, unsere eigenen moralischen Maßstäbe zugrunde zu legen, dann erhalten wir nicht nur ein unklares, schwammiges Bild, sondern die Heilige Schrift verliert an Bedeutung für uns. In der Folge gehen uns die Bewahrung und Fürsorge verloren, die sie uns geben will.

## Gott und sein Wort als unser Lebensmaßstab

Die Stadt Sèvres, ein Vorort von Paris, beherbergt das *Internationale Büro für Maß und Gewicht*. Das Büro legt nahezu für alle Industrieländer die physikalischen Maße fest – Länge, Volumen, Gewicht.

Wenn man absolut sicher sein möchte, dass die Millimeterabstände auf dem Lineal korrekt sind, sollten wir es mit den Linealmaßen dieses Büros vergleichen. Wenn man wissen will, ob die Colaflasche im Kühlschrank genau zwei Liter Flüssigkeit enthält, können wir uns auf die dortigen Normen beziehen.

Angenommen, wir hätten einen Streit über die Länge eines Holzstücks, das ich für Sie zurechtgeschnitten hätte. Ich hätte es mit dem Zollstock abgemessen und Ihnen gesagt, es sei einen Meter lang. Anschließend kommen Sie als Kunde, messen es mit Ihrem eigenen Zollstock nach und behaupten, dass es kürzer als ein Meter sei. Wie könnten wir jetzt ermitteln, wer Recht hat? Wir müssten uns auf die objektiven und allgemeingültigen Maße von Sèvres berufen. Um den Wert unserer eigenen Abmessungen festzulegen, hilft die Ausrichtung nach dem Original.

Die Relevanz des Wortes Gottes als Lebensmaßstab schenkt einmal die Möglichkeit zu erkennen, wer Gott ist; es zeigt aber auch den Weg oder die Richtlinien, um nach Gottes Willen zu leben.

Auf gleiche Weise wissen wir, dass es Maßstäbe gibt, um moralische Ansprüche festzulegen – einen Standard für das, was richtig und falsch ist, der außerhalb, über uns und jenseits von uns existiert. Gott legt durch sein Wesen, das uns in der Heiligen Schrift offenbart wird, selbst fest, was richtig und falsch ist. Das Wort Gottes als unser Maßstab fürs Leben schenkt uns also die Möglichkeit, Gott zu erkennen, wie er ist, und dann auch den Weg oder die Ordnungen zu erkennen, um nach seinem Willen zu leben. Das führt dazu, dass Gott geehrt wird und wir ein erfülltes Leben führen können. Wenn wir uns daher für Gottes Vorgaben bezüglich richtig oder falsch entscheiden, garantiert uns das seinen Schutz und seine Fürsorge.[4]

## Unter dem Schutz und der Fürsorge Gottes leben

Manche Menschen reagieren negativ auf Gottes Gebote. Sie betrachten seine Anordnungen als einengend und die biblische Moral als begrenzend. Die Vorzüge eines Lebensstils mit moralischen Werten sehen sie nicht. Sie erkennen nicht, dass Gottes Gebote nicht dazu da sind, um uns die Freude zu nehmen und das Leben schwer zu machen. Liebende Eltern müssen aus Fürsorge gegenüber ihrem Kind manchmal mahnen: „Schau rechts oder links, wenn du die Straße überquerst. Vergiss nicht, ausreichend Gemüse zu essen." Dieses Ermahnen ist nicht dazu da, um uns die Freude zu nehmen oder uns ein schlechtes Gefühl zu vermitteln; bei Gott ist es ähnlich. Er gab Anordnungen – *„Fliehet die Unzucht"*, *„Ihr Männer, liebt eure Frauen"*, *„Du sollst nicht ehebrechen"* etc. -, weil er uns beschützen will und es ihm um unsere Fürsorge geht. Er erließ diese Gebote nicht, um ein Spielverderber zu sein oder um seine Macht auszuspielen. Vielmehr hat er sie uns gegeben, weil er im Gegensatz zu uns den größeren Weitblick hat. Er weiß zum Beispiel, dass sexuelle Freizügigkeit keineswegs Freude und Erfüllung, sondern Leere und Frustration bringt.

**Lesen Sie 5. Mose 30,16. Warum sollte Israel sich an das Gesetz halten?**

Die Bedeutung des Wortes Gottes kann man daher in dem Satz zusammenfassen: *Es ist zu unserem Guten.* Von ewiger, allwissender Perspektive ausgehend, ist Gott in der Lage, Dinge zu sehen, wie wir sie nicht sehen können. Er ist wie ein General, der seine Soldaten von einem Hubschrauber aus befehligt. Er hat das ganze Schlachtfeld vor Augen. Er weiß, wo der Feind sich versteckt und welche Fallen er gestellt hat. Jede Wahrheit, jede Regel und jede Richtlinie, die aus Gottes Wort kommt, bezeugt das liebevolle Herz und Wesen Gottes, der unser Bestes will.

Bill Hybels schreibt:

> Der Herr sagt ausdrücklich, dass uns seine Gebote und Anweisungen niemals erdrücken sollen (1Jo 5,3). Das muss natürlich nicht heißen, dass sie leicht einzuhalten sind. Er will uns vielmehr sagen, dass es niemals töricht ist, sich daran zu halten. Sie sind nicht überflüssig oder willkürlich. Er möchte uns nicht zwingen, bedeutungslosen Formalien zu folgen, noch legt er uns wertlose Regeln auf.

Jede Richtlinie, jedes Gebot, jede Anweisung in der Bibel wurde in grenzenloser Weisheit erlassen. Gottes Gebote wurden nicht nur gegeben, damit Gott dadurch geehrt wird, sondern auch zu unserem Gewinn. Das ganze 5. Buch Mose bezeugt das zum Beispiel sehr klar. Mose bekräftigt dort immer wieder, dass Gott die Gebote zu unserem Guten gegeben hat und dass er uns Segen verheißt, wenn wir ihnen folgen.[5]

Gott wünschte sich, dass seine Kinder eines Sinnes seien, gemäß seinem Willen leben und ihn alle Tage fürchten, ihnen und ihren Kindern zum Guten (Jer 29,11). Gottes Weg zu wählen und keine falsche Richtung einzuschlagen, nimmt uns nicht Freude und Begeisterung im Leben. Im Gegenteil: Es hat unser Bestes zum Ziel, weil wir geschaffen wurden, um Gottes Ebenbildlichkeit widerzuspiegeln. Wenn wir ein Leben nach seinem Willen führen – im Alltag Gottes Wesen widerspiegeln -, werden wir in der Konsequenz wahre Freude erleben. Paradoxerweise kommt Freude nicht, wenn wir sie suchen. Wie der Titel von C. S. Lewis' Autobiografie *Überrascht von Freude* schon sagt, kommt Freude oftmals gerade dort, wo der Kritiker von Gottes Gesetz es am wenigsten vermuten würde. Wir erleben Freude tatsächlich dann, wenn wir Gott suchen und seinen Wegen folgen.

**Lesen Sie Jeremia 29,11. Warum fällt es uns oft so schwer, Gottes Anweisungen direkt mit seinem liebevollen Vaterherz in Zusammenhang zu bringen?**

**Lesen Sie Sprüche 2,7-8 und 11,3. Was verheißt Gott denen, die aufrichtig nach seinen Geboten fragen?**

## Worte der Warnung

Wenn wir darüber diskutieren, wie schön es ist, Gottes Schutz und seine Fürsorge zu erleben: wenn wir Gottes Wege kennen und ihnen folgen, dürfen wir nicht den Eindruck erwecken, dass Menschen, die nach moralischen Richtlinien leben möchten, über Fehler erhaben wären, oder dass Menschen mit freizügiger Moral immer unglücklich wären.

**Lesen Sie Jeremia 12,1 und Psalm 37,35. Was stellen die Schreiber dieser Verse fest?**

In der Tat lesen wir bei dem Propheten Jeremia die Frage: „*Warum ist der Weg der Gottlosen erfolgreich ...?*" (Jer 12,1), und König David bekannte: „*Ich habe einen Gottlosen gesehen, gewalttätig und sich erhebend wie eine üppige Zeder*" (Ps 37,35).

Wenn wir nach Gottes Maßstab leben, heißt das nicht, dass moralisches Verhalten umgehend belohnt und Unmoral sofort bestraft wird. Sünde zwar verspricht sofortige Befriedigung und schenkt oft über einen gewissen Zeitraum großes Vergnügen. Aber nur zu oft werden in diesem Leben der Lohn für moralisches Verhalten und die Folgen der Sünde offenbar. Einige der Folgen werden sich erst nach diesem Leben zeigen.

Man darf aber nicht den Eindruck erwecken, die Gebote seien wahr, weil sie uns gut tun. Erinnern wir uns noch an unsere Grundschulzeit im 3. oder 4. Grundschuljahr? Damals lernten wir multiplizieren; und diese Fähigkeit hat sich schon viele Male für uns ausgezahlt. Sie hilft uns bei der Lohnsteuer genauso wie beim Vergleichen von Preisen im Supermarkt. Das Anwenden der Grundsätze der Multiplikation ist uns in so vielen Bereichen hilfreich und erweist sich als positiv für uns.

Aber 5 x 6 = 30 ist nicht deswegen richtig, weil man davon profitiert. Es ist richtig, weil es wahr ist, weil es Regeln widerspiegelt – es spiegelt Realität wider. Der Gewinn, den man als Erwachsener aus dem kleinen Einmaleins hat, schafft keine wahren Tatsachen; sie *sind* vielmehr wahr, ganz gleich, ob sie uns dienlich sind oder nicht. Erst in der Anwendung profitiert man von ihnen.

Ebenso sind die Dinge in Gottes Wort nicht wahr und richtig, weil sie uns nützlich sind; sie sind wahr, weil sie wahr sind.

## Gottes Schutz erkennen

Stellen Sie sich einmal Folgendes vor: Ralf, ein junger Mann, lebte einige Straßen von einer Familie entfernt, die in ihrem Garten einen Pool hatte, den ein großer Holzzaun umgab. Ralf kannte die Leute kaum und war noch nie in ihrem Pool geschwommen.

An einem dunklen Abend, als die Besitzer außer Haus waren, schlichen Ralf und seine Freundin hinter das Haus und stiegen über den Zaun, um zu baden.

Während sich seine Freundin noch auszog, stieg er auf das Sprungbrett und sprang. Kurz bevor er sein Bewusstsein verlor, hörte er den Schrei seiner Freundin. Der Pool enthielt nur wenig Wasser, sodass Ralf sich die Knochen brach. Für den Rest seines Lebens sollte ihn dieser nächtliche Sprung zum Querschnittgelähmten machen.

Ralf ignorierte den Zaun, den seine Nachbarn um den Pool gezogen hatten. Wahrscheinlich dachte er, dies sei nur eine Sperre, um ihn und seine Freundin am Spaß zu hindern. In Wahrheit bedeutete es für Ralf Bewahrung; die Missachtung dieser Grenze musste er teuer bezahlen. In gleicher Weise kann der Preis vernichtend hoch sein, wenn wir Gottes moralische Grenzen missachten, die er zu unserem Segen errichtet hat.

**Lesen Sie 2. Mose 15,26. Was versprach Gott dem Volk Israel als Folge ihres Gehorsams?**

Vor über 40 Jahren schrieb Dr. S. I. McMillen ein brillantes Buch mit dem Titel *None of These Diseases* (Vermeidbare Krankheiten). Er legte dar, wie über zwei Dutzend der biblischen Richtlinien oder Gebote dazu gedient hatten, körperliche Störungen wie Herzkrankheiten, Gebärmutterhalskrebs und Arthritis lange Zeit vor der moderner Medizin zu verhindern! McMillen schrieb in seinem Vorwort:

> Als Gott das Volk Israel aus Ägypten herausführte, gab er ihm eine Verheißung göttlichen Schutzes vor Krankheiten, wenn es seinen Geboten folgte; das ist ein Versprechen, wie es die medizinische Forschung trotz ungeheurer Fortschritte nicht zu geben vermag.[6]

Das bedeutet nicht, dass wir nie krank werden, wenn wir Gott gehorchen. Aber Gottes Gebote dienen als eine Art Schirm für uns. Ein aufgespannter Schirm schützt uns darunter vor Regen; wenn wir aber den Schirm verlassen und hinaus ins Unwetter gehen, werden wir zwangsläufig nass. Solange Sie und ich uns unter dem Schirm von Gottes Geboten aufhalten, sind wir vor vielen Konsequenzen geschützt. Verlassen wir jedoch diesen Schutz, sollten wir nicht überrascht sein, wenn wir unter den negativen Folgen sündigen Verhaltens leiden müssen.

## Gottes Fürsorge sehen

Soweit haben wir uns damit befasst, wie sehr die Segnungen des Wortes Gottes uns vor Bösem bewahren. Aber Bewahrung ist nur eine Seite der Medaille, die andere Seite ist Fürsorge und Segen. Gottes Gebote bedeuten nicht nur Schutz vor negativen Folgen, sondern auch Gewinn. Ich will das an einem Beispiel deutlich machen. Vor Jahren war ich (Josh) mit meiner Tochter und meinem Sohn zu einer Wanderung im *Great Smoky Mountains National Park* unterwegs. Wir gingen morgens los, um den Gipfel des *Clingmas Dome* (ca. 2000 m ) zu erklimmen, des höchsten Punkts in diesem Naturschutzgebiet.

Es war ein langer Weg von unserem Campingplatz, weit länger als ich erwartet hatte. Wir wurden sehr müde, trotteten aber weiter. Sean fing an zu nörgeln, und seine Schwester stimmte ein. Ihr Gejammer schien an Lautstärke zuzunehmen, je höher wir stiegen. Langsam kamen mir Gewissensbisse, ob ich den Kindern zu viel abverlangte.

Schließlich erreichten wir jedoch den *Dome*, jenen kahlen Gipfel, der das Dach der Erde zu sein schien, und genossen alle zusammen ein atemberaubendes Panorama. Die tolle Aussicht ließ uns die schmerzenden Beine und die brennende Lunge vergessen. Plötzlich legte Sean seine Arme um mich und flüsterte: „Vielen Dank Vati. Das ist toll.“ Und seine Schwester kam freudig dazu.

Dieser Ausblick und das Gefühl, wirklich eine anstrengende Bergwanderung geschafft zu haben, wandelten die Beschwerden in Dankbarkeit. Weil ich darauf bestanden hatte, dass wir bis zum Ziel laufen, durften wir jetzt ein wunderbares Bergerlebnis genießen – was kein gemaltes Bild oder HD-Programm der *Smoky Mountains* hätte schaffen können.

**Lesen Sie Psalm 18,33. Woher kommen Kraft und Gelingen in unserem Leben mit Gott?**

Gehorsam gegenüber Gott schützt uns nicht nur vor Schaden, sondern ermöglicht es Gott auch, auf neuen Wegen für uns zu sorgen – manchmal auf atemberaubende Weise.

Als Jesus sagte: „... *und die Wahrheit wird euch frei machen*" (Joh 8,32), meinte er nicht nur die Freiheit *von* etwas (Freiheit von Dingen wie Krankheit, Ernüchterung und Enttäuschung), sondern auch die Freiheit *zu* etwas (Freiheit zu lieben und geliebt zu werden, zu vertrauen, zu lachen). Gott zu gehorchen, bedeutet nicht, dass wir unsere Freizeit oder Angenehmes aufgeben müssen, sondern dass wir das *Maximum* an Freude, das *Maximum* an Zufriedenheit und das *Maximum* an Freiheit erleben können – so wie Gott es ursprünglich auch beabsichtigt hat. Gottes Verbote und seine Gebote für uns kommen aus einem Herzen voller Liebe und sind von dem Motiv bestimmt: „Folge meinen Wegen, damit deine Freude völlig sei." Gott hat immer das Beste für uns im Sinn.

**Lesen Sie Psalm 119,24. Was sagt dieser Vers über Gottes Gebote?**

**Warum ist es gut, sich auf sie zu verlassen, auch wenn ihr Befolgen für uns mit Einschränkungen verbunden ist?**

Kapitel 2.4

# Gottes Bewahrung und Fürsorge erleben und genießen

Missouri nennt man den *Show Me State* (Zeig-mir-Staat). Wir alle haben diese Haltung ein wenig in uns. Viele möchten gerne wissen, wie und warum etwas funktioniert. Wenn Gott uns anweist, auf eine bestimmte Art und Weise zu handeln, klärt er uns auch darüber auf, dass unser Gehorsam Schutz vor Gefahr zur Folge hat und uns Segen bringt. An dieser Stelle könnten wir etliche Beispiele dafür anführen, müssen uns aber aus Platzgründen auf zwei beschränken.[1]

## Gottes Wort zu sexueller Freizügigkeit

Die Bibel bezeichnet jede Form von Sexualität (außer- und vorehelich), die nicht im Rahmen der Ehe zwischen Mann und Frau geschieht, als Unzucht.

**Lesen Sie die folgenden Stellen. Welche Ermahnungen gibt die Heilige Schrift?**

**Apostelgeschichte 15,29**

**1. Korinther 6,18**

**1. Korinther 10,8**

**Epheser 5,3**

**1. Thessalonicher 4,3**

## Sexuelle Freizügigkeit richtet sich gegen Gottes Wesen der Reinheit und Treue

Gottes wahres Wesen ist Reinheit. *„Und jeder, der diese Hoffnung auf ihn hat, reinigt sich selbst, wie auch jener rein ist"* (1Jo 3,3). Weil wir sein Bild widerspiegeln und seinen Wegen folgen sollen, werden wir aufgefordert: *„Tötet nun eure Glieder, die auf der Erde sind: Unzucht, Unreinheit, Leidenschaft, böse Begierde und Habsucht, die Götzendienst ist!"* (Kol 3,5).

Gottes wahres Wesen ist Treue: *„...der treue Gott, der den Bund und die Güte bis auf tausend Generationen denen bewahrt, die ihn lieben und seine Gebote halten"* (5Mo 7,9). Weil wir das Wesen eines treuen Gottes widerspiegeln und seinen Wegen folgen sollen, werden wir aufgefordert: *„Die Ehe sei ehrbar in allem und das Ehebett unbefleckt! Denn Unzüchtige und Ehebrecher wird Gott richten"* (Hebr 13,4). Die Treue kann aber bereits gebrochen werden, *bevor* jemand verheiratet ist. Vorehelichen Verkehr miteinander zu haben bedeutet, miteinander in einer Weise vertraut zu sein, wie es nur für die Ehe beabsichtigt war. Einem anderen Verhältnis fehlt die dauerhafte Verpflichtung zur Treue.

**Lesen Sie 1. Johannes 3,3 und Hebräer 13,4. Welche Eigenschaft Gottes wird im 1. Johannesbrief hervorgehoben?**

______________________________

______________________________

**Wie wird die Ehe gemäß der Stelle aus dem Hebräerbrief geehrt?**

______________________________

______________________________

______________________________

## Der Schutz und die Vorzüge eines sexuell reinen und treuen Lebens

Ein in sexuellen Dingen reines Leben zu führen und dem zukünftigen oder gegenwärtigen Ehepartner treu zu bleiben, bringt den folgenden Gewinn mit sich:

| Schützt vor: | Schenkt uns: |
|---|---|
| • Schuld | • geistlichen Gewinn |
| • ungeplanter Schwangerschaft | • optimale Umgebung für die Kindererziehung |
| • Geschlechtskrankheiten | • Seelenfrieden |
| • sexueller Unsicherheit | • Vertrauen |
| • emotionalem Stress | • Innigkeit |

Wir beide (Josh und Sean) haben früher die Entscheidung getroffen, bis zur Ehe zu warten, um unsere sexuellen Gefühle auszudrücken. Weil wir und unsere beiden Ehefrauen rein und treu in die Ehe gegangen sind, blieben uns Schuldgefühle erspart und unsere Beziehung mit Jesus wurde nicht beeinträchtigt.

Wir mussten nie die Sorgen einer ungeplanten Schwangerschaft erleben. In der Konsequenz konnten unsere Kinder in einer liebevollen Ehebeziehung gezeugt werden und hatten die Chance, bei ihren biologischen Eltern aufzuwachsen.

Wir wurden vor der Angst bewahrt, dass irgendwelche Geschlechtskrankheiten in unser Ehebett geschleppt würden.

Wir wurden vor sexueller Unsicherheit bewahrt, indem man mit früheren Liebhabern verglichen wurde; und so war unsere Beziehung von gegenseitigem Vertrauen geprägt.

Wir wurden vor der emotionalen Belastung bewahrt, die vorehelicher Sexualverkehr bringt, und vor dem Gefühl des Treuebruchs, das außerehelichem Verkehr folgt. Als Ergebnis dürfen wir ein vertrautes, inniges Miteinander mit unseren Frauen erleben, ohne Vertrauensbrüche oder „Geister" aus der Vergangenheit. Wenn wir darum bemüht sind, dass Gottes Wesen der Reinheit und Treue in unseren menschlichen Beziehungen sichtbar wird, dann ehrt das Gott und bringt uns Segen.

Nicht jeder hat es geschafft, vor und während der Ehe treu zu bleiben. Menschen, die hier Fehler begangen haben, dürfen jedoch wissen, dass Gott ein treuer und vergebender Gott ist, bei dem es Heilung für zerbrochene Herzen, zerbrochene Gefühle und zerbrochene Ehen gibt. Michael Leahy, der Autor von *Porn Nation*, ist ein Beispiel für ein Heilwerden mit Gottes Hilfe. Durch seine Pornografiesucht war seine Ehe völlig zerstört. Mit dem Rücken an der Wand wandte er sich zum Herrn, und durch Jesu Liebe, Vergebung und Heilungskraft wurde sein Leben neu. Heute reist Leahy durch das Land und hält vor Studenten Vorträge über die Gefahren von Pornografie und zeigt auf, wie stark die Kraft von Gottes rettender Gnade ist. Denn unser treuer Gott ist ein Gott des Neubeginns.

**Lesen Sie 1. Korinther 10,13. Inwiefern ist dieser Vers in Bezug auf Versuchungen für Sie eine Ermutigung?**

---

**Lesen Sie 1. Johannes 1,9. Welche Gewissheit gibt Ihnen dieser Vers, falls Sie nicht rein in die Ehe gegangen sind oder in der ehelichen Treue versagt haben?**

---

## Beispiele, wie wir andere unterstützen können, in ihren Ehen rein und treu zu bleiben

**Jubiläen begehen.** Hochzeitstage bieten sich geradezu an, um Kinder und Freunde wissen zu lassen, wie Treue und Reinheit uns persönlich in den oben besprochenen Bereichen bewahrt und gesegnet hat. Lassen Sie Ihren Hochzeitstag zur Familienfeier werden. Lassen Sie andere wissen, was Ihnen eheliche Treue bedeutet. Je stärker die Mitmenschen wahrnehmen, vor allem die eigenen Familienmitglieder, welche positiven Auswirkungen Reinheit und Treue in Ihrem Leben haben, desto beeindruckender ist es.

Unterschätzen Sie nicht, dass schon jüngere Kinder (mit vier, fünf oder sechs Jahren) die Prinzipien sexueller und ehelicher Treue verstehen können. Sie haben als Eltern eine ausgezeichnete Gelegenheit, die Grundlage für sexuelle Reinheit zu legen, indem

Sie ihnen vermitteln, worauf es bei Treue und Reinheit eigentlich ankommt. Sie können ihnen als Vater die eheliche Treue gegenüber Ihrer Frau dadurch deutlich machen, indem Sie sagen: „Ich habe einmal versprochen, dass ich eure Mutter immer lieben werde. Und das werde ich auch tun, weil ich sie liebe und weil Gott sehr enttäuscht wäre, wenn ich mein Versprechen ihr gegenüber brechen würde." Als Mutter könnten Sie den Kindern mit folgenden Worten erklären, worauf es Ihnen bei ehelicher Treue ankommt: „Ich möchte nur mit eurem Vater zusammenleben und mit niemand anders, weil ich ihn so sehr liebe und weil Gott uns Frauen geschaffen hat, nur einen Mann so tief zu lieben." Lehren wir unsere Kinder ganz früh, was uns die Verbundenheit als Ehepaar bedeutet und wie ausschließlich sie für uns ist. Unser Vorbild und unsere Worte werden sich zehn Jahre später auszahlen, wenn die Kinder in die Pubertät kommen.

Bei Pastoren und Jugendarbeitern bietet sich der eigene Hochzeitstag oder der eines reiferen Ehepaars in der Gemeinde an, um auf die Wichtigkeit der Ehe hinzuweisen. Sie können den jungen Leuten erklären, wie sehr diese Prinzipien für ihre Ehe Segen und Schutz bedeutet hat.

**Nutzen Sie in vollem Umfang Hochzeitsfeiern.** Ob Sie Mitarbeiter, Jugendleiter, Pastor oder Eltern sind, Hochzeiten sind ein wunderbarer Anlass, um Gottes Prinzip der Treue und Reinheit zu würdigen. Es ist so wichtig, dass Ihre Kinder oder Freunde die Bedeutung dieses Schrittes erkennen. Nehmen Sie sich vor oder nach der Feier Zeit, um noch einmal auf das Eheversprechen einzugehen, das sich das Paar gibt; erklären Sie, was das Versprechen zu lebenslanger ehelicher Treue konkret bedeutet. Hochzeiten sind ein idealer Anlass, darauf hinzuweisen, wie Gott eheliche Liebe und Sexualität sieht – und wie sehr dies Gottes Wesen widerspiegelt, das nach Beziehung strebt.

**Nutzen Sie die Gelegenheiten, die sich durch Fernsehen, Zeitung und Alltagsgeschehen bieten.** Wir können Begebenheiten aus dem Alltag aufgreifen, um im Gespräch die verzerrten Bilder von Liebe und Sexualität aus der Unterhaltungsindustrie und den Zeitungen zu korrigieren. Wenn Sie oder Ihre Kinder etwas im Fernsehen sehen, das Gottes Maßstäben von Sexualität widerspricht, ist das eine Chance, über die Konsequenzen ins Gespräch zu kommen. Sprechen Sie den Gewinn an, den es bringt, wenn man Gottes Geboten folgt; erklären Sie, was es bedeutet, wenn man sie missachtet. Sie werden überrascht sein, wie rasch junge Leute die Vorteile und Folgen im Handeln von Menschen erkennen, wenn sie einmal damit begonnen haben, das Leben aus der Sicht Gottes und seiner Gebote zu sehen.

**Fallen Ihnen weitere Beispiele ein?**

## Gottes Wort zu Familie

Jahrhundert um Jahrhundert haben gläubige Juden ihr tägliches Gebet mit dem Beten des *Schma Jisrael* begonnen, der Worte, die Mose zum Volk sprach, nachdem er ihm die Zehn Gebote verkündet hatte: *„Höre, Israel: Der HERR ist unser Gott, der HERR allein“* (5Mo 6,4).

Diese Worte sind für einen Juden heilig. In hebräischer Sprache, auf kleinen Zetteln geschrieben und in Kapseln aufbewahrt, binden orthodoxe Juden sie sich mit Lederriemen (*Tefillin*) um ihren Arm und auf ihre Stirn; sie befestigten sie in einem Behältnis (*Mesusa*) an ihren Türen.

Das *Schma Jisrael* offenbart die Einzigartigkeit Gottes: *„Seht nun, dass ich, ich es bin und kein Gott neben mir ist“* (5Mo 32,39). *„Vor mir wurde kein Gott gebildet, und nach mir wird keiner sein“* (Jes 43,10).

Aber das *Schma Jisrael* drückt nicht nur Gottes Einzigartigkeit aus, es bezeugt auch seine Einheit. Lange bevor Jesus Christus den Menschen als der Sohn Gottes offenbart wurde, lange bevor der Heilige Geist der Gemeinde zu Pfingsten gegeben wurde, offenbarte sich Gott als geheimnisvolle Einheit.

**Lesen Sie folgende Stellen, und notieren Sie, was darin auf eine „geheimnisvolle Einheit" Gottes hinweist.**

**1. Mose 1,26**

**1. Mose 3,22**

**1. Mose 11,7**

Der Name *Elohim* bezeichnet in den gesamten fünf Büchern Mose Gott und steht im Hebräischen im Plural, doch der Herr ist *ein* einiger Gott.

Schon im Alten Testament existierte der Gedanke einer pluralen Gottheit, was Christen heute *Trinität* nennen. Das Einssein Gottes stellt eine vollkommene Beziehung in totaler Einheit dar. Doch das *Schma Jisrael* macht deutlich, dass Gott sich nicht aus einer Art Partnerschaft zusammensetzt; er ist weder Gruppe noch Komitee. Er ist eine Einheit: *„Höre, Israel: Der HERR ist unser Gott, der HERR allein!“* (5Mo 6,4).

Gott kann nicht zerteilt werden. Seine vollkommene Einheit in einer liebenden Beziehung ist nichts, wonach er strebt; es ist auch nichts, was er hervorbringt. Es ist etwas, was er *ist*. *„Ich und der Vater sind eins ... damit ihr erkennt und versteht, dass der Vater in mir ist und ich in dem Vater"* (Joh 10,30.38).

**Was ist das Besondere am Gottesnamen Elohim?**

## Auseinanderbrechende Familien verletzen das Bild der Einheit von Gottes Wesen

Einheit ist Teil von Gottes Wesen und Charakter. Er ist auf Gemeinschaft angelegt und dennoch *einer*. Es ist sein Wille, dass wir diese Einheit in unseren Ehen und Familienbeziehungen ausdrücken und leben. Wenn in der Bibel steht: *„Darum wird ein Mann seinen Vater und seine Mutter verlassen und seiner Frau anhängen, und sie werden zu einem Fleisch werden"* (1Mo 2,24), dann heißt das, dass die Ehe ein Spiegel göttlicher Einheit und Gemeinschaft sein soll. Gott hat später erläutert, wie sich das im Einzelnen in der ehelichen Verbindung gestalten soll.

**Lesen Sie Markus 10,9. Was sagt Jesus hinsichtlich der Auflösbarkeit von Ehe?**

**Beschreiben Sie mit Ihren eigenen Worten, wie die Einheit in Ehe und Familie Gottes Wesen widerspiegelt.**

### Einheit in den Familien bedeutet Schutz und Fürsorge

Wenn Ehen und Familien in Liebe und Einheit miteinander verbunden sind, dann bringt ihnen die Beziehung folgenden Gewinn:

| Schützt vor: | Schenkt uns: |
|---|---|
| • fehlender Aufmerksamkeit von Seiten der Eltern | • Engagement der Eltern |
| • emotionaler Unsicherheit | • emotionale Sicherheit |
| • Beziehungsproblemen | • gesunde Rollenmodelle |

Es bedarf keiner großen wissenschaftlichen oder staatlichen Studien, um zu verstehen, dass eheliche Untreue und Scheidung für alle Beteiligten negative Folgen haben. Im Juli 2009 widmete das *Time Magazin* seine Titelstory dem Verfall der Ehen in Amerika. Der Bericht trug die Überschrift *In Untreue Dein ... Untreue bringt unsere allerheiligste Institution ins Wanken.* In einem Beitrag mit dem Titel *Warum Ehe wichtig ist* schrieb Cailin Flanagan:

> In den vergangenen 40 Jahren hat sich das Gesicht der amerikanischen Familie tiefgreifend geändert. Der Soziologe Andrew Cherlin beobachtet in seinem bahnbrechenden neuen Buch, was in modernen amerikanischen Familien auffällt. Verglichen mit anderen Ländern zeigt sich eine Kombination aus „häufigen Ehen und häufigen Scheidungen" und eine hohe Anzahl „flüchtiger außerehelicher Beziehungen". Zusammengenommen schaffen diese Kräfte „eine große Turbulenz im amerikanischen Familienleben, Wechsel in den Familien, ein Kommen und Gehen von Partnern in einer anderswo nicht gekannten Form. Im Leben eines Amerikaners gibt es mehr Partner als im Leben von Menschen irgendeines anderen westlichen Landes" ....
>
> Ist das für uns von Bedeutung? Mehr als man in Worte fassen kann. Keine andere Kraft hat so viel Not und menschliches Elend in diesem Land angerichtet, wie der Zusammenbruch der Ehe. Kinder erfahren seelische Verletzungen, die finanzielle Sicherheit von Müttern schwindet, und besonders die Unterschicht, für die es am schwierigsten zu verkraften ist, bekommt das am deutlichsten zu spüren.[2]

Flanagan führt dann weiter aus, wie wichtig es ist, dass Mutter- *und* Vaterliebe sich in gesunder Weise entwickeln können:

> Nicht viele Dinge beeinflussen ein Kind so sehr, wie ohne Vater aufzuwachsen. „Als Feministin wollte ich das nicht wahrhaben", meint Maria Kefalas, eine Soziologin, die Ehe- und Familienfragen erforscht und Mitautorin eines wegweisenden Buches über Niedrigeinkommen bei Müttern ist ... „Die Frauen sagen mir immer: Ich kann einem Kind Vater und Mutter zugleich sein. Doch das ist nicht der Fall." Wenn ein Kind ohne Vater aufwächst, dann hinterlässt das eine tiefe psychologische Wirkung auf das Kind. „Die Mutter mag ihren Mann nicht brauchen", sagt Kefalas, „ihre Kinder aber brauchen einen Vater."[3]

**Lesen Sie Matthäus 19,5. Was verbinden Sie mit „ein Fleisch sein"?**

Intakte Ehen und Familien stärken das Gefühl von Beständigkeit, Kontinuität und Stabilität. Ein Kind weiß dann, wo es hingehört, wer noch dazu gehört, wer vertrauenswürdig ist, wie sein Leben morgen aussieht.

Ich (Josh) bin in einer Alkoholikerfamilie aufgewachsen. Ich habe kein funktionierendes, sondern ein zerbrochenes Familienleben erfahren, und heute noch spüre ich die Schäden durch das Gegeneinander, das bei uns vorherrschte.

Ich (Sean) bin in einer Familie aufgewachsen, in der Einigkeit herrschte und wo wir uns verstanden. Ich habe die gegenseitige Wertschätzung von Ehemann und Ehefrau erlebt, die mir und meinen Schwestern zeigten, wie sehr unsere Eltern uns liebten. Und dieses gemeinsame Vermächtnis familiärer Einigkeit hat nun in meinem eigenen Leben und in dem meiner eigenen Familie seinen Fortbestand.

Die größte Sicherheit, die Sie Ihren Kindern mitgeben können, ist die Gewissheit, dass Sie Ihren Ehepartner lieben. Man kann einem Kind sagen, dass man es von ganzem Herz liebt, und ihm diese Liebe auch jeden Tag beweisen; so bekommt es den inneren Rückhalt in der Gewissheit, liebenswert zu sein. Vor allem aber bekommen die Kinder ein Gefühl der Sicherheit, wenn wir durch unser Verhalten zeigen, dass wir unseren Partner lieben.

Als Sean 6 Jahre alt war, bemerkte ich (Josh), dass er irgendwie bedrückt von der Schule nach Hause kam. Als ich ihn fragte, was denn los sei, meinte er: „Ach nichts, Papa."

Sean und ich hatten immer ein ganz gutes Verhältnis, so fragte ich weiter: „Komm, sag, was los ist."

Er zögerte, und dann fragte er: „Papa, wirst du Mama verlassen?"

Ich wusste, dass diese Frage eines Tages kommen würde, und so wollte ich wissen: „Warum fragst du denn?"

Dann erzählte mir Sean, dass sich die Väter von drei seiner Freunde scheiden ließen. Jetzt befürchtete er, dass ich es auch tun könnte.

Ich setzte mich zu ihm, schaute ihm in die Augen und sagte: „Ich möchte, dass du eine Sache weißt. Ich liebe deine Mutter über alles, ich habe mich ihr verpflichtet, und ich werde sie nicht verlassen. Punkt."

Der kleine Sechsjährige gab daraufhin einen großen erleichterten Seufzer von sich, lächelte mich an und sagte: „Vielen Dank, Papa." In jenem Moment brauchte er nicht die Zusicherung meiner Liebe zu ihm, sondern vielmehr das Gefühl der Stabilität, weil seine Mutter und ich uns liebten und unsre Beziehung dauerhaft sein würde. Liebevolle Einheit einer Ehe spiegelt das Wesen von göttlicher Einheit wider; und das ist das unzertrennbare Band der Liebe, die dieser Generation Sicherheit verleiht.

**Wie können Sie Ihren Kindern in dieser Woche auf besondere Weise deutlich machen, wie sehr Stabilität in Ihrer Familie geschätzt und gefördert wird?**

---

---

## Anregungen für Eltern, wie man Einheit in der Familie fördern kann

**Ab heute offen zeigen, wie sehr man seinen Partner liebt.** Nutzen wir jede Gelegenheit, um den Kindern zu zeigen, dass wir unseren Ehepartner lieben, und beginnen wir heute damit. Gehen Sie liebevoll miteinander um, damit Ihre Kinder die gegenseitige Wertschätzung erkennen. Sie werden dadurch die Sicherheit empfinden, dass ihre Eltern einander lieben und zusammenbleiben. Bringen Sie Ihre Liebe durch kleine Überraschungen, schöne gemeinsame Essen etc. zum Ausdruck – Ihre Kinder werden das mögen. Man kann solche Gesten auch zusammen mit ihnen planen und sie einbeziehen.

**Das Hochzeitsalbum hervorholen.** Es ist manchmal überraschend, wie faszinierend die Kinder und auch die Teenager die Bilder der elterlichen Hochzeit finden. Kramen Sie Ihre Hochzeitsfotos hervor, denn das ist eine Möglichkeit, Ihre grundlegenden Überzeugungen von Ehe weiterzugeben. Es ist ein wunderbarer Anknüpfungspunkt, von dem Eheversprechen zu reden, das man einander gegeben hat, und von seiner Bedeutung.

Das Erzählen von der Zeit des Kennenlernens und der Hochzeit ist eine gute Gelegenheit, um deutlich zu machen, wie es Ihnen persönlich Segen und Gewinn gebracht hat, die Ehe ernst zu nehmen. Es wird das Vertrauen Ihrer Kinder in Gottes Plan für die Ehe und Familie ungeheuer stärken.

## Anregungen für Eltern und andere, wie man Einheit fördern kann

**Geburtstage besondere Tage sein lassen.** Ob man 5, 15 oder 50 Jahre alt ist, man hört immer wieder gerne die Geschichten von der eigenen Geburt. Diese Faszination sollte man nutzen, um dem eigenen Kind ein starkes Zugehörigkeitsgefühl zu vermitteln. Machen Sie Ihren Kindern deutlich, dass sie auf die Welt gekommen sind, weil Sie als Ehepartner einander lieben. Erzählen Sie ihnen, was sie an bestimmten Fähigkeiten und Charaktereigenschaften von Mama und Papa geerbt haben.

Erklären Sie einem Freund oder einer Freundin, was es für Sie bedeutet, dass er oder sie das Licht der Welt erblickt hat. Je mehr Menschen das Gefühl gewinnen, wertgeschätzt zu sein, desto mehr werden sie die Einheit mit Freunden und Familie zu schätzen wissen.

**Nutzen Sie Anregungen aus Fernsehen, Nachrichten und Alltagsgeschehen.** Greifen Sie Gelegenheiten aus Film oder Zeitung auf, um über Scheidungen oder gefährdete Ehen zu reden. Anstatt jemanden zu verurteilen, der eine Scheidung durchlebt hat, sollte man eher darüber reden, wie man eine Ehe schützen und pflegen kann. Wenn man jemanden persönlich kennt, der gerade durch eine Ehekrise geht, sollte man überlegen, wie man die Familie unterstützen kann. Man kann das Alltagsgeschehen aufgreifen, um zu erklären, welche negativen Konsequenzen die Missachtung von Gottes Maßstäben für Ehe und Familie bringt – und welcher Segen folgt, wenn man auf Gottes Wegen geht.

**Werden Sie konkret: Was möchten Sie in Ihrer Familie in den nächsten Tagen umsetzen?**

## Zusammenfassung

Gott hat uns sein zuverlässiges Wort gegeben, in dem er uns sein Wesen offenbart (er ist rein, treu, eine Einheit etc.). Weil er uns in seinem Bild geschaffen hat, gibt uns sein Wort Anleitung, wie wir unser Leben so führen können, dass es sein Wesen sichtbar macht. Wenn wir diesen Maßstäben folgen, können wir ein Leben nach Gottes Willen führen und den Schutz und die Fürsorge genießen, die er für uns vorgesehen hat. Diese Wahrheit über Gott und sein Wort ist ein weiterer wichtiger Baustein, um die eigene persönliche christliche Weltsicht zu begründen. Je mehr wir Gottes Wesen verstehen, wie es in den Geboten und Anweisungen seines Wortes verankert ist, desto mehr bekommen wir eine Vorstellung davon, wie das Leben nach Gottes Willen gestaltet werden soll.

## 3. Wahrheit:

# Die Sünde

**Kapitel 3.1**

# Die erste zerbrochene Beziehung

Scottie, unser Erstgeborener, war so ein liebes Kerlchen. Meine Frau Stefanie und ich liebten ihn vom ersten Tag an über alles. Er erfuhr nichts anderes als unsere ganze Liebe und Zuwendung – schon mit den ersten Bewegungen im Mutterleib war er Teil unsrer Familie. Und als der kleine Scottie dann endlich auf der Welt war, taten wir alles Mögliche, um ihn mit Liebe aufzuziehen und ihm vorzuleben, wie eine von Vertrauen und Hilfsbereitschaft geprägte Beziehung aussieht.

Doch trotz all unsrer Zuwendung und ohne Einfluss von außen entriss Scottie mir eines Tages ein Spielzeug mit dem energischen Wort: „Meins!“ Statt sich über all das Gute zu freuen, das er bei mir, seinem Vater, hatte und bekam, erklärte er seine Unabhängigkeit. Er wollte klarstellen: Er allein ist der Herr seines Spielzeugs. Dass er so reagierte, überraschte oder entsetzte mich allerdings nicht – eher musste ich innerlich etwas schmunzeln. Eine solche Reaktion ist typisch Mensch, und ich musste damit rechnen, dass mein Sohn irgendwann sein Ego zur Schau stellen würde.

Alle, die ein wenig Umgang mit Kindern haben, machen die Erfahrung, dass die lieben Kleinen von Natur aus und mit Leichtigkeit Egoisten sind. Von klein auf gibt es Kämpfe, wer die Oberhand hat: Wir wollen bestimmen, was wir wann und wie machen. In der einen oder anderen Form steht seit Menschengedenken dieser Emanzipationsgedanke – der Wunsch zu bestimmen – hinter jedem Vorurteil, jedem Konflikt, jedem Missbrauch. Aber warum? Wenn der Mensch nach dem Bild eines dreieinen Gottes geschaffen wurde und die drei göttlichen Personen in vollkommener Harmonie zueinander stehen – wie kann der Mensch dann von Geburt an so ichbezogen sein? Wir finden die Erklärung dafür *„im Anfang“*, als die Sünde das erste Mal in die Welt kam.

## Der vollkommene Beziehungskreis

Wie wäre es wohl, wenn wir einen Tag mit Adam und Eva im Garten Eden verbringen und erleben könnten, wie sie in völliger Harmonie mit Gott lebten? Auch wenn das nicht möglich ist, können wir davon ausgehen, dass Mann und Frau in liebender Zuneigung zueinander lebten und die Gegenwart Gottes genossen. Sie waren Teil des göttlichen Beziehungskreises und erfuhren seine unglaubliche Güte. Jeder leistete seinen Beitrag, und so fanden die Menschen ihre höchste Erfüllung. Da sie voraussetzungslos angenommen wurden, herrschte absolute Sicherheit. Da war Wertschätzung von Gott, der alles in allem war und mit ihnen Gemeinschaft haben wollte. Die gegenseitige Zuwendung und Dankbarkeit war geprägt von einer tiefen, liebevollen Verbundenheit.

Von den ersten Tagen der Schöpfung an entsprach dieser Beziehungskreis dem Plan Gottes für die Menschen. Es war seine Absicht, dass Adam und Eva und alle ihre Nachkommen in einer glücklichen Gemeinschaft mit ihm und untereinander leben sollten. Und im Garten Eden funktionierte das in vollendeter Harmonie.[1]

## Welche Alternativen haben wir?

Aber irgendetwas muss passiert sein, denn die Welt, in der wir leben, ist wohl kaum der Garten Eden. Anstatt Freude an Gott zu haben, empfinden viele Menschen eher das Gegenteil für ihn. Einige betrachten Gott als strengen Richter, der alle ihre Bewegungen mit starrem, missbilligendem Blick begleitet. Und falls er wirklich existieren sollte, ist er ihrer Ansicht nach doch weit weg und hat wenig Interesse am Schicksal der Menschen – irgendwo da draußen im weiten Himmel lässt er uns im Kampf mit Problemen allein, die man in einer bösen Welt nicht meistern kann. Dabei ist es manchen Menschen eigentlich ganz recht, dass Gott weit weg ist, und sie bleiben aus diesem Grund gerne Atheist. Aldous Huxley, der Autor von *Brave New World* (dt. *Schöne neue Welt*), wünschte sich mit seinen atheistischen Freunden eine Welt ohne Gott und ohne Sinn, den sie durch Gott erhalten würde. Nur in einer solchen Welt schien es ihnen möglich, sich von „einem bestimmten Moralsystem zu befreien. Wir wandten uns gegen die Moral, weil sie mit unserer sexuellen Freiheit kollidierte."[2]

Der Soziologe Christan Smith fand durch seine Forschungen heraus, dass die meisten Teenager in den USA glauben, dass „Gott so etwas wie eine Kombination zwischen himmlischem Butler und kosmischem Therapeuten ist. Immer dienstbereit, hält er Lösungen für unsere auftretenden Probleme bereit und hilft professionell, damit wir uns wohlfühlen – ohne sich allerdings dabei allzu sehr persönlich zu engagieren."[3] Solche heute gängigen Ansichten sind Lichtjahre von dem Gott entfernt, den Adam und Eva kennenlernten. Für sie war Gott jemand, der sie herzlich liebte; die nahe und vertraute Beziehung mit ihm bedeutete für sie Lebensglück. Die Frage ist daher nur zu berechtigt: Wie haben wir Menschen es nur geschafft, vom vertrauten Umgang mit Gott in einer vollkommenen Umgebung in das Chaos einer gottentfremdeten Welt zu gelangen?

**Warum ist manchen Menschen daran gelegen, Gott einfach wegzuerklären?**

## Freiheit zu Vertrauen

Wir finden in der Heiligen Schrift keinen Hinweis darauf, dass die Fortführung einer ungetrübten Beziehung zwischen Mensch und Gott automatisch zu erwarten war. Grundlage dafür ist vielmehr die große Liebe Gottes, die er uns aufrichtig und freiwillig entgegenbringt. Eine solch enge Lebensgemeinschaft muss allerdings frei wählbar sein. Natürlich ist Gott allmächtig und könnte auch Menschen ohne die Fähigkeit zu selbstständigen Entscheidungen schaffen. Natürlich hätte er alles manipulieren und so programmieren können, dass seine Geschöpfe bei jedem Schritt mit ihm konform gewesen wären. Aber der Mensch wäre in diesem Fall nicht nach dem Bilde Gottes geschaffen. Denn Gott selbst kann frei wählen, und er hat dem Menschen die gleiche Fähigkeit geschenkt. Adam und Eva hatten diese Möglichkeit der freien Wahl. Sie waren frei, in eine Beziehung zu Gott zu treten und aus eigenem Willen ihm und anderen gegenüber ihre Liebe auszudrücken. In Gottes Beziehung zu ihnen gab es weder selbstsüchtige Machtausübung noch das Streben nach Kontrolle oder Manipulation. Es war eine Beziehung, die auf den anderen gerichtet war: Wo der eine das Gute im anderen sucht und bereit ist, sich selbst zu geben, um den anderen zu erfreuen. Wenn zwei Menschen einander kennenlernen und dann freiwillig entscheiden, dem anderen Liebe in vertrauter Form zu schenken, entsteht eine nahe und vertrauenswürdige Beziehung.

*Gott ist es ein Herzensanliegen, dass wir ihn lieben. Er ist eifersüchtig, wenn wir uns von ihm abwenden, weil er weiß: Nur wenn wir ihn lieben, wird unser Leben vollste Erfüllung und Freude finden.*

In der makellosen Vollkommenheit des Gartens zeigte Gott den ersten Menschen einen konkreten Weg, wie sie ihm gegenüber ihre ehrliche Liebe und ihr Vertrauen zeigen konnten: Er gab ihnen das Gebot, von einer bestimmten Frucht nicht zu essen. Jetzt mussten sie die Entscheidung treffen zu glauben, dass Gott selbstlos handelt und nur gute Pläne für sie hat. Adam und Eva waren aufgefordert, durch einen einfachen Willensakt zu zeigen, dass sie Gottes Güte und Wohlwollen ihnen gegenüber vertrauen. Entschieden sie sich zum Ungehorsam gegenüber seinem Gebot, wäre das das Ende der liebevollen Gemeinschaft zwischen Gott und Mensch. Der Bruch dieser Beziehung würde bedeuten, sich von der wahren Quelle der Liebe und des Lebens abzuschneiden – mit katastrophalen Folgen.

**Warum ging Gott wohl das Risiko ein, den Menschen mit einem freien Willen zu schaffen?**

Es gab also von Anfang an ein Risiko in Gottes meisterlichem Plan der Erschaffung des Menschen *„nach seinem Bild und ihm gleich"*. Das Risiko bestand darin, dass der Mensch in der Lage war, eine solche Beziehung abzulehnen. Doch aufrichtige Liebe verträgt keinen Zwang. Das wusste Gott, und ihm waren die Konsequenzen bekannt, die ein Ungehorsam des Menschen mit sich bringen würde. Die ersten Anzeichen dafür, dass seine Geschöpfe Erfüllung nicht in ihm, sondern woanders suchten, erregten seine Eifersucht.

**Lesen Sie 2. Mose 34,14. Welche Eigenschaft wird hier über Gott ausgesagt?**

Gottes Eifersucht hat aber in keiner Weise etwas mit Eigensucht zu tun. Es war sein Wunsch, dass Adam und Eva und alle ihre Nachkommen ihn anbeten und ausschließlich ihm dienen sollten – aber dahinter stand kein verletzter Stolz oder die Furcht vor Ablehnung seitens des Menschen. Vielmehr ist es Gottes größter Wunsch, dass wir ihn lieben. Es trifft ihn und erregt seine Eifersucht, wenn wir uns von ihm abwenden; denn er weiß, dass unsere Liebe zu ihm der einzige Weg ist, auf dem wir Freude und Erfüllung finden können.

Gott ist Liebe, Freude, Güte. Mit ihm haben wir alles, um in seiner Gemeinschaft reines Glück und reine Freude zu erfahren.

**Was sagt Jakobus 1,17 über die Gaben, die Gott gibt?**

Als Gott daher Adam und Eva bat, die Frucht nicht zu nehmen, wollte er sie in ein Leben ohne Selbstsucht und in der Beziehung mit ihm führen – eine Beziehung, die ihm große Freude bedeutete und den Menschen großes Glück garantierte.

## Trennung von Gott

Aber wie wir alle wissen, wählten Adam und Eva einen ganz anderen Kurs. Satan, der Feind Gottes, betrat den Garten Eden und verleitete die Menschen dazu, eine folgenschwere Entscheidung zu treffen. Dadurch sollte die Beziehung zwischen Mensch und Gott ruiniert und die Welt in unaussprechliche Qual und Zerstörung gestürzt werden.

**Lesen Sie 1. Mose 3,8-10. Wie reagieren Adam und Eva plötzlich auf die Gegenwart Gottes?**

Bis zu diesem Tag hatten sich Adam und Eva täglich über das Kommen ihres Schöpfers gefreut. Doch an diesem Abend war ihre Reaktion völlig anders.

**Welches Gefühl erlebten Adam und Eva nun, das für sie völlig neu war?**

Furcht hatte einen Keil zwischen Gott und den Menschen getrieben, und daher versteckten sie sich aus Scham vor ihm. Diese Furcht und das Verstecken waren das Ergebnis einer ichsüchtigen Handlung, die wir Sünde nennen. Aber Adams und Evas Sünde umfasste nicht nur das Essen von dem einen „du darfst nicht"-Baum. Es ging letztlich um die Ablehnung von Gott als Quelle alles Richtigen und Wahren. Diese Rebellion gegen Gott hatte zur Folge, dass der Tod in diese Beziehung Einzug hielt. Beide, Mann und Frau, wurden aus dem Garten Eden verbannt (vgl. 1Mo 3,23-24).

Ihr Handeln endete jedoch in einer größeren Tragödie als der bloßen Vertreibung aus dem Garten. Die Folgen waren verheerend und zerstörerisch und betrafen den ganzen Planeten. Jede Pflanze, jedes Tier und jeder Mensch erfuhren seitdem Schmerz, Krankheit, Verfall, Kummer und Tod (siehe Röm 8,20-22).

Als die Sünde die Welt betrat, vertrieb sie das Leben. Adam und Eva zerstörten durch ihre Sünde die Verbindung zu einem vollkommenen und heiligen Gott, der das Leben selbst ist und von dem alles Leben kommt (Joh 1,4; 5,26). Vorbei waren nun die vertrauten Augenblicke und die Freude, die sie im Miteinander mit Gott erlebt hatten. Vorbei war das gemeinsame Glück, vorbei die vertraute Gemeinschaft.

Ihre Sünde brachte der Welt nicht nur den *geistlichen* Tod durch die Trennung von Gott, sondern auch Hunger, Krankheit, Hass und Herzeleid, die im *leiblichen* Tod und in der ewigen Trennung von Gott endeten. Sünde und Tod regieren von diesem Zeitpunkt an über die ganze Menschheit.

**Lesen Sie Römer 5,12. Welche Folge hat Adams Sünde für uns heute noch?**

Ein Supergau! Denn was ist die größte Tragödie im Leben? Was raubt dem Leben die ganze Freude? Die Antwort ist: der Tod. Im Tod gibt es keine Hoffnung, keine physische Existenz, keinerlei Freude. Der Tod ist der größte Fluch der Menschheit; er ist die Abwesenheit des Gottes allen Lebens und aller Güte.

**Lesen Sie Römer 6,23. Was kann der Mensch aus sich tun, um dieses Problem der Sünde zu lösen?**

Und es gibt nichts, was wir Menschen in und aus uns selbst tun können, um die Folgen der Sünde umzukehren. Der Apostel Paulus stellt fest, dass wir *kraftlos* sind (Röm 5,6).

## Wenn gut sein für nichts gut ist

Landläufig geht man in der westlichen Welt davon aus, dass „gute Menschen in den Himmel kommen, wenn sie sterben."[4] Man ist der Ansicht: Wenn man mit der Zeit ein besserer Mensch wird, überwiegen eines Tages die guten Taten unsere schlechten; dann schlägt die Waage zu unseren Gunsten aus und wir verdienen uns den Eintritt in den Himmel. Man geht davon aus, dass Gott uns auf der Zielgeraden noch positiv bewertet und wir wieder in einem vollkommen Zustand mit ihm leben können.

Diese These ignoriert jedoch die Wahrheit über den Tod. Er ist weit mehr, als dass unsere Atmung aufhört und wir begraben werden. Auch wenn wir als Menschen atmen und uns auf der Erde bewegen, sind wir doch geistlich tot. Tote Menschen sind nicht in der Lage sich zu erretten – egal ob sie gute Werke tun oder nicht: Sie sind tot. Was wie gute Werke aussieht, ist an Lebendigkeit dem Muskelzucken einer Leiche bei Eintreten der Todesstarre ähnlich – es beweist nur, dass sie tot ist.

**Angenommen, jemand würde das Gesetz des Mose einhalten. Könnte er sich Gerechtigkeit verdienen? Warum nicht?**

**Lesen Sie Epheser 2,8-9. Was ist der einzige Weg, um gerettet zu werden?**

*Wir glauben, dass Gott Menschen nach seinem Bild geschaffen hat, um in liebevoller Gemeinschaft mit ihnen zu leben. Aber diese Verbindung wurde durch die erste Sünde zerstört, und die Sünde kam über die ganze Menschheit. In der Folge werden alle Menschen geistlich tot geboren und sind vollkommen unfähig, Wohlgefallen bei Gott zu erlangen.*

Es hilft auch nicht, wenn jemand das Gesetz des Mose strikt einhält. In Römer 8,3 macht Paulus deutlich, dass dieses Gesetz nicht erlösen kann. Es gibt nichts, was wir aus uns selbst tun können, um unser Sündenproblem zu lösen. Warum? Weil wir alle längst geistlich tot sind und bald auch körperlich tot sein werden. Gerechtigkeit kann man sich nur von Gott schenken lassen.

Die Vertrauensgrenze, die Gott schützend festgesetzt hatte, wurde von den ersten Menschen überschritten. Sein Gebot, an dem sich der menschliche Gehorsam erweisen und bewähren sollte, wurde verletzt. Der eigensüchtige Entschluss von Adam und Eva brachte den Tod und stürzte die Menschheit in ein unüberwindliches Dilemma.

Als Folge von Sünde und Tod befindet sich das Universum in einem Zustand der Auflösung – es bewegt sich von Ordnung zu Chaos. Alles wird einmal sterben. Kein noch so großer menschlicher Einfallsreichtum, keine hochentwickelte Technologie oder medizinische Errungenschaft kann dauerhaft dieses unausweichliche Schicksal umkehren. – Es sei denn, Gott greift auf wunderbare Weise ein.

Manche meinen, der Mensch sei von Natur aus gut geboren und mit fortschreitender Evolution würden die besten und tüchtigsten der menschlichen Rasse überleben. Manche meinen, für die Probleme des Menschen natürliche Erklärungen und Lösungen zu haben. Doch die Heilige Schrift zeichnet eine Geschichte, die deutlich macht: Die Sünde des Menschen hat Konsequenzen.

Das ist das Thema des nächsten Kapitels.

**Kapitel 3.2**

# Der Beweis, dass die Sünde Folgen hat

Wenn wir heute unsere Tageszeitung aufschlagen, dann wird uns eins deutlich: Die Welt ist kein sicherer und ruhiger Ort, wo Menschen Sicherheit, Freude und das Glück der Geborgenheit erleben können.

Jede Tageszeitung und jeder Online-Nachrichtendienst in der Welt ist auch heute voll mit ähnlichen Schlagzeilen und Geschichten. Sie berichten, dass die Menschheit eingeholt wurde von Neid, Misstrauen, Raub, Konflikten, Kämpfen, Kriegen, Zerstörung und Tod.

*Die Sünde in der Welt ist kein soziologisches, wirtschaftliches oder intellektuelles Problem; sie ist ein geistliches oder ein Problem des Herzens.*

Könnte die Ursache dafür in ichsüchtigen Menschen liegen, die sich dafür entschieden haben, Gott und seine Wege zu missachten? Die Marxisten machen den Kapitalismus und die ungleiche Verteilung von Reichtum für das erdrückende Böse in dieser Welt verantwortlich. Nichtreligiöse Humanisten suchen die Schuld bei der Religion. Die Buddhisten sagen, dass alles Böse in der Welt einfach Illusion sei. Aber Jesus sagt, dass eben nicht die äußeren Umstände für das Böse in der Welt verantwortlich sind, sondern er nennt eine andere Quelle dafür.

**Lesen Sie Matthäus 15,19. Was ist die Quelle des Bösen in der Welt?**

Die Sünde in der Welt ist kein soziologisches, wirtschaftliches oder intellektuelles Problem; sie ist ein geistliches Problem des Herzens. Von Natur aus ist in unser aller Herzen die Rebellion gegen Gott.

Falls wir außer unseren täglichen Beobachtungen und den Nachrichten einen weiteren Beweis für die negativen Folgen der Sünde brauchen, bietet sich die jahrtausendealte Geschichte eines Volkes als lebendiger Beweis dafür an. Die genaue historische Dokumentation finden wir in der hebräischen Bibel, dem Alten Testament. Gott gab uns eine detaillierte Geschichte seines Volkes, Israels, die demonstriert: Heiliges Leben in Gemeinschaft mit Gott bringt Segen; ein selbstsüchtiger Weg (Sünde) zieht schlimme Konsequenzen nach sich. Wir wollen uns jetzt eine kleine, aber beispielhafte Sammlung von Schlagzeilen ansehen, die uns die Heilige Schrift liefert.

## Bitterkeit und Neid führen zu Mord (1. Mose 4)

Kain war das erste Kind von Adam und Eva; er war Landwirt. Abel war der zweite Sohn des Ehepaares, ein Schafhirte.

Als die beiden Söhne heranwuchsen und erwachsene Männer waren, brachten sie ihre Gaben vor Gott dar. Gott nahm die Gaben von Abel an, aber nicht die von Kain – das erregte dessen Zorn.

**Lesen Sie 1. Mose 4,6-7. Worauf zielt die Sünde in unserem Leben ab** *(„nach dir wird ihr Verlangen sein")***?**

Wenn Adam und Eva irgendwelche Lehren aus ihrer Sünde gezogen hatten, so hatten sie diese gewiss an die beiden Söhne weitergegeben. Dazu gehörte das Wissen darum, dass eine gottgefällige Beziehung von der Selbstlosigkeit dem Nächsten gegenüber und vom Vertrauen in Gottes Güte bestimmt ist – dass seine Wege immer die besten sind. Aber Kain hatte das offensichtlich nicht verstanden. Als Gott ihm sagte: „Folge meinen Wegen, dann geht es dir gut", reagierte Kain mit Zorn.

Kain hörte nicht auf Gottes Warnung, dass die Sünde nur darauf abzielte, ihm zu schaden und ihn zu zerstören. Als er sich weigerte, mit Gott in eine liebevolle Beziehung zu treten, trieben ihn bald Bitterkeit und Neid dazu, seinen Bruder Abel umzubringen. Diese geschichtlich dokumentierte Geschichte illustriert, zu welchem schlimmen Ende Sünde führt.

## Lust, Vergewaltigung und Massenmord (1. Mose 34)

Jakob war der Sohn Isaaks, der Enkel Abrahams. Zusammen mit seiner großen Familie ließ er sich in Kanaan vor der Stadt Sichem nieder, die nach dem Prinzen Sichem benannt war.

Eines Tages besuchte Dina, die Tochter Jakobs, einige Freundinnen in der Gegend. Prinz Sichem sah Dina und spürte ein sofortiges Verlangen nach ihr. Zu Dinas Entsetzen tat er ihr Gewalt an und vergewaltigte sie.

Der Prinz beschloss, Dina als Frau zu nehmen und trat über seinen eigenen Vater mit Jakob in Verhandlung. Er schlug vor, dass die Männer Sichems die Töchter Jakobs heiraten und Jakobs Söhne die Töchter von Sichem zu Frauen nehmen sollten.

Jakobs Söhne hatten für diesen Vorschlag allerdings die Auflage, dass sich zuerst die Männer von Sichem beschneiden ließen. Taten sie das, war der Handel in Ordnung. Sichem erklärte sich damit einverstanden, und die gesamte männliche Bevölkerung in der Stadt ließ sich beschneiden. Aber dies war nur eine List der Söhne Jakobs, denn in Wirklichkeit schmiedeten sie Rachepläne.

**Lesen Sie 1. Mose 34,25-29. Welche Folgen zog die Sünde Sichems nach sich?**

Jakob war entsetzt über das Verhalten seiner Söhne. Er fürchtete nach diesem Massenmord einen Gegenschlag aus den umliegenden Städten, sodass er mit seiner gesamten Familie die Gegend verließ.

Eine Frau wurde sexuell missbraucht, weil ein Mann unbedingt das haben wollte, wonach ihn in einem Augenblick verlangte. Lust bedeutet selbstsüchtiges Nehmen, nicht Geben. Auf Sichems Lust folgte eine egoistische und brutale Handlung. Sie setzte sich in einem tragischen Dominoeffekt fort, löste Rachegelüste aus und endete in einer Spur der Verwüstung. Lügen und Verschleierung, Tod und Zerstörung – Frauen wurden zu Witwen, Kinder zu Waisen, Familien wurden auseinandergerissen und entwurzelt. Dieser Bericht illustriert, dass Sünde schlimme Konsequenzen nach sich zieht.

## Machtgelüste führen zur Sklaverei (2. Mose 1)

Bald nach der Katastrophe von Sichem änderte Gott Jakobs Namen in *Israel.* Und einige Zeit später führte Israel seine Familie nach Ägypten. Innerhalb weniger Generationen bevölkerten die Kinder Israel einen großen Teil des Landes. Dieses explosive Wachstum beunruhigte den neuen König von Ägypten.

**Lesen Sie 2. Mose 1,9-10. Welche Folge des Sündenfalls finden wir im Verhalten des Pharaos?**

Das Streben nach Macht und der Wunsch nach Machterhalt brachte die Ägypter auf eine brutale Lösung: die Sklaverei. Aber auch während der Zeit der Sklaverei vermehrten sich die Israeliten. Aus Angst vor einem Massenaufstand hatte der König nun eine andere Idee: Er wollte die Israeliten in einer überschaubaren Größe halten. So gab er den Befehl, die männlichen Neugeborenen der Israeliten zu töten – aber nur mit mäßigem Erfolg. Gott ließ sie weiter fruchtbar sein.

Schließlich wurde *ein* Säugling auf wundersame Weise vor dem Mord aller männlichen Kinder bewahrt und durfte weiterleben und aufwachsen, um Israel eines Tages zu befreien. Mose führte sein Volk aus der Sklaverei Ägyptens und leitete die große Wanderung des Volkes zum verheißenen Land.

Eine völlige Missachtung anderer und die Zurückweisung von Wertschätzung und Respekt gegenüber Gottes Schöpfung ist selbstsüchtig und Sünde. Machtlust brachte ein ganzes Volk unter das Leid der Sklaverei. Das sündhafte Verlangen nach Herrschaft brachte körperliche Schmerzen, seelische Leiden und den Verlust menschlicher Würde. Die historisch dokumentierte Geschichte illustriert, dass Sünde böse Folgen hat.

**Nennen Sie Beispiele, wo wir das Streben nach Macht mit seinen Folgen auch heute noch sehen können.**

## Der Preis der Sünde

Gott hatte Mose seine Gebote am Berg Sinai gegeben; und Mose gab sie weiter an das Volk Israel:

> *„Und nun, Israel, was fordert der HERR, dein Gott, von dir, als nur, den HERRN, deinen Gott, zu fürchten, auf allen seinen Wegen zu gehen und ihn zu lieben und dem HERRN, deinem Gott, zu dienen mit deinem ganzen Herzen und mit deiner ganzen Seele, indem du die Gebote des HERRN und seine Ordnungen, die ich dir heute gebe, hältst, dir zum Guten“* (5Mo 10,12-13).

Es gibt daher deutliche Vorzüge für das Leben in Verbindung mit Gott. Wie an dem Beispiel oben deutlich wird, hat die Sünde negative Folgen – davor hat Gott die Kinder Israel immer wieder gewarnt.

**Lesen Sie 5. Mose 28,15-20. Welche Folgen der Sünde nennt Gott hier für Israel?**

Der Preis der Sünde ist hoch. Das Alte Testament greift dieses vorherrschende Thema immer wieder auf. Die Heilige Schrift redet von Menschen, die eine Zeit lang nach Gottes Willen lebten und so Freude und Glück erlebten. Doch dann sündigten sie – handelten ichbezogen und wollten Gott weder vertrauen noch seinen Wegen folgen. Durch die ganze Geschichte Israels läuft diese Abwendung wie ein sich verstärkender roter Faden; trotz der Warnung von verschiedenen Propheten tun die Menschen nicht Buße. Sie entscheiden sich, Gott den Rücken zuzuwenden. In der Folge schickte Gott ihnen Strafen, *„weil die Söhne Israel gesündigt hatten gegen den HERRN, ihren Gott, der sie aus dem Land Ägypten hatte heraufkommen lassen aus der Hand des Pharao, des Königs von Ägypten, und weil sie andere Götter fürchteten“* (2Kö 17,7). Das Ergebnis war immer das gleiche – Leid und Schmerz, Kummer und Ruin, Zerstörung und Tod. Auch der Tod ist letztlich Folge der Sünde, wie Gott es Adam und Eva angekündigt hatte. Die Geschichte Israels und der Welt dokumentiert es, wir sehen es um uns her, wir erleben es sogar teilweise in unserem eigenen Leben.

**Lesen Sie Römer 3,9-12. Was lernen Sie aus diesen Versen über sich selbst?**

Die McDowell-Familie, Ihre Familie und jeder von uns persönlich, wir alle sind mit den Früchten der Sünde konfrontiert; die alttestamentlichen Berichte liefern uns deutliche Beispiele. Darüber hinaus kennt jeder von uns die negativen Folgen der Sünde aus dem persönlichen Leben: lästerndes Reden, aufbrausendes Temperament, Lust, Neid, Habsucht, Vernachlässigung der Familie – all das sind Sünden, die uns und unseren Lieben Leid und Probleme bringen. Ob klein oder groß, ob im Geheimen oder öffentlich begangen, wir alle müssen zugeben, dass wir mit dem Problem Sünde zu kämpfen haben.

Aber wir sind auch vor die Wahl gestellt. So wie Adam und Eva den Weg Gottes oder ihren eigenen wählen konnten, können auch wir grundlegende Entscheidungen treffen, die unseren Alltag betreffen. Gott hat uns bei diesen Wahlmöglichkeiten nicht ohne Hilfe gelassen. Er hat uns ein „Geheimrezept“ gegeben, um mit der Sünde fertig zu werden und die richtigen Entscheidungen im Leben zu treffen. Die Frage ist nur, wie man weise Entscheidungen trifft.

Kapitel 3.3

# Sich für das Richtige und gegen das Falsche entscheiden

Satans Täuschungsmanöver war perfekt. Schlau und gerissen wie die Schlange war (1Mo 3,1), schöpfte Eva in ihrer Unschuld keinerlei Verdacht, als solch ein Wesen mit ihr eine Unterhaltung begann:

*„Hat Gott wirklich gesagt: Von allen Bäumen des Gartens dürft ihr nicht essen?“* (V. 1b), fragte die Schlange. Eva ließ sich nichts ahnend auf dieses Gespräch ein: *„Von den Früchten der Bäume des Gartens essen wir; aber von den Früchten des Baumes, der in der Mitte des Gartens steht, hat Gott gesagt: Ihr sollt nicht davon essen und sollt sie nicht berühren, damit ihr nicht sterbt!“* (V. 2-3). Ob wissentlich oder unwissentlich gibt Eva hier Gottes Gebot nicht richtig wieder. Gott hatte ihnen nicht verboten, die Frucht anzurühren.

Jetzt holte die Schlange zum Generalangriff aus: *„Keineswegs werdet ihr sterben! Sondern Gott weiß, dass an dem Tag, da ihr davon esst, eure Augen aufgetan werden und ihr sein werdet wie Gott, erkennend Gutes und Böses“* (V. 4-5). Satan sagte damit: Gott enthält euch etwas vor, er will gar nicht das Beste für euch. Ihr dürft ja noch nicht mal entscheiden, was gut für euch zu essen ist. Diese Frucht wird euch nicht umbringen. Gott möchte, dass ihr unwissend bleibt, damit er euch besser kontrollieren kann.

Je mehr Eva den schmeichelnden Worten der Schlange zuhörte, desto mehr trat Gottes Warnung in den Hintergrund und verhallten seine Worte. Bald schienen sie gar keinen Sinn mehr zu ergeben. Vielleicht – so dachte Eva möglicherweise – musste sie sich ja von Gott lösen, um sich selbst frei entwickeln zu können. Und so geschah das Schreckliche: Eva *„nahm von seiner Frucht und aß, und sie gab auch ihrem Mann bei ihr, und er aß"* (V. 6).

**Inwiefern beschreibt 1. Johannes 2,15-16 genau das, was im Garten Eden passierte? Erklären Sie.**

Diese Entscheidung sollte von jenem Zeitpunkt an katastrophale Folgen auf die menschliche Rasse und die ganze Welt haben. Tatsächlich ist unsere eigene Fähigkeit, zwischen richtig und falsch zu unterscheiden, als Folge von Evas Entscheidungen beeinträchtigt. Egal wie eng unsere Beziehung mit Gott im Moment sein mag, korrektes Verhalten kostet Mühe. Die Erkenntnis dessen, was richtig ist, kommt nicht von selbst. Es erfordert Willen zu geistlicher Disziplin, alle Entscheidungen auf Gott auszurichten.

*Gott und Gott allein legt fest, was richtig und falsch ist.*

Was war die eigentliche Sünde, die Adam und Eva an jenem Tag begingen? Liebten sie Gott nicht ausreichend, um zu tun, was er ihnen geboten hatte? War es, dass ihnen der Weitblick fehlte und sie keine Augen mehr für Gott hatten? Oder fehlte ihnen einfach das Gottvertrauen, dass das Verbot der Frucht zu ihrem eigenen Guten diente? All das ist Teil eines Ganzen. Zentraler Punkt war jedoch Adams und Evas Wunsch nach Unabhängigkeit – Selbstbestimmung. Eva meinte, sie habe das Recht, selbst zu entscheiden, ob sie die Frucht essen will oder nicht. Sie beschloss, forthin von Gott und seinen Anordnungen persönlich unabhängig zu sein.

In einem Punkt sollte die Schlange Recht behalten: Als sie Eva deutlich machte, dass sie mit dieser eigenmächtigen Entscheidung praktisch ihr eigener Gott würde, traf sie den Nagel auf den Kopf. Von diesem Augenblick an nahm Eva nämlich eine gottähnliche Position ein: Sie entschied jetzt selbst, was gut und böse war. Was die Schlange aber verschwieg, war die Tatsache, dass grundsätzlich kein Mensch in der Lage ist, das aus sich selbst heraus festzulegen. Denn Gott – und Gott allein – ist Gebieter über gut und böse, richtig und falsch. Er ist der absolute Maßstab des Guten, und alles sittlich Gute entspringt seinem Wesen. Wenn Adam, Eva oder überhaupt irgendein Mensch sich aufschwingt und meint, diese Maßstäbe für sich selbst festlegen zu können, macht er in Wirklichkeit das eigene Ich zu seinem Gott. Richtige und gottwohlgefällige Entscheidungen, die Erfüllung und Freude in unser Leben bringen sollen, müssen in Einklang mit der Person und dem Wesen eines heiligen und gerechten Gottes stehen. Er – und nur er – zieht die Grenze zwischen richtig und falsch – die übrigens immer unser Bestes im Blick hat.

**In welcher Hinsicht ist der Mensch seit dem Sündenfall „sein eigener Gott" geworden? Erklären Sie.**

## Die 4Ü der richtigen Entscheidung

Wenn wir eine lebendige Beiziehung zu Jesus Christus haben, wird uns mit der Zeit immer klarer, was richtig und falsch ist. Und als Folge davon werden Gottes Schutz und Fürsorge in unserem Leben immer mehr erkennbar. Lassen Sie uns nun diesen Entscheidungsprozess auf eine einfache, leicht zu merkende Formel bringen, die wir den 4-Ü-Prozess nennen wollen. Wir können diese Formel jedes Mal anwenden, wenn wir vor einer Entscheidung stehen.

### 1. Überlegen der Entscheidung

Täglich treffen wir Dutzende Entscheidungen; meistens erfolgt das automatisch. Wir legen fest, wann wir morgens aufstehen, was wir anziehen oder essen wollen, welchen Weg wir zur Schule oder Arbeit nehmen, wo wir unser Auto parken etc. Diese Entscheidungen kosten uns nicht viel Überlegung.

Aber wenn es um grundlegende Entscheidungen geht, müssen wir innehalten und bedenken, dass wir uns an maßgeblichen Wegkreuzungen befinden. Bei den Entscheidungen, die wir treffen – z. B. es mit der Wahrheit nicht ganz so genau zu nehmen, die Arbeit nicht gründlich zu machen, in der Schule abzuschreiben, um eine bessere Note zu bekommen oder anderen zu helfen –, wissen wir oft nicht um deren Ausmaß, oder uns ist nicht bewusst, was wir eigentlich tun. Um richtige Entscheidungen treffen zu können, müssen wir uns ausreichend Zeit nehmen und uns bewusst machen: Wir haben jetzt die Möglichkeit, uns richtig oder falsch zu entscheiden.

**Fallen Ihnen Bereiche ein, wo Sie bisher nie wirklich über richtig und falsch nachgedacht haben? Welche?**

**Lesen Sie Jakobus 1,5. Was verspricht Gott hier auch im Bezug auf Entscheidungen?**

## 2. Übernehmen von Gottes Maßstäben

Man hat den Eindruck, dass Eva Zeit hatte, um sich klarzumachen: Ich kann eine richtige und auch eine falsche Wahl treffen. Trotzdem besprach sie diese Entscheidung nicht mit Gott. Aber genau das macht eine Beziehung nach Gottes Gedanken aus: Man dreht sich nicht nur um das eigene Ich mit seinen Wünschen.

**Lesen Sie 1. Mose 3,6. Was reizte Eva ganz besonders an der Frucht?**

Aber die Schlange gaukelte Eva vor, dass sie sein würde wie Gott – souverän genug, um gut und böse zu erkennen – und von ihm dann unabhängig wäre.

Eva ließ wie so viele von uns außer Acht, Gott die Entscheidung zu überlassen. Sie versäumte es zu bedenken, ob ihre Haltung und ihr Handeln mit seinem Willen übereinstimmten. Das heißt: Wir Menschen müssen unsere Entscheidungen im Licht der Gebote Gottes bewerten, die Teil seines göttlichen Wesens sind. Eva hätte der festen Überzeugung sein müssen, dass Gott für sie absoluter Maßstab für gut und böse war – nicht sie selbst. Wenn wir uns dafür entscheiden, Gott zu gehorchen, machen wir gleichzeitig ihm gegenüber deutlich: „Du bist mir so wichtig, dass dein Wille in meinem Leben absolute Priorität hat. Du bist der souveräne Gott, dessen Wesen und Natur für mich festlegen, was richtig ist."

Wenn wir innehalten, die anstehende Entscheidung bedenken und dann unsere Haltung und unser Handeln mit Gottes Wesen und seinen Geboten vergleichen, verändert sich unsere Perspektive grundlegend. Lassen Sie uns das an einem Beispiel verdeutlichen. Angenommen, ich hätte gemeinsam mit einem Freund bei einem Deal eine Summe Bargeld verdient. Wenn ich den Betrag nun nicht auf der Steuererklärung angeben würde, wäre das eine Ersparnis von 2000 Euro. Mir wäre zwar bewusst, dass manche dies für Betrug halten, aber wieso könnte das in meinem konkreten Fall nicht zu rechtfertigen sein?

Ich könnte z. B. einwenden, dass die Regierung von mir ohnehin schon einen Batzen Geld bekommt. „Und übrigens wird in der Regierungshauptstadt viel zu viel Geld für unnütze Dinge ausgegeben, die in meinen Augen unproduktiv und unmoralisch sind. Zudem heizt die Haushaltspolitik die Inflation an und erhöht die Staatsverschuldung. Allein die Nachteile, die mir durch Politik erwachsen, sind gut und gerne 2000 Euro wert. Es ist schließlich nicht so, als würde ich meinen Freund betrügen. Er bekommt ja seinen Anteil am Geld. Darüber hinaus weiß ich von so vielen Christen, die auch nicht alle Einnahmen angeben. Daher sollte man es nicht auf die Goldwaage legen", so oder ähnlich könnten sich die Ausreden anhören.

Wenn wir bei unseren Handlungen und Überlegungen davon ausgehen, was wir für richtig halten, werden wir bemüht sein, uns dafür zu rechtfertigen. Wir reden uns dann ein, dass eine Handlung richtig ist, obwohl sie im Gegensatz zu Gottes Maßstäben steht. Dadurch reißen wir Gottes souveräne Herrschaft über Gut und Böse und das Festlegen der Maßstäbe dafür – die in seinem Wesen und seiner Natur begründet sind – an uns.

**Lesen Sie 3. Mose 19,11.13. Inwiefern entspringen diese Gebote dem Wesen Gottes?**

Gottes Forderung nach Wahrhaftigkeit entspringt seinem Wesen; und sein Wesen ist absolute Wahrheit. Sein Handeln ist identisch mit seinem wahrhaftigen Wesen. Gott erfüllt seine Verheißungen und hält seine Zusagen ein. Wenn wir seinen Maßstäben folgen, dann bekennen wir: Er ist souverän; er legt richtig und falsch auch bezüglich des Geldes und in jeder anderen moralischen Frage fest. Wenn wir unsere moralischen Entscheidungen im Licht des Wesens Gottes treffen, dann wird unsere Wahl kristallklar – ich muss, um bei diesem Beispiel zu bleiben, mich dazu entschließen, ehrlich gegenüber meinem Staat und seinen Finanzbehörden zu sein.

**In welchen Bereichen haben Sie bisher nicht nach Gottes Maßstäben gelebt? Welches Gebot Gottes haben Sie dabei übertreten?**

## 3. Üben, Gottes Willen zu folgen

Sich auch im Alltag zu Gottes Willen zu verpflichten, ist leichter gesagt als getan; es braucht viel Übung. Es bedeutet: Ich erkläre mich damit einverstanden, dass nicht mehr ich über mein Leben verfüge, sondern dass Gott darüber herrscht. Die Art und Weise, wie wir in unserer modernen Zeit Entscheidungen nach dem Motto treffen „Das ist für mich persönlich richtig“, gefällt vielen Menschen. Sie müssen so ihre Selbstbestimmung nicht aufgeben. Eine solche Einstellung erlaubt es uns, unsere Haltung und unser Handeln zu rechtfertigen – egal ob sie Gottes Natur und Wesen entsprechen oder nicht. Wenn wir unserer Moralvorstellung die letzte Entscheidungskompetenz übertragen, dann gibt uns das das Gefühl, sehr stark und unabhängig zu sein. Außerdem haben wir dann den Eindruck, wirklich moralisch zu handeln, weil wir jetzt keinen moralischen Richtgeist gegenüber anderen haben. Wir billigen jedem Menschen zu, seine eigenen moralischen Entscheidungen zu treffen, ohne dass wir darüber urteilen. Was könnte fairer sein?

Wenn wir so denken, betrügen wir uns selbst mit „rationalen Lügen“. Aber auch wenn wir unsere eigene Taktik durchschauen und zugeben, dass wir uns letztlich nur selbst im Blick haben, wird es uns nicht leichter fallen, Gottes Willen zum Maßstab unseres Lebens zu machen. Was wir tun, steht nämlich nur zu oft im Gegensatz zu dem, was wir eigentlich tun sollten. Unsere sündige Natur in uns rumort und möchte haben, was sie will, wann sie will.

**Lesen Sie Johannes 7,17. Was ist die erste Voraussetzung dafür, Gottes Willen zu tun?**

---

---

**Lesen Sie Kolosser 3,5. Welches Verhalten an uns sollen wir „töten“?**

---

---

Wir müssen uns von Lüsten und Wünschen abwenden, die nicht Gottes Heiligkeit entsprechen, und ihnen entsagen. Solche Haltungen und Handlungen erfreuen ihn nicht. Wenn wir unsere ichsüchtigen Wege verleugnen und bereit sind, ihm zu folgen, dann lieben wir ihn. Als Antwort darauf schenkt er uns die Kraft, in seinen Wegen zu wandeln.

## 4. Überall Gottes Schutz und Fürsorge erleben

Wenn wir demütig Gottes Souveränität anerkennen und ihm gerne Ehre bringen wollen, können wir nicht nur den Unterschied zwischen richtig und falsch erkennen, wir werden auch Gottes Schutz und Fürsorge immer deutlicher erleben.

Das bedeutet nicht, dass alles rosig wird. Tatsächlich sagt der Herr sehr deutlich, dass wir manchmal um der Gerechtigkeit willen leiden werden. Aber auch dieses Leiden hat seinen Lohn. Nach Gottes Willen zu leben, bringt reichen geistlichen Segen, wie zum Beispiel Freiheit von Schuld, ein reines Gewissen und Gottes Wohlgefallen an unserem Leben.

Wir kommen darüber hinaus in den Genuss von vielen physischen, emotionalen, psychischen und beziehungsmäßigen Vorteilen, wenn wir unser Leben Gottes Wegen überlassen. Natürlich sollten Gottes Schutz und seine Fürsorge nicht der Hauptgrund für unseren Gehorsam ihm gegenüber sein. Wir dienen Gott, weil wir ihn einfach lieben, ihm vertrauen und so sein möchten wie er. Aber die praktischen und geistlichen Vorteile, die er den Gehorsamen verheißt, sind sicher eine geistliche Ermutigung, das Richtige zu tun und das Falsche zu lassen.

**Lesen Sie Johannes 12,26. Was ist denen verheißen , die Jesus gehorsam nachfolgen?**

Adam und Eva scheiterten am 4-Ü-Prozess. Sie *überdachten* nicht ihre Entscheidung, *überließen* sie nicht Gott, *übten* sich nicht im Tun von Gottes Willen und konnten nicht *überall* seinen Schutz und seine Fürsorge erkennen. Noch heute leiden wir unter den Folgen ihrer schlechten Wahl.

**Gibt es Bereiche, wo Sie heute unter den Folgen falscher Entscheidungen leiden? Welche?**

Gott hat einen Weg geschaffen, um uns von ewigen Konsequenzen zu befreien; damit befassen wir uns im nächsten Teil. Aber als Nachfolger Christi müssen wir immer noch lernen, unserem natürlichen Hang zur Selbstbestimmung zu widerstehen und Gottes Wege zu wählen (überlegen, überlassen, üben und überall ihn sehen). Und wenn wir das tun, können wir die Freude erleben, die sich einstellt, wenn man eine innige Beziehung mit Gott hat und seinen Wegen folgt.

**Lesen Sie Psalm 37,5-6. Welche Zusage bekommen die Menschen, die nach Gottes Zusage leben möchten?**

Kapitel 3.4

# Praktische Beispiele, wie man die richtige Entscheidung trifft

Die Tatsache, dass Christus uns erlöst hat, bewahrt uns vor den bleibenden Folgen der Sünde (ewiger Tod und Trennung von Gott). Wir haben ewiges Leben mit Christus und all unseren Lieben, die ebenfalls die Vergebung ihrer Sünden in Jesus Christus angenommen haben. Andererseits bewahrt uns die ewige Erlösung nicht vor negativen Folgen, wenn wir hier auf Erden falsche Entscheidungen treffen. Als Christen haben wir Maßstäbe, denen wir folgen können. Im vorigen Kapitel haben wir in diesem Zusammenhang über den 4Ü-Prozess gesprochen. Um besser zu verstehen, was dieser Prozess beinhaltet, wollen wir uns im Folgenden zwei Fälle vornehmen, an denen wir die 4Üs praktisch werden lassen. Sie sind zugleich eine Anregung, sich mit Familie und Freunden im Gespräch auszutauschen und diesen Prozess im Alltag einzuüben.

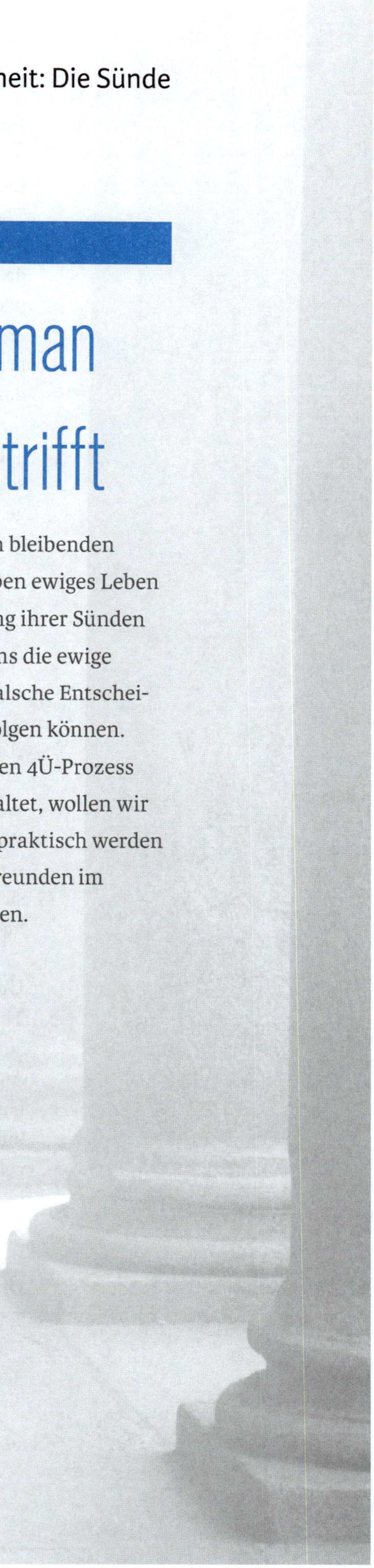

## Fallstudie Nr. 1. Ehrlichkeit

### Dein Verlust ist mein Gewinn

Thomas hatte sich im örtlichen Elektromarkt einen Ventilator gekauft. Als er ihn das erste Mal in Betrieb nehmen wollte und den Stecker einsteckte, funktionierte das Gerät nicht. Daraufhin löste er eine Schraube, nahm das Gehäuse ab und sah nach, ob irgendein Fehler im Inneren zu entdecken war. Als er nichts fand, schloss er das Gehäuse wieder, ohne die Technik angetastet zu haben. Anschließend brachte er den Ventilator zum Geschäft zurück und bat um Ersatz oder Erstattung des Kaufbetrages.

„Tut mir leid", sagte der Abteilungsleiter, „wir können den Ventilator nicht austauschen, denn er ist beschädigt worden. Man sieht ganz klar, dass an der Schraube gearbeitet worden ist. Solch ein Eingriff löst automatisch einen Kurzschluss aus."

„Ich versichere Ihnen", ließ sich Thomas nicht abweisen, „ich habe hier gar nichts beschädigt. Der Ventilator hat von vornherein nicht funktioniert."

„Ich kann leider nichts für Sie tun", antwortete der Mitarbeiter. „Wir können versuchen, den Ventilator zu reparieren, aber wir werden es Ihnen in Rechnung stellen müssen."

„Das geht gar nicht", erwiderte Thomas und verließ verärgert den Laden.

Wenige Wochen später war Thomas wieder im gleichen Elektronikmarkt; er hatte Ware im Wert von 100 Euro im Wagen. Auf dem Weg zum Auto sah er sich den Kassenzettel an und ging die einzelnen Posten noch einmal durch. Er sah, dass der Kassierer ihm 20 Euro zu wenig berechnet hatte. Wie sollte sich Thomas Ihrer Ansicht nach verhalten? Was würden Sie tun?

### Überlegen der Entscheidung

Thomas könnte den Fehler des Kassierers ohne Weiteres übersehen und einfach zur Tagesordnung übergehen. Er könnte den Fehler des Angestellten als eine Art Ausgleich für die unfaire Behandlung sehen, die er früher im selben Laden erfahren hatte. Er muss nun eine Entscheidung treffen, und daher ist es für Thomas wichtig, innezuhalten und zu überlegen, was richtig ist. Er könnte a) wieder in den Laden gehen und die 20 Euro nachbezahlen, die nicht berechnet wurden, oder er könnte b) die 20 Euro als Ausgleich für den Schaden einbehalten, der ihm von Seiten des Marktes vor einigen Wochen entstanden war.

### Übernehmen von Gottes Maßstäben

Thomas' natürlicher Impuls sagt ihm, dass er das Geld behalten sollte. Aber es wäre wichtig, innezuhalten und darüber nachzudenken, ob eine solche Entscheidung dem göttlichen Wesen entspricht und seinen Maßstäben gemäß ist. *Er könnte sich fragen: Was hätte Jesus getan, wenn der Elektromarkt ihn um Geld gebracht und sich anschließend zu seinen Gunsten verrechnet hätte.* Thomas muss bedenken, dass Gott selbst Wahrheit ist. Egal, wie die Umstände sind, Gott bleibt seinem Wesen treu, denn er ist der Maßstab alles Richtigen. Aus Gottes Wesen, seiner absoluten Wahrheit, kommt das Prinzip der Ehrlichkeit. Dazu gehört, dass man nicht jemanden um dessen Eigentum betrügen darf. Nach Gottes Maßstäben muss Thomas also die 20 Euro nachbezahlen.

## Üben, Gottes Willen zu folgen

Nun muss Thomas eine Entscheidung treffen. Aber er hat ein Problem: Unter normalen Umständen würde er das Geld ja zurückbringen, aber er betrachtet diese Situation als Sonderfall. Der Elektromarkt hatte ihm 50 Euro für die Reparatur des Ventilators „abgezockt". Wenn er jetzt 20 Euro einbehielte, brächte ihm das ein wenig Entschädigung. Und daher beruhigt sich Thomas innerlich, dass er ja berechtigt ist, das übrige Geld zu behalten. Er steckt es also ein und geht seiner Wege.

Hat Thomas Recht? Oder sucht er nur nach einer Rechtfertigung? Er möchte ja grundsätzlich ehrlich sein, aber wiegt in diesem Fall nicht die Profitgier des Marktes den Rechenfehler zu seinen Gunsten auf? Immerhin hat er jetzt etwas Entschädigung. Er ist um 20 Euro reicher und hat die innere Genugtuung, dass er dem Elektromarkt, der ihn so übers Ohr gehauen hat, eins auswischen konnte.

**Lesen Sie 1. Petrus 3,9.17. Um was hat Thomas sich durch sein Verhalten gebracht?**

________________________________________________

________________________________________________

Wenn wir diesen geistlichen Maßstäben folgen, dann wäre die Rückgabe des überschüssigen Wechselgeldes ein Segen für Thomas. Es hätte ihm auch ein reines Gewissen gegeben und ihn vor Schuldgefühlen bewahrt.

**Lesen Sie Sprüche 22,1. Worauf sollen wir danach mehr Wert legen als auf Geld?**

________________________________________________

________________________________________________

________________________________________________

Das Geld zurückzugeben bedeutet, dass man sich weiter einen ehrlichen Menschen nennen kann und sich nicht zu schämen braucht – das entgeht Thomas.

König David sagte, dass der Gerechte selbst dann zu seinem Wort steht, wenn es schmerzt (Ps 15,4).

**Lesen Sie 1. Korinther 6,7. Was ist besser, als in Streit mit anderen zu geraten?**

Paulus meinte, es sei besser betrogen zu werden, als zu betrügen. Obwohl Thomas der Ansicht war, dass der Elektromarkt sich ihm gegenüber nicht korrekt verhalten hat und die 20 Euro eine Entschädigung für dieses Unrecht gewesen sind, ist dennoch der Weg der Aufrichtigkeit auf lange Sicht zu Gottes Ehre und zu unserem Segen.

**Haben Sie Verständnis für Thomas' Verhalten? Wie hätten Sie an seiner Stelle entschieden?**

## Fallstudie Nr. 2: Barmherzigkeit

### Was kommt, das kommt

Petra, eine Angestellte der Kreditabteilung einer Bank, war an ihrem freien Tag im Supermarkt unterwegs, um einzukaufen. Dabei passierte es, dass eine Frau Petras Auto beim Beladen des Kofferraums mit ihrem Einkaufswagen einen Kratzer zufügte.

„Hallo, Sie haben mit Ihrem Einkaufswagen gerade einen dicken Kratzer in mein Auto gemacht."

„Wenn Sie nicht so dicht an meinem Auto parken würden, wäre das nicht passiert. Es ist nicht mein Problem. Sie sind selbst schuld."

„Einen Moment mal", entgegnete Petra. „So einfach geht das nicht. Geben Sie mir bitte Ihre Versicherungskarte."

„Da muss ich Sie enttäuschen", kam die Antwort, „meine Versicherung deckt diesen Schaden nicht." Die Frau ging schnell zu ihrem Auto und fuhr davon. In ihrer Aufregung vergaß Petra, das Autokennzeichen zu notieren.

Eine Woche später sollte die Bank über einen etwas grenzwertigen Privatkredit für einen Autokauf entscheiden; der Bankdirektor bat Petra, den Fall zu übernehmen. Die Antragstellerin nahm daraufhin gegenüber von Petra Platz, weil ihre Kreditwürdigkeit geprüft werden sollte. Als Petra der Frau gegenüber saß, erkannte sie plötzlich, dass diese Frau ihr die Schramme im Auto verursacht hatte. Die Frau erkannte Petra aber nicht.

## Überlegen der Entscheidung

Es wäre sehr verlockend, dieser Frau aus dem Ärger heraus den Kredit abzuschlagen. Die Frau hatte unverantwortlich gehandelt, war sehr unhöflich aufgetreten und hatte sich geweigert, den Schaden an Petras Wagen zu bezahlen. Petra stand jetzt vor der Wahl: gnädig sein und der Frau vergeben oder ihr einen Denkzettel verpassen. Wie würde sich Petra entscheiden?

**Wie würden Sie sich entscheiden? Warum?**

## Übernehmen von Gottes Maßstäben

**Lesen Sie folgende Verse und notieren Sie, welche Eigenschaften Gottes besonders hervorgehoben werden.**

**5. Mose 32,4:**

**Micha 7,18:**

**Psalm 107,1:**

**Epheser 2,4:**

**Wie müsste sich Petra laut diesen Versen entscheiden?**

## Üben, Gottes Wegen zu folgen

Petra sah sich mit folgendem Problem konfrontiert: Wenn sie dieser Frau einen Kredit gab, belohnte sie deren skrupel- und gnadenloses Verhalten. Hinzu kam, dass die Frau Petra nicht erkannte und sich nicht bewusst war, dass diese Entscheidung jetzt eine Art Rache war. Petra könnte den Kredit aus ihrer Verärgerung heraus verweigern, und niemand würde es bemerken.

Petra entscheidet sich, nicht nach eigenen Gefühlen zu urteilen, sondern in der Kreditvergabe strikt im Sinne der Bank zu handeln. Sie bespricht den Vorfall noch einmal mit ihrem Vorgesetzten, damit er die Sachlage objektiv beurteilen kann.

## Über allem Gottes Schutz und Fürsorge sehen

**Welche Verheißungen sind mit barmherzigem Verhalten verbunden?**

**Lukas 6,38** ____________________

____________________

____________________

**Matthäus 6,14** ____________________

____________________

____________________

Wenn Petra sich hier fair verhält, kann sie auf Gottes Segen bauen, dass er sie vor Not und Entbehrung bewahrt. Wenn wir aus Barmherzigkeit fair sind, bewahrt Gott uns außerdem vor Strafe und sichert uns Vergebung zu (vgl. Mt 6,14). Es ist relativ leicht, den Barmherzigen gegenüber barmherzig zu sein. Aber wir müssen wirklich in Gottes Maßstäben verankert sein, um denen Barmherzigkeit zu zeigen, die es nicht verdienen. Jesus sagte: *„Glückselig die Barmherzigen, denn ihnen wird Barmherzigkeit widerfahren"* (Mt 5,7).

Wir sind in Sünde geboren, und obwohl Jesus uns unsere Schuld vergibt, sind wir trotzdem mit den Begierden der sündigen Natur konfrontiert. Der 4Ü-Prozess ist eine Möglichkeit, um uns zu helfen, nicht dem natürlichen Impuls unsrer eigenen Natur, sondern Gottes Wegen zu folgen: Dadurch können wir mit Gottes Schutz und seiner Fürsorge rechnen.

Die Verbindung von Wohlverhalten und Segen, Gottes Schutz, darf nicht als Werkgerechtigkeit verstanden werden. Es geht hier nur darum, dass jede Sünde meine Gemeinschaft mit Gott beeinträchtigt. Wie Sünde in einer Familie das Verhältnis untereinander belastet, ist es auch in unserer Beziehung zu Gott.

**Lesen Sie 1. Johannes 1,9. Was verspricht Gott uns hier?**

Achten wir also darauf, jede bewusste Sünde sofort zu bekennen (1Jo 1,9), damit nichts unserer Gemeinschaft mit Gott und seinem Segen entgegensteht.

# Zusammenfassung der Wahrheiten 1-3

## Wahrheit 1

***Wir glauben*** der Wahrheit, dass ein unendlicher, persönlicher Gott existiert und dass es ausreichende Beweise gibt, um dieser Wahrheit vertrauensvoll zu glauben.

Gottes Existenz ist besonders deswegen für uns relevant, weil wir nach seinem Bild erschaffen wurden. Diese Ebenbildlichkeit ermöglicht uns, eine vertraute Beziehung mit anderen zu pflegen.

Wenn wir unsere Beziehungsfähigkeit, die Kompetenz, andere kennenzulernen und von ihnen kennengelernt zu werden, immer mehr begreifen, entdecken wir unsere wahre Identität als Kind eines wahren Gottes, der in seinem Wesen auf Gemeinschaft angelegt ist. Diese Entdeckung hilft uns zu verstehen, wer wir sind.

## Wahrheit 2

***Wir glauben*** der Wahrheit, dass die Bibel Gottes Offenbarung für uns ist, die uns wiederum sein Wesen enthüllt. Seinem Wesen entspringen seine Wege, nach denen wir aufgrund der Bibel unser Handeln und unsere Taten ausrichten sollen.

Weil die Bibel zuverlässig von einer Generation zur nächsten weitergegeben wurde, können wir fest darauf vertrauen, dass sie eine genaue Offenbarung von Gott und seiner Wahrheit ist.

Wenn wir Gottes Wegen folgen und die Wahrheit der Heiligen Schrift umsetzen, können wir Gottes Schutz und seine Fürsorge erleben und das Leben der Freude führen, das er für uns gedacht hat.

## Wahrheit 3

***Wir glauben*** der Wahrheit, dass Gott Menschen geschaffen hat, um in einer liebevollen Gemeinschaft mit ihm zu leben, und dass diese Beziehung durch die erste Sünde zerstört wurde.

Die Sünde wurde an die gesamte Menschheit weitergegeben, und in der Folge wurden alle als geistlich tot geboren und waren ohne Hoffnung, bei Gott Gunst zu empfangen. Wir glauben dieser Wahrheit mit festem Vertrauen, weil wir in der Geschichte die verheerenden Folgen der Sünde erkennen.

Unsere sündige Natur treibt uns an, unseren eigenen Wegen zu folgen. Wenn wir unserer sündigen Natur widerstehen, unsere Taten und Einstellungen mit den Gedanken Gottes vergleichen und seine Maßstäbe für unser Leben übernehmen, dann schenkt er uns die Kraft, Entscheidungen nach seinem Willen zu treffen. Richtige Entscheidungen helfen uns, Gottes Schutz und Fürsorge zu erleben.

Der christliche Glaube beinhaltet die Wahrheit, dass ein Schöpfergott existiert, der Gemeinschaft mit uns wünscht und sich durch sein zuverlässiges Wort offenbart, und dass Sünde die Beziehung zwischen Gott und Mensch zerstört hat. Wenn die Menschheitsgeschichte an diesem Punkt geendet hätte, wäre das unfassbar tragisch. Aber die Geschichte endet zum Glück nicht hier. Anhand der Wahrheit der Menschwerdung Gottes wird deutlich, wie die Lösung für das große menschliche Dilemma von Sünde und Tod aussieht.

4. Wahrheit:

# Gott wurde Mensch

Kapitel 4.1

# Wir lehnten Gott ab – Gott nahm uns an

„Jetzt baust du aus den Klötzchen ein Haus, Joslin“, forderte mich meine Lehrerin auf, als ich in der zweiten Klasse war. Dabei stampfte sie unüberhörbar mit dem Fuß auf den Boden und schwang das Lineal furchterregend in der rechten Hand. Bei Frau Lenhard musste ich (Josh) an einem kleinen Tisch mit Klötzchen Platz nehmen, damit sie mir eine extra Lehrstunde erteilen konnte – nämlich im Umgang mit meiner rechten Hand.

Ich war Linkshänder, und meine Lehrerin setzte alles dran, das zu ändern. Sobald ich meine linke Hand bewegte, schlug sie mit dem Lineal drauf und sagte: „Stopp – erst überlegen. Nimm die rechte Hand.“ Ich war völlig verwirrt und hatte Angst. Ich folgte doch nur meinem natürlichen Trieb, aber das wurde jetzt vehement bestraft. Dieses Erlebnis hatte große Auswirkungen auf mein Selbstwertgefühl. Ich fing an, mich als jemand zu sehen, bei dem nicht alles „normal“ war – vergleichbar mit zweiter Wahl im Handel.

Diese traumatischen Erfahrungen waren auch der Grund dafür, dass ich einen Sprachfehler entwickelte. Immer wenn ich ängstlich, schüchtern oder müde war – zumeist in der Schule -, begann ich zu stottern. Das wiederum war mir natürlich äußerst peinlich. In der fünften Klasse sollte ich zum Beispiel die berühmte *Gettysburg Rede* von Abraham Lincoln auswendig aufsagen. Als ich aufstand, war ich aber so nervös, dass ich anfing zu stottern. Vor der ganzen Klasse korrigierte mich dann der Lehrer: „Los, los, los, sag es. Hör auf zu stottern und sag es endlich." Diese Demütigung vor allen meinen Freunden ließ mich unter Tränen aus dem Klassenzimmer rennen.

Da meine Eltern selbst nur zwei Jahre in der Schule gewesen waren, war ihre englische Grammatik schlecht. Daher war ich natürlich auch keineswegs sprachsicher. Das Bemühen der Englischlehrer, mir korrekte Grammatik zu vermitteln, fruchtete zunächst nicht viel. Doch irgendwie habe ich es dann doch geschafft, mich zu verbessern. Am College sollte mir meine schlechte Ausdrucksweise von zu Hause zum Verhängnis werden, und ich wurde wiederum zur Lachnummer. Vor der ganzen Klasse zu reden, war für mich der blanke Horror. Im Grundkurs Englisch fragte mich meine Lehrerin: „Wo ist Bob?", und ich antwortete: „Ihn geht es nicht gut." Vor dem ganzen Kurs korrigierte sie mich: „McDowell, es heißt: ‚*Ihm* geht es nicht gut.'" Ich habe sie ganz verblüfft angesehen und mich gefragt, warum man nicht „ihn" sagen kann. Solche Erlebnisse verstärkten in mir das Gefühl, irgendwie minderwertig und als Mensch völlig inakzeptabel zu sein.

**Gibt es bei Ihnen Dinge, für die Sie sich schämen oder die Sie an Ihrem Selbstwert zweifeln lassen? Welche?**

## Das akzeptieren, was nicht akzeptiert wird

*Wir haben Gott abgelehnt, aber er nimmt uns trotzdem an.*

Wahrscheinlich fühlten sich Adam und Eva genauso, nachdem sie gesündigt hatten. Zunächst besaßen sie eine wunderbare Beziehung mit Gott im Garten Eden. Es gab dort keinen Hunger, keine Habgier, keine Furcht oder Schmerzen, da Gottes heilige Gegenwart reinste Vollkommenheit bedeutete. Doch nachdem sie gesündigt hatten, wurden sie aus diesem Garten verbannt.

Vorbei war es mit ihrer Reinheit – sie waren jetzt schuldig. Sie hatten keine Freude mehr an Gottes Gegenwart – sie empfanden Furcht und Scham. Statt Gottes Güte und Fürsorge zu genießen, mussten sie den unter der Sünde verfluchten Ackerboden bestellen und hart arbeiten, um sich ernähren zu können. Sie fühlten sich durch die Sünde einsam, nicht annehmbar für Gott.

Aber wie fühlte Gott sich? Empfand er Zorn, verspürte er den Drang nach Rache? Wollte er nie wieder etwas mit der menschlichen Kreatur zu tun haben, die sich so gegen ihn erhoben hatte?

**Lesen Sie 1. Mose 6,6. Was empfand Gott angesichts der Sünde des Menschen?**

Statt Zorn empfand Gott Kummer und Traurigkeit. Von Generation zu Generation musste er zusehen, wie seine geliebten Menschen ein Leben in Sünde und Rebellion lebten.

**Wie beurteilt Gott die Menschen in folgenden Stellen?**

**1. Mose 8,21:**

**Psalm 14,2-3:**

Unter Kummer sah er, wie alle Generationen immer wieder sündigten und unter den Folgen dieser Sünde litten. Er war dabei, als wir in diese Welt geboren wurden – in eine Welt, in der er mit den ersten Menschen einst in vollkommener Gemeinschaft gelebt hatte. Doch statt uns abzulehnen, nimmt er uns trotz Sünde an. Er sehnt sich danach, mit Ihnen, mit mir und allen Menschen um uns herum auf die gleiche vertraute Weise in Beziehung zu stehen, wie es einst mit Adam und Eva war. Er möchte an uns Gefallen haben und sich an uns erfreuen. Er möchte in unseren Augen die Freude und das Glück sehen, das nur seine Liebe und sein Leben bringen kann. Aber das ist nicht möglich, weil die Sünde uns vom Augenblick unserer Zeugung an vom wahren Leben – das wir nur in ihm finden – getrennt hat. Obwohl er uns bedingungslos liebt, kann sein heiliges Wesen unser ichsüchtiges Leben nicht hinnehmen. Jeder von uns ist in Adams und Evas Fußstapfen getreten: Indem wir selbstsüchtig unsere eigenen Wege gehen, statt seinen heiligen Wegen zu folgen, sind wir seine Feinde geworden.

Was hat Gott daher getan? Er selbst ergriff die Initiative. Wir sind diejenigen, die ihn verzweifelt brauchen, haben ihn aber nicht gesucht. Dabei hätten wir von uns aus um Hilfe rufen sollen. Doch der vollkommene Gott, der selbst nichts braucht, erfüllt allen Bedarf hier auf Erden.

**Lesen Sie Apostelgeschichte 17,25. Was hat jeder Mensch von Gott empfangen?**

Wir haben ihn abgelehnt, aber er will immer noch Gemeinschaft mit uns. Er kommt auf uns zu, damit wir in der persönlichen Beziehung mit ihm Freude finden. Er möchte unsere Freude zur Vollkommenheit führen.

Daher ist Gott in die Welt gekommen, um den Fluch von Sünde und Tod zu vernichten, der über uns herrscht.

**Lesen Sie Johannes 1,14. Was offenbart Gott in Jesus Christus?**

**Lesen Sie Hebräer 2,14. Warum ist Jesus Christus Mensch geworden?**

*Wir glauben an die Wahrheit, dass Gott Mensch wurde. Dadurch nahm er uns bedingungslos an. Er sandte Jesus, geboren von der Jungfrau Maria, um uns zu erlösen und die Gemeinschaft zwischen uns und sich wieder herzustellen.*

Nur der Sohn des lebendigen Gottes konnte die Macht des Todes aus der Hand des Erzfeindes Satan entreißen. Nur so konnte Gott wieder in eine persönliche Verbindung mit seinen Kindern treten.

Die Menschwerdung ist das Wunder, dass Gottes Sohn menschliche Gestalt annahm.

Indem Gott in Jesus Christus Mensch wurde, sagt er zu uns: „Ihr habt euch vielleicht von mir abgewandt, aber ich wende mich nicht von euch ab. Ihr seid mir so wichtig, dass ich alles unternehme, um wieder in einer persönlichen Beziehung mit euch zu leben. Ich komme in die Welt und werde wie ein Mensch, um euch von dem todgeweihten Leben und der ewigen Einsamkeit ohne mich zu erlösen.“ Um wieder in eine persönliche Verbindung mit den Menschen zu treten, sandte Gott nicht einfach einen Propheten oder einen Engel; er tat das Äußerste – er schenkte sich selbst.

Kapitel 4.2

# Der Beweis, dass Gott Mensch wurde, um uns zu erlösen

Jedes Jahr feiern Menschen in der ganzen Welt Weihnachten. An diesem Tag wird an einen Geburtstag gedacht, der seit Jahrhunderten begangen wird. Tausende lesen und hören die Weihnachtsgeschichte, in der es heißt: *„... und sie gebar ihren erstgeborenen Sohn und wickelte ihn in Windeln und legte ihn in eine Krippe, weil in der Herberge kein Raum für sie war“* (Lk 2,7).

Jahr für Jahr begehen wir dieses Fest. Wir verkündigen die wundersame Menschwerdung Gottes, der wie wir wurde. Wir verkündigen einen Gott, der voller Liebe und Erbarmen ist, der in diese Welt kam, um uns zu erlösen. Die Bibel sagt, Gott *„wurde Fleisch und wohnte unter uns“* (Joh 1,14). Doch wie können wir wirklich wissen, dass er tatsächlich gelebt hat, um uns sein Erbarmen und seine Liebe zu bezeugen?

Diese Frage mag zynisch erscheinen, aber Tatsache ist: Gott selbst möchte uns Gewissheit darüber geben, dass er wirklich auf die Erde kam, um uns zu erlösen. Daher sandte er einen Engel mit der Botschaft zu den Hirten: *„Fürchtet euch nicht, denn siehe, ich verkündige euch große Freude, die für das ganze Volk sein wird: denn euch ist heute in der Stadt Davids ein Erretter geboren, welcher ist Christus, der Herr“* (Lk 2,10-11).

Gott wollte den Menschen zu jener Zeit versichern, dass Marias neugeborenes Kind der Sohn Gottes ist – das höchste Wesen des Universums kam selbst, um uns zu erlösen. Gott möchte heute, dass wir mit fester Überzeugung glauben: Sein Sohn Jesus, der vor 2.000 Jahren geboren wurde, ist wirklich der Erlöser.

Gott gab Maria ein Zeichen – durch ihre Jungfrauengeburt, dass sie den Gott-Mensch zur Welt bringen würde. Er gab den Hirten ein Zeichen – durch die Botschaft des Engels, dass der Erlöser in einer Krippe geboren würde. Er gab den Weisen ein Zeichen – durch den Stern, der vor ihnen herzog, dass der Sohn Marias tatsächlich der König der Könige war. Uns hat er sein Wort gegeben, damit wir diese geschichtliche Person Jesus als den wahrhaftigen Sohn Gottes identifizieren können, der *„die Sünde der Welt wegnimmt"* (Joh 1,29).

Jesus von Nazareth, der vor 2.000 Jahren in Judäa geboren wurde, ist die historische Person, die beansprucht, Gottes Sohn zu sein. Sein Anspruch war einzigartig. Kein anderer als der menschgewordene Eine war in der Lage, die Menschheit zu erlösen. Dieser Anspruch war zentral bei allem, was er lehrte und tat. Daher ist die Frage grundlegend, ob sein Anspruch gültig ist; denn nur der Sohn Gottes kann das Problem von Sünde und Tod lösen. Der Glaube an ihn als den menschgewordenen Gott ist der springende Punkt.

**Welchen Anspruch erhob Jesus Christus nach den Bibelstellen unten?**

**Johannes 8,23-24**

**Johannes 14,6**

Aber wenn Jesus nicht der Sohn Gottes wäre, dann wäre auch sein Erlösungsangebot ein Betrug und eine Lüge. Sein Anspruch auf Göttlichkeit ist daher von grundlegender Bedeutung, wenn wir an die Erlösung durch ihn glauben und ihm vertrauen wollen.

## Gott, Lügner oder Geisteskranker

Einige sind der Meinung, dass Jesu Anspruch auf Gottessohnschaft eigentlich unrelevant sei. Ihrer Ansicht nach sind es die *Lehren Jesu*, auf die es ankommt – liebe deinen Nächsten, gib den Hungrigen, mach diesen Planten zu einem besseren Ort usw. Sie verweisen auf Jesus als großen Sittenlehrer und setzen seinen Anspruch auf Gottheit herab. Aber die Dinge, die Jesus über sich selbst sagte, konnten nicht lediglich von einem Sittenlehrer stammen. C. S. Lewis (1898-1963), Professor für Literaturwissenschaft in Cambridge und einst Agnostiker, erkannte diesen Punkt ganz klar:

Ich möchte ( ... ) jedermann vor dem wirklich dummen Einwand bewahren, er sei zwar bereit, Jesus als großen Morallehrer anzuerkennen, aber nicht seinen Anspruch, Gott zu sein. Denn gerade das können wir nicht sagen. Ein Mensch, der solche Dinge sagt, wie Jesus sie gesagt hat, wäre kein großer Morallehrer. Er wäre entweder ein Irrer – oder der Satan in Person. Wir müssen deshalb entscheiden. Entweder war – und ist – dieser Mensch Gottes Sohn, oder er war ein Narr oder Schlimmeres. Wir können ihn als Geisteskranken einsperren, wir können ihn verachten oder als Dämon töten. Oder wir können ihm zu Füßen fallen und ihn Herr und Gott nennen. Aber wir können ihn nicht mit gönnerhafter Herablassung als einen großen Lehrer der Menschheit bezeichnen. Das war nie seine Absicht; diese Möglichkeit hat er uns nicht offengelassen.[1]

**Worin sieht C. S. Lewis das Problem, Jesus „als großen Morallehrer anzuerkennen"? Erklären Sie.**

Jesu Behauptung, Gott zu sein, konfrontiert uns mit zwei Alternativen: Entweder ist sein Anspruch wahr oder er ist falsch. Wenn aber dieser Anspruch falsch ist, dann werden wir mit zwei weiteren Optionen konfrontiert (siehe Diagramm).

**Jesus erhebt den Anspruch, Gott zu sein[2]**

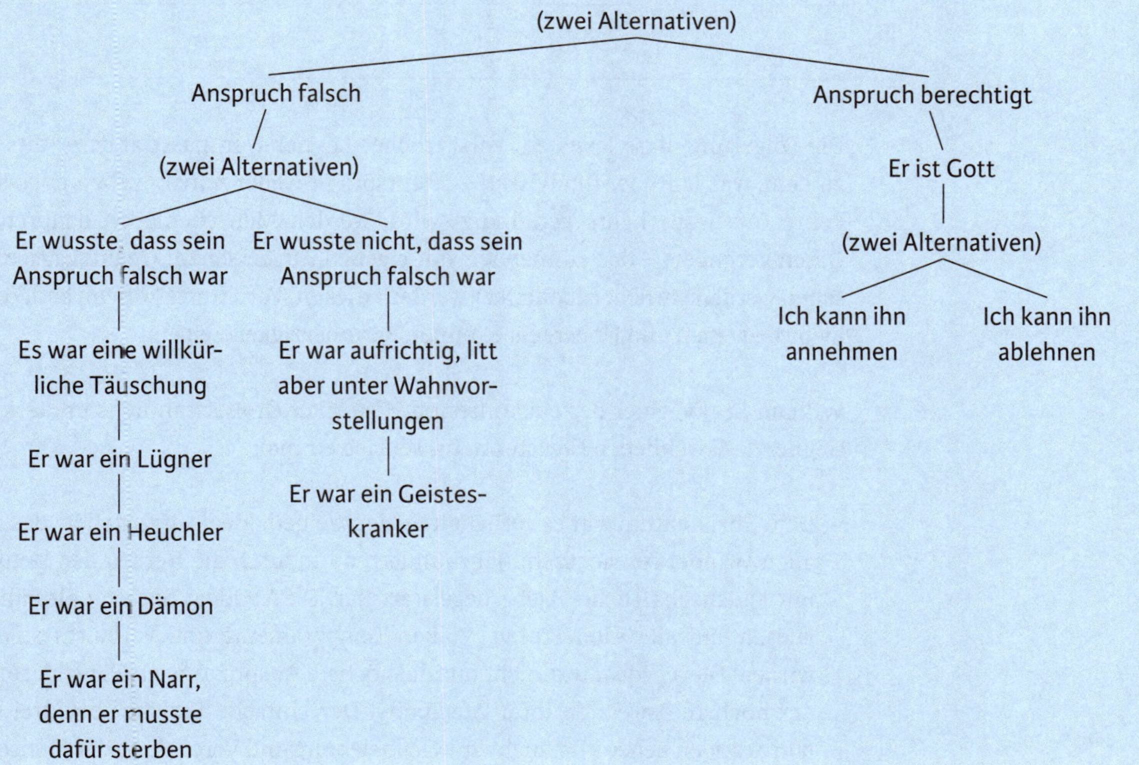

Wir wollen uns zuerst die Möglichkeit ansehen, dass Jesu Anspruch der Gottessohnschaft falsch war. Daraus würden sich zwei Möglichkeiten ergeben: Entweder wusste er, dass der Anspruch falsch war, oder er wusste es nicht.

## War er ein Lügner?

Wenn Jesus den Anspruch erhob, Gott zu sein, und wenn er wusste, dass er nicht Gott war, dann war er ein Lügner und hat seine Nachfolger wissentlich getäuscht. War er aber ein Lügner, dann war er auch ein Heuchler – denn andere forderte er auf, ehrlich zu sein, egal was es auch koste. Viel schlimmer noch: Wenn er ein Lügner war, dann war er darüber hinaus ein Dämon, denn er forderte andere auf, sich ihm für ihr ewiges Schicksal anzuvertrauen. Hätte er dies wider besseres Wissen getan, wäre er unsagbar böse gewesen, weil er seine Nachfolger mit einer falschen Hoffnung betrog. Letztlich wäre er auch ein Narr gewesen; denn sein Anspruch, Gott zu sein, brachte ihn ans Kreuz. Hätte er diese Behauptung zurückgenommen, sogar noch in letzter Minute, hätte er sich retten können.

Wie könnte Jesus daher als ein großer Morallehrer gelten, wenn er nicht wirklich Gott war? Es hieße doch, dass er andere bezüglich der Kernfragen seiner Lehre – an ihn als den Sohn Gottes zu glauben – bewusst in die Irre geführt hätte.

**Lesen Sie Johannes 8,46. Wie reagieren die Juden auf diese Aufforderung Jesu?**

---

---

Die Folgerung, dass Jesus ein vorsätzlicher Lügner war, passt andererseits nicht zu dem, was wir über ihn wissen – es entspricht weder seinem Leben noch seiner Lehre. Wo Jesus heute verkündigt wird, werden Menschenleben dadurch zum Guten verändert – das können wir mit eigenen Augen sehen: Unaufrichtige Menschen werden ehrlich, Alkoholiker werden trocken, Verbitterte können anderen mit Liebe begegnen und Ungerechte können Barmherzigkeit zeigen.

William Leaky, einer der bekanntesten Historiker Großbritanniens und erklärter Gegner des kirchlichen Christentums, schrieb einmal:

> Dem Christentum war es vorbehalten, der Welt ein Ideal vorzustellen, das durch allen Wandel von achtzehn Jahrhunderten hindurch die Herzen der Menschen mit leidenschaftlicher Liebe begeistert hat. Dieses Ideal hat sich als fähig erwiesen, auf alle Altersstufen, Völker, Temperamente und Verhältnisse einzuwirken. Dieses Ideal war nicht nur die höchste Ausprägung an Tugend, sondern der höchste Anreiz zu ihrer Ausübung. Der einfache Bericht über drei kurze Jahre tätigen Lebens hat mehr zur Neubelebung und Veredelung der Menschheit

beigetragen, als alle Abhandlungen der Philosophen und alle Ermahnung der Sittenlehrer.[3]

**Worin sieht Leaky eine Bestätigung des hohen moralischen Charakters Jesu?**

## War er geisteskrank?

Wenn es also undenkbar ist, dass Jesus ein Lügner war, hätte er sich dann nicht aber *irrtümlicherweise* für Gott halten können? Es ist ja durchaus möglich, zugleich aufrichtig zu sein und sich zu irren.

Wir müssen uns jedoch darüber im Klaren sein, dass es kein gewöhnlicher Irrtum ist, wenn sich jemand für Gott hält (besonders in einer Kultur wie der jüdischen, die entschieden monotheistisch ist) und er andere auffordert, ihr ewiges Schicksal vom Glauben an ihn abhängig zu machen. Es könnten die wahnhaften Ideen eines Geisteskranken sein. War Jesus Christus eine solche Person?

Wenn heute jemand behauptete, Gott zu sein, würden wir ihn behandeln wie jemanden, der sich für Napoleon hält. Wir gingen davon aus, dass er verwirrt ist und sich selbst täuscht. Wir würden von einer Geistesstörung ausgehen und den Betreffenden in eine Klinik einweisen, damit er sich und anderen keinen Schaden zufügen kann. Doch bei Jesus finden wir keinerlei Hinweise auf ein auffälliges Verhalten, das mit Geisteskrankheiten einhergeht. Seine innere Stabilität und Ausgeglichenheit passen nicht dazu.

Noyes und Kolb, herausragende Psychiater, beschreiben in ihrem Lehrbuch *Modern Clinical Psychiatry* den Schizophrenen als eine Person, die eher autistisch in sich gefangen ist, als dass sie den Kontakt zur Wirklichkeit pflegt. Der Schizophrene möchte vor der Wirklichkeit fliehen. Die Behauptung, Gott zu sein, könnte man in diesem Fall sicher als Flucht aus der Realität bezeichnen.

**Lesen Sie Johannes 10,21. Was antworten die Menschen, als einige Jesus vorwerfen, von Sinnen zu sein?**

Im Licht all dessen, was wir über Jesus wissen, ist es kaum vorstellbar, dass er eine psychische Störung hatte. Die Worte, die von ihm überliefert sind, suchen ihresgleichen an Tiefe. Seine Prinzipien für unser Handeln haben viele Menschen aus geistiger Gebundenheit befreit.

Clark Pinnock, emeritierter Professor für Systematische Theologie am *McMaster Divinity College,* fragt: „War er größenwahnsinnig, umnachtet, ein unbewusster Betrüger, ein Schizophrener? Wiederum, seine Fähigkeiten und die Tiefe seiner Lehre sprechen für seine völlige geistige Gesundheit. Wären wir nur so gesund wie er!"[4]

Der Psychologe Gary R. Collins erklärt,

> dass Jesus voller Liebe war, aber er ließ nicht zu, dass sein Mitgefühl ihn lähmte. Er hatte kein aufgeblasenes Ego, auch wenn er oft von begeisterten Menschenmassen umgeben war. Er blieb ausgeglichen trotz seines fordernden Lebensstils. Er wusste immer, was er tat und wohin er ging. Er nahm intensiv Anteil am Leben anderer Menschen – einschließlich Frauen und Kinder, die bis dahin als unwichtig angesehen worden waren. Er konnte Menschen annehmen, ohne ihre Sünde einfach abzutun. Er ging auf die Menschen entsprechend ihrer persönlichen Nöte und Bedürfnisse ein. Alles in allem kann ich nirgendwo einen Anhaltspunkt dafür sehen, dass Jesus an einer Geisteskrankheit litt. Er war viel gesünder als jeder, den ich kenne – mich eingeschlossen.[5]

**Was spricht für Sie gegen die Annahme, dass Jesus geisteskrank war?**

## War er Herr?

Es wird deutlich, dass man sich sehr anstrengen muss, um in Jesus einen Lügner oder Geisteskranken zu sehen. Die einzig verbleibende Alternative ist: Jesus war – und ist – der Christus, der Sohn Gottes – wie er es behauptet hat. Doch trotz aller Logik und aller Beweise scheinen viele Menschen diesen Schluss nicht zu akzeptieren.

In seinem Buch *Der Da Vinci Code* schreibt Dan Brown: „Indem Konstantin offiziell erklärte, dass Jesus der Sohn Gottes sei, wurde er zu einer Gottheit gemacht, die über dem Bereich der menschlichen Welt existierte, zu einem Wesen mit unanfechtbarer Macht."[6] Browns Roman propagiert die Idee, dass die Gottheit Jesu eine Erfindung des Konzils von Nicäa sei. Das ist aber eindeutig *nicht* der Fall.

**Lesen Sie folgende Stellen. Was sagt Jesus von sich?**

**Johannes 10,30:**

**Johannes 14,9:**

**Lesen Sie Johannes 20,28. Wie redet Thomas Jesus an?**

**Lehnt Jesus diese Anrede ab?**

Die Schriften des Neue Testaments sind die wichtigste historische Informationsquelle über Jesus, da diese Dokumente im ersten Jahrhundert entstanden sind. Sie wurden nur wenige Jahrzehnte nach den Ereignissen um Jesus niedergeschrieben, aber mehr als 200 Jahre vor dem Konzil von Nicäa. Während diese Dokumente von verschiedenen Verfassern mit unterschiedlichen Anliegen niedergeschrieben wurden, haben sie doch alle ein klares Thema: *Christus ist Gott.*

Die Kirchenväter vor dem Konzil von Nicäa waren frühchristliche Autoren mit einer großen Zeitnähe zu den Ereignissen des Neuen Testaments (ca. 100 n. Chr.), aber mit einem großen Abstand zum Konzil von Nicäa (325 n. Chr.). Ihre Schriften belegen zusätzlich die Tatsache, dass man Jesus lange vor dem Konzil von Nicäa als göttlich betrachtete. Zu den Vertretern dieser Lehre gelten *Justin der Märtyrer, Ignatius von Antiochien* und *Irenäus von Lyon.* Sie ließen keinen Zweifel an seiner Göttlichkeit. Hier sind einige Aussagen aus antiken Werken:

*Ignatius von Antiochien* (110 n. Chr.): „Eingeborener Gott ... Gott erscheint in menschlicher Gestalt.“[7]

*Justin der Märtyrer* (100-165 n. Chr.): „Als das erstgeborene Wort Gottes, ist Jesus auch Gott.“[8]

*Irenäus von Lyon* (177 n. Chr.): „Der Vater ist Gott, und der Sohn ist Gott, denn der, der von Gott geboren ist, ist Gott.“[9]

Wahrscheinlich stammt der überzeugendste Beweis dafür, dass Jesus schon vor dem Konzil von Nicäa als göttlich betrachtet wird, von nichtchristlichen Autoren. Der griechische Satiriker *Lucian von Samosata* (170 n. Chr.), der römische Philosoph *Celsus* (177 n. Chr.) und der römische Senator *Plinius der Jüngere* (112 n. Chr.) schreiben deutlich, dass die frühen Christen von der Göttlichkeit Jesu ausgingen. Plinius verfolgte Christen, weil diese an Jesu Göttlichkeit glaubten. Er bestätigte: „Sie trafen sich regelmäßig vor Sonnenaufgang an einem bestimmten Tag, um im Wechsel untereinander Verse zur Ehre von Christus zu singen, als ob dieser Gott sei.“[10]

Aufgrund dieser und vieler anderer Tatsachen kommen die Autoren von *Reinventing Jesus* zu dem Schluss: „Der Gedanke, dass Konstantin dazu in der Lage war – oder auch nur die Absicht hatte –, das Konzil dahingehend zu manipulieren, etwas als Glauben anzunehmen, was nicht bereits Konsens war, ist bestenfalls ein törichter Gedanke."[11] Die Folgerung ist eindeutig: Jesus galt lange von dem Konzil von Nicäa als göttlich.

Bei den drei Optionen bezüglich Jesus (Lügner, Geisteskranker oder Gott) ist nicht die Frage, was möglich ist. Möglich wären letztendlich alle drei. Vielmehr geht es um die Frage: „Welche Option ist am wahrscheinlichsten?" Wir können Jesus nicht – wie viele Menschen es tun wollen – allein als großen Sittenlehrer oder Propheten bewundern – das wäre einfach zu kurz gegriffen. Er ist entweder ein Lügner, ein Geisteskranker, oder er ist Herr und Gott. Wir müssen eine Entscheidung treffen, die weit mehr ist als lediglich ein intellektuelles Gedankenspiel.[12]

**Lesen Sie Johannes 20,31. Was nennt der Apostel Johannes als den Zweck seines Evangeliums?**

## Jesus erhob den Anspruch, Gott zu sein

Manche gehen heute so weit zu behaupten, Jesus Christus habe nie wirklich beansprucht, der Sohn Gottes zu sein. Er habe sich nur als *„Sohn des Menschen"* bezeichnet, was den Anspruch auf Göttlichkeit ausschließe. Aber diese Position ist ganz einfach falsch. Jesus hat behauptet, der Sohn Gottes zu sein. Seine Identität war zentral für seine Botschaft.

**Lesen Sie Johannes 5,18. Welchen Anspruch erkannten die Juden darin, dass Jesus Gott seinen Vater nannte?**

Nach dem neutestamentlichen Bericht machte Jesus wiederholt klar, dass er der einzigartige Sohn Gottes ist. Diese Äußerung blieb bei den religiösen Führern seiner Zeit nicht ungehört. Sondern sie war der Grund, warum sie ihn gefangennehmen wollten und warum er schließlich sterben musste.

Bei mehr als einer Gelegenheit war Jesu klares Bekenntnis zu seiner Göttlichkeit der Anlass, dass die Juden ihn steinigen wollten.

**Lesen Sie Johannes 8,56-59. Was nimmt Jesus hier für sich in Anspruch?**

**Lesen Sie Johannes 10,33. Welche Anschuldigung bringen die Juden gegen Jesus vor?**

**Lesen Sie Markus 2,5-7. Warum löst es bei den religiösen Führern Zorn aus, dass Jesus Sünden vergibt?**

In den Tagen kurz vor seinem Tod machte Jesus selbst noch einmal vor dem hohen Rat seine Position deutlich: *„Wieder fragte ihn der Hohepriester und spricht zu ihm: Bist du der Christus, der Sohn des Hochgelobten? Jesus aber sprach: Ich bin es!“* Aufgrund dieser Aussage heißt es dann: *„Sie verurteilten ihn aber alle, dass er des Todes schuldig sei“* (Mk 14,61-64).

Alles, was Jesus tat und sagte, wies auf seine Stellung als Gott und Messias hin; alles bekräftigte, warum er auf diese Erde gekommen war. Wenn Jesus also nicht der wäre, der er beanspruchte zu sein, dann wären seine Lehren entweder die Wahnvorstellungen eines Geisteskranken – der sich selbst aufrichtig für Gott hielt (es aber in Wirklichkeit nicht war) – oder die Worte eines Lügners – der genau wusste, dass er nicht Gott war und die Unwahrheit sagte.

Wir können sicher sein, dass er der Herr ist. Er ist der fleischgewordene Sohn des wahren und einzigen Gottes des Universums, der gesagt hat: „Ich bin der Herr und sonst ist keiner“ (Jes 45,6), und: *„Du sollst keine anderen Götter haben neben mir“* (2Mo 20,3).

Wenn wir diese drei obigen Optionen zugrunde legen, dann ist es nur vernünftig zu schließen: Jesus ist der Herr. Aber wir haben noch einen größeren Beweis für seine Gottheit. In den Kapiteln 5.2 und 6.2 werden wir die weitere Beweisführung sehen.

## Jesus wurde von einer Jungfrau geboren

Lange bevor es irgendein geschriebenes Wort gab, bevor jemand überhaupt vom Messias gehört hatte, gab Gott im Garten Eden einen Hinweis, wie der Sohn Gottes geboren werden sollte.

**Lesen Sie 1. Mose 3,15. Wo können Sie in diesem Vers einen Hinweis auf die Jungfrauengeburt erkennen?**

Die Worte *„zwischen dir und der Frau“* stehen sowohl *einzigartig* als auch *prophetisch* da. Wir wollen jetzt darlegen, warum das so ist.

Es ist höchst bedeutsam, dass 1. Mose 3,15 sich ausdrücklich auf die Nachkommen der Frau und nicht die des Mannes bezieht. Der natürliche Fortpflanzungsprozess mit Zeugung und Geburt erfordert die Eizelle der Frau und die Samenzelle des Mannes. Eizelle und Spermium sind die „Samen“ beider Geschlechter; sie sind notwendig, damit ein Mensch geboren werden kann. Als Gott der Schlange ankündigte, dass sie vom Samen der Frau zertreten würde, bezog er sich auf einen übernatürlichen Prozess: Satan würde besiegt durch eine Person, die nur vom Samen einer Frau gezeugt ist – ohne dass der Same des Mannes dabei erforderlich sein würde.

Die Heilige Schrift sagte noch an anderer Stelle diesen übernatürlichen Prozess voraus: *„Darum wird der Herr selbst euch ein Zeichen geben: Siehe, die Jungfrau wird schwanger werden und einen Sohn gebären und wird seinen Namen Immanuel nennen“* (Jes 7,14).

Was für eine hervorstechende Formulierung: *„Die Jungfrau wird schwanger werden.“* Von Natur aus werden Jungfrauen nämlich nicht schwanger. Denn zur Empfängnis bedarf es des weiblichen *Ovums* (Ei) sowie des männlichen *Spermiums* (Samen), die miteinander verschmelzen und eine neue Zelle bilden, die sogenannte *Zygote*. Die *Zygote* nistet sich dann in der Schleimhaut des *Uterus* ein. Diese befruchtete Zelle enthält einen vollständigen Satz von Chromosomen mit genetischer Information – davon stammt die eine Hälfte vom Vater und die andere von der Mutter.

Aber als Gott zur Schlange und später zum Propheten Jesaja sprach, verhieß er etwas, was es zuvor und seitdem nicht gegeben hat: Ein Kind entsteht außerhalb des natürlichen Zeugungsvorgangs. Der Heilige Geist wird im Leib der Frau ein Kind übernatürlichen Ursprungs formen, das eine einzigartige Identität besitzt. Weil der unendliche Gott sein Vater und eine endliche menschliche Jungfrau die Mutter ist, wird sich ein gottmenschlicher Fötus aus einer einzigen Zelle zu sechs Billionen Zellen entwickeln und zur Welt kommen. Er wird der *Immanuel* sein, der *„Gott mit uns“* (vgl. Jes 7,14; Mt 1,23).

Wenn sich das wirklich so ereignet hat – wenn der historische Jesus tatsächlich von einer Jungfrau geboren wurde, dann wäre seine Göttlichkeit eine zwingende Konsequenz. Wenn Jesus außerhalb des natürlichen Empfängnisvorgangs gezeugt wurde, wäre das ein weiterer starker Beweis, der seinen Anspruch auf Göttlichkeit stützt. Wir können sehen, dass der Bericht aus 1. Mose 3 und die Prophetie aus Jesaja auf die Jungfrauengeburt des Messias hinweisen. Aber haben wir denn Beweise, dass sich diese Voraussagen auch tatsächlich erfüllt haben? Gibt es eine zuverlässige Möglichkeit, die Umstände von Jesu Geburt herauszufinden?

## Berichte über das Geschehen

Da ist zunächst der historische Bericht. Siebenhundert Jahre nach der Vorhersage des Propheten Jesaja berichtete Matthäus die außergewöhnlichen Umstände der Geburt eines Kindes mit Namen Jesus von Nazareth.

**Lesen Sie Matthäus 1,18.22-23. Welche außergewöhnlichen Umstände nennt Matthäus hier?**

Das Evangelium nach Lukas – dem sorgfältigen Historiker, dessen Bericht wiederholt von Seiten der Archäologie bestätigt wurde – berichtet von der Erscheinung des Engels Gabriel bei Maria und der Ankündigung der Geburt des Messias.

**Lesen Sie Lukas 1,34-35. Wie wird hier der Vorgang der Zeugung beschrieben?**

Diese zwei historischen Texte berichten von der Jungfrauengeburt; aber sie geben uns keinen Beweis, dass das Geschehen tatsächlich stattfand. Sehen wir uns die weiteren Aufzeichnungen jedoch näher an, werden Beweise deutlich, die uns die Gewissheit geben, dass der gesamte Bericht stimmen muss.

## Reaktionen der Zeitgenossen Jesu

Zu den eindrücklichsten Beweisen gehören die Reaktionen der Menschen in Jesu Heimatstadt Nazareth, nachdem er seinen öffentlichen Dienst angetreten hatte.

**Lesen Sie Markus 6,3. Warum wohl ärgerten sich die Menschen über ihn?**

Die Bezeichnung *„Sohn der Maria"* war eine eindeutige Beleidigung zu jener Zeit, da man Kinder nach dem Namen des Vaters rief – es sei denn, dass bei den Kindern die Vaterschaft zweifelhaft war.

**Lesen Sie Johannes 8,41. Welche Behauptung verbirgt sich hinter dieser spitzen Bemerkung?**

Diese Beleidigung und die Bezeichnung Jesu als *„Sohn der Maria"* lassen schließen, dass in Nazareth bekannt war: Jesus war vor der Hochzeit ohne Beteiligung von Joseph gezeugt worden.

Mit anderen Worten: Die Umstände seiner wundersamen Geburt – von einer Jungfrau – brachten ihn in seinem Umfeld in den Ruf, ein uneheliches Kind zu sein. Als eine direkte Folge seiner übernatürlichen Geburt war er nicht nur bereit, als Mensch auf dieser Erde zu leben, sondern auch in seiner Kindheit grausame Beleidigungen von Seiten seiner Spielkameraden und später von Erwachsenen zu erleben. Wenn Jesus den Anspruch seiner Gottheit erhob, machten ihn die Menschen lächerlich und spotteten. *„Wir sind nicht durch Hurerei geboren"* (Joh 8,41).

Es ist die Ironie des Unglaubens, dass gerade Jesu damaliger Ruf und seine Verleumdung zum Beweis seiner göttlichen Herrlichkeit wurde. Dieser „ironische Selbstbeweis seiner Göttlichkeit" hielt sich vehement in den antichristlichen Schriften der jüdischen Rabbis. In den Jahren nach seinem Tod erzählten die Rabbis, Jesus sei der uneheliche Sohn eines römischen Soldaten mit Namen Panthera gewesen. Auf diese Weise „bestätigten sie unbeabsichtigt, dass Jesus nicht in einer normalen Ehe aufgewachsen" war, wie der Kirchenschriftsteller und Theologe Origines im dritten Jahrhundert schrieb.[13]

Diese Beleidigungen gegenüber Jesus beweisen, dass er bei den Menschen in seiner Heimatstadt nicht als der Sohn Josephs galt. Das bestärkt uns einmal mehr im Glauben daran, dass er der Sohn Gottes ist – aber es ist durchaus nicht *der* Beweis. Woher wissen wir, dass die Spötter nicht wirklich die Wahrheit sagten? Wie können wir beurteilen, ob die Geburt wirklich ein Wunder war oder ob Maria nicht doch gelogen und Joseph ganz einfach betrogen hatte? Um die Antwort herauszufinden, befassen wir uns zuerst mit Marias Geschichte und nehmen dann den Geburtsbericht Jesu bei Matthäus näher unter die Lupe.

## Die Antworten von Maria und Joseph

Warum bestand Maria noch auf ihre Jungfräulichkeit, als sie sich schwanger in der Öffentlichkeit zeigte? Sie wusste, dass eine solche Geschichte zu kühn war, um glaubhaft zu sein. Aber warum präsentierte sie dann keine glaubwürdigere? Sie hätte doch zu ihrer Rechtfertigung eine Geschichte erfinden können, die sie von jedem Fehlverhalten freigesprochen oder die Schuld ganz oder teilweise jemand anderem zugeschoben hätte. Sie hätte behaupten können, man habe sie vergewaltigt oder Joseph habe sie bedrängt. Joseph hätte es zwar besser gewusst, aber niemand sonst. Aber anstatt eine rationale und mit den Naturgesetzen stimmige Erklärung zu suchen, erklärte Maria, durch den Heiligen Geist schwanger zu sein. Warum sollte sie sich für die unplausibelste Erklärung entscheiden? Dafür gab es nur eine Begründung: Die Sache stimmte.

Betrachten wir nun einmal die Schwangerschaft vom Gesichtspunkt ihres Verlobten. Matthäus berichtet uns die Reaktion Josephs wie folgt.

**Lesen Sie Matthäus 1,18-20.24. Wie reagierte Joseph auf die Ankündigung des Engels?**

Ganz offensichtlich wusste Joseph durchaus über „Männlein und Weiblein“ Bescheid. Er wusste, wie Kinder entstehen und dass er mit seiner Verlobten keinen Verkehr hatte. Als daher Maria plötzlich schwanger war, lag es auf der Hand für ihn, dass sie Hurerei begangen hatte. Also beschloss er zu tun, was jeder Mann getan hätte – die Verlobung zu lösen. Doch dem Bericht bei Matthäus entnehmen wir, dass ein Engel Joseph über die Zusammenhänge von Marias Schwangerschaft aufklärte. Aufgrund dieses Gesprächs fasste er neues Vertrauen in Maria und trieb die Hochzeitspläne weiter voran.

Was zeigt uns das? Es wäre wohl die denkbar schwierigste Aufgabe gewesen, Joseph von Marias Jungfräulichkeit zu überzeugen. Er war am nächsten betroffen. Er war der Mann, der für den Rest seines Lebens verspottet würde, eine untreue, schwangere Frau geheiratet zu haben, die das Kind eines anderen Mannes austrug. Er würde den Spott von Seiten der Männer seiner Heimatstadt ertragen müssen, die in ihm allezeit den Betrogenen sahen, der so dumm war, Marias verwegene Geschichte von der Empfängnis durch den Heiligen Geist zu glauben. Er würde die Demütigung ertragen müssen, mit einer unehrenhaften Frau zu leben und das Kind ihrer Sünde aufzuziehen.

Doch wird daran ebenso deutlich, dass Joseph keineswegs naiv war, sondern diese Entscheidung im vollen Bewusstsein der Folgen traf. Die Tatsache, dass er Maria zuerst keinen Glauben schenkte und sich – wie jeder Mann es getan hätte – für das Lösen der Verlobung entschied, zeigt uns, dass hier kein Narr handelte. Ihm war klar, was es hieß, den gesellschaftlichen Erwartungen in Bezug auf Sexualität und Heiligkeit der Ehe nicht zu entsprechen. Als guter und besonnener Mann, wie Matthäus ihn beschreibt, war er sich sehr wohl bewusst, dass die Hochzeit mit Maria seinen Ruf lebenslang schädigen würde.

**Wenn Sie all das bedenken – warum hat Joseph dann Maria geheiratet?**

---

Nur ein Grund ergibt da Sinn: Er kannte die Wahrheit. Er hatte wirklich eine göttliche Botschaft durch den Engel empfangen, die ihm die absolute Wahrheit offenbarte: Maria war eine Jungfrau, die in ihrem Leib tatsächlich den Sohn Gottes trug.

Joseph glaubte dieser Wahrheit. Obwohl er um die lebenslange Konsequenz wusste, tat er genau das Richtige: Er nahm den Sohn Gottes und seine irdische Mutter unter seine schützenden Arme. Das macht ihn zu einem der größten Helden der Bibel.

Der Beweis der Jungfrauengeburt ist nicht nur ein weiterer Beleg dafür, dass Jesus von Nazareth wirklich der ist, der er beansprucht zu sein. Es zeigt auch, wie sehr er sich mit uns identifizierte.

**Inwiefern zeigen die Umstände der Geburt Jesu, dass er sich mit uns identifizierte?**

---

---

Obwohl er Gott war, erniedrigte er sich selbst und nahm bereitwillig die Schmähungen und den Spott derer auf sich, die nicht an ihn glaubten. Der Beweis der Göttlichkeit Jesu, wie er durch die Jungfrauengeburt erbracht wird, stärkt in uns auch das Wissen um die Wahrheit, dass Gott uns trotz unserer Sünden angenommen und die einzige Person gesandt hat, die uns erlösen kann.[14]

Kapitel 4.3

# Was Gottes bedingungslose Akzeptanz bewirkt

Bald sollte die große Saison wieder beginnen. Ich (Sean) war 12 Jahre alt und spielte in der Jugendliga Baseball. Vor dem ersten Spiel kam mein Vater auf die Idee, mir und meinen Teamkollegen eine wichtige Lektion zu erteilen. Er kaufte 12 Gutscheine für eine Eisdiele in der Nähe und gab sie dem Trainer.

„Trainer, das ist für die Jungs", sagte er.

„Gut", meinte der Trainer mit einem breiten Lächeln. „Das ist großartig. Wenn die Jungs das erste Spiel gewinnen, dann bekommen sie ein Eis ausgegeben."

„Nein", antwortete mein Vater schnell. „Gehen Sie mit ihnen Eis essen, wenn die Mannschaft das erste Mal verloren hat."

Der Trainer schaute meinen Vater verstört an. Was er da vorschlug, war nicht vereinbar mit den Vorstellungen des Trainers von Gewinnen, Verlieren und Belohnen für ein gutes Spiel. Daher schob mein Vater ein paar erklärende Sätze nach: „Ich weiß, dass Ihnen das komisch vorkommen muss. Wir versuchen, unseren Kindern zu zeigen, dass wir ihr Bemühen um Erfolg genauso anerkennen wie ihren Erfolg selbst. Sie sollen wissen, dass sie uns wichtig sind und dass wir sie auch dann lieb haben, wenn's nicht geklappt hat. Wissen Sie, wir sind Christen und glauben, dass Gott uns auch trotz unserem Versagen annimmt und liebt."

Der Trainer sah meinen Vater nur an und sagte: „Verrückt." Aber er war einverstanden, die Gutscheine in seinem Sinne zu verwenden.

Die Saison begann, und unser Team gewann die ersten Spiele. Als wir dann bei Spiel drei oder vier verloren, stand der Trainer zu seinem Wort. Er gab jedem seiner Spieler einen Eisgutschein und wir gingen los, um die Niederlage zu „feiern".

Natürlich freuten wir uns alle über das Eis. Aber hinter der Großzügigkeit meines Vaters verbarg sich ein größerer Gewinn. Während der nächsten zwei oder drei Wochen kamen einige Mannschaftskameraden zu meinem Vater, um sich zu bedanken: „Vielen Dank für das Eis, Herr McDowell. Ich find's cool, dass Sie uns auch mögen, wenn wir verlieren." An jenem Tag wurde mir die Lektion deutlich, dass mein Vater mich liebte und annahm wie ich war – was auch immer geschehen würde.

**Sind Sie auch schon einmal beschenkt worden, obwohl Ihnen etwas misslungen ist oder Sie versagt haben? Beschreiben Sie die Situation.**

## Dass Gott uns annimmt, ist noch viel unbegreiflicher

Ein Vater, der seinen Sohn und das Baseballteam belohnt, wenn diese ein Spiel verlieren, ist schon verrückt. Aber dass Gott uns annimmt, übersteigt das in unglaublichem Maße.

**Wie beschreibt die Bibel unseren Zustand vor der Errettung?**

**Kolosser 1,21:**

**Römer 5,10:**

Wir Menschen haben nicht nur ein Spiel im Sport verloren. Wir haben nicht nur Gottes Wege und seine Liebe abgelehnt und Unheil in seine vollkommene Welt gebracht, in der alles einmal zu hundert Prozent gut war. Jesus kam, um für uns zu sterben, als wir nichts von ihm wissen wollten. Es ist nicht nur, dass wir unwürdig waren; wir haben gegen Gott rebelliert. Und weil wir geistlich tot waren, konnten wir nichts tun, um unseren feindlichen Status zu ändern.

**Lesen Sie Johannes 3,16. Wenn wir so unwürdig und feindlich gesonnen waren, was mag Gott bewogen haben, auf die Erde zu kommen, um für uns zu sterben?**

*Vielleicht ist es die größte Freude eines Menschen, wenn jemand anderes alle seine Fehler und sein Versagen kennt und ihn trotzdem liebt.*

Gottes Liebe bewog ihn dazu, uns anzunehmen, auch als wir es nicht verdient hatten. Diese Annahme war einzigartig, und sie findet ihre Ursache allein in Gott selbst. Es war jene unermesslich große Liebe, die Gott antrieb, uns so in die Arme zu schließen, wie wir sind – als Sünder, die es nicht verdienten.

Gott kam nicht auf diese Erde, weil wir etwas geleistet hätten oder in Zukunft leisten würden. Es ist allein seiner Gnade zu verdanken. Jede Religion der Welt lehrt, dass menschliches Bemühen notwendig ist, um eine Form von „Erlösung" zu erlangen. Aber was manche Religionen unter Erlösung verstehen, ist im Grunde nur eine Flucht vom Bösen, ohne Freude in Aussicht zu haben. Die *Buddhisten* behaupten, ein Mensch müsse durch zahllose Zyklen der Wiedergeburt gehen, bevor er ins sogenannte Nirwana als Zustand der Auflösung gelangen könne. Der Islam lehrt die *Muslime*, sehr hart zu arbeiten, um des Lohnes würdig zu sein, den Allah für sie erwählt habe. Die *Mormonen* glauben, dass es Gnade nur gibt, wenn der Mensch alles in seiner Macht stehende getan hat, um Erlösung zu erlangen.

**Lesen Sie Epheser 2,8-9. Was kann ein Mensch dazu beitragen, um errettet zu werden?**

**Lesen Sie Römer 5,6-8. Ab welchem Zeitpunkt gilt uns Gottes Gnade?**

**Lesen Sie Römer 3,27. Besteht für den Menschen Grund zum Stolz für seine Errettung?**

Egal, was wir getan oder nicht getan haben – Gott bietet uns Gnade an. Er nimmt uns völlig ohne Bedingungen und unser Zutun und trotz unserer Sünde an und schafft uns einen Weg zurück. Das ist mehr als unbegreiflich.

Gott kam in Menschengestalt auf diese Erde, und er verwandelt das verlorene Paradies aus 1. Mose in das zukünftige Paradies aus Offenbarung 22 – auch wenn niemand von uns es verdient. Er setzt unsere Todesstrafe aus – auch wenn wir nichts getan haben, was ein ewiges Leben mit ihm rechtfertigte. *„In ihm war Leben, und das Leben war das Licht der Menschen“* (Joh 1,4), sagt Johannes. Doch die Grundlage für den Empfang eines solchen Lebens ist nichts, was wir tun können; es ist ganz allein Gottes Gabe.

Für unser Verhältnis zu Gott bedeutet seine Menschwerdung, dass Sie und ich bedingungslos geliebt und angenommen werden. Vielleicht ist es die größte Freude eines Menschen, wenn jemand anderes alle seine Fehler und sein Versagen kennt und ihn trotzdem liebt.

Als Josh mir (Sean) und meinem Team Geld für Eis nach dem missglückten Spiel schenkte, sagte er damit: „Ich weiß, dass ihr es vergeigt und auch nicht gut gespielt habt. Aber trotz eurem Versagen liebe ich euch.“ Mein Vater sah über die Fehler beim Baseballspiel hinweg und nahm mich so an, wie ich bin. Wie viel mehr weiß Gott, wie es bei mir aussieht. Er kennt unser Versagen, unsere Sünde und Schuld – trotzdem nimmt er uns vorbehaltlos an. Bill und Gloria Gaither bringen das in einem Lied treffend zum Ausdruck: „Ich bin geliebt“ in diesem Lied heißt: „Der, der mich am besten kennt, hat mich am stärksten lieb.“[1]

## Angenommen sein trotz aller Schwächen

Nachdem ich (Josh) Christ geworden war, wechselte ich zum *Wheaton College*, einer christlichen Ausbildungsstätte. Je mehr ich im Glauben wuchs, desto mehr kämpfte ich mit der Herausforderung, mein Leben Gott total hinzugeben. Ich leistete dagegen zuerst heftig Widerstand, weil ich befürchtete, dass er mich vielleicht in einem geistlichen Dienst haben wollte, wo ich Vorträge halten müsste. Zu jener Zeit war meine Grammatik noch sehr unsicher und ich stotterte noch – davon habe ich ja schon erzählt. Angesichts dessen war ich mir auch ziemlich sicher, dass ich Gott bei einer „völligen Hingabe“ nur sehr wenig Brauchbares anzubieten hätte.

Schließlich sagte ich innerlich: „Ich glaube nicht, dass ich irgendeine Redegabe oder andere Fähigkeit besitze, die für diesen Dienst taugen würden. Ich stottere, wenn ich nervös bin, und mein Englisch ist fürchterlich. Ich bin derart eingeschränkt und kann mir nicht vorstellen, dass du mich im Dienst gebrauchen kannst. Herr, wenn du aber Grenzen so nutzen kannst, dass es dich ehrt, dann will ich dir für den Rest meines Lebens und mit jedem Atemzug dienen.“

**Lesen Sie 2. Korinther 12,9-10. Warum ist das Eingestehen unserer Schwachheit eine Voraussetzung dafür, das Gott uns gebrauchen kann?**

Der Herr nahm mich an, so wie ich war – mit all meinen Schwächen. Und weil er mich ohne Bedingung annahm, konnte ich mich ihm ohne Vorbehalte hingeben. Erstaunlicherweise hat er sich um meine Einschränkungen gekümmert und mir weitergeholfen. Es ist offensichtlich, dass ich ein Leben aus der Kraft Gottes führe, weil ich über meine Schwächen und Möglichkeiten hinaus Dinge tue und lebe.

Ich hatte zum Beispiel das Vorrecht, vor Millionen von Menschen auf der halben Welt zu reden. Und ich werde ganz klein und demütig, wenn ich bedenke, wie viele durch meine Bücher erreicht werden konnten. Immer noch habe ich ein wenig mit meiner Grammatik zu kämpfen, wenn ich Vorträge halte oder schreibe. Jedes Mal wenn ich mich an eine große Zuhörerschaft wende, bin ich mir meiner Schwachheit bewusst, aber auch der Größe der Gnade Gottes. Er nimmt mich so an, wie ich bin, mit all meiner Schwachheit – und ich könnte nicht glücklicher darüber sein. Das *Webster Lexikon* beschreibt *Freude* mit den Worten: „das Gefühl, das Wohlergehen, Erfolg, Glück begleitet oder mit der Aussicht einhergeht, zu erreichen, was man sich wünscht." Dass Gott uns bedingungslos angenommen hat – trotz all unserer Einschränkungen –, verleiht uns eine tiefe Freude, die schwer zu erklären ist.

**Lesen Sie 2. Timotheus 2,13. Welche Sicherheit gibt uns dieser Vers?**

Es nimmt den Druck, etwas Besonderes darstellen zu müssen, und motiviert uns stattdessen, unser Bestes zu geben. Und wenn wir Fehler machen, lässt Gott uns nicht fallen. Die Freiheit, bedingungslos angenommen zu sein, schenkt uns eine sichere Beziehung.

**Haben auch Sie eine Schwäche, wegen der Sie sich unbrauchbar fühlen, und trotzdem gebraucht Gott Sie? Welche?**

## Bedingungslose Annahme schenkt Sicherheit in der Beziehung

Wenn uns jemand so annimmt, wie wir sind, gibt uns das ein Gefühl von Sicherheit. Weil sich diese Beziehung nicht auf Leistung gründet, entsteht eine natürliche Verletzlichkeit, bei der wir uns öffnen und einander vertrauen. Bedingungslose Annahme ist die Grundlage einer gesunden Beziehung. Denn dadurch entsteht die Sicherheit, dass wir geliebt sind, was auch immer passiert.

Die Menschwerdung Gottes zeigt, dass er uns angenommen hat, wodurch eine sichere Beziehung entsteht. Wir sehen, dass Jesus für uns starb, als wir noch Sünder und Feinde Gottes waren. Aber wir sehen es auch an seinem Umgang mit anderen. Nehmen wir zum Beispiel die Frau am Jakobsbrunnen in Johannes 4. Gesellschaftlich hatte sie mit drei Barrieren zu kämpfen: 1) Sie war eine Frau und galt damit in ihrer Kultur als den Männern unterlegen; 2) sie gehörte als Samariterin zu einer Volksgruppe, die von den Juden verachtet wurde; 3) sie war unmoralisch, weil sie mit einem Mann zusammenlebte, der nicht ihr Ehemann war. Als Jesus ihre Sünde offenlegte, führte er mit ihr ein Gespräch, ohne sie zu richten oder zu verurteilen. Dadurch öffnete sich diese Frau für die Wahrheit, die Jesus lehrte; und ihr Leben wurde verändert.

**Lesen Sie Matthäus 9,11. Wofür kritisieren die Pharisäer Jesus?**

**Lesen Sie Matthäus 9,12. Wie antwortet Jesus?**

Würde ein Arzt einen Kranken dafür schimpfen, krank zu sein? – etwa so: „Was haben Sie denn da für einen Blödsinn gemacht? Hätten Sie besser aufgepasst, dann hätten Sie sich nicht den Hammer auf den Daumen geschlagen." Nein, ein guter Arzt nimmt den Patienten so an, wie er ist. Er richtet sein Augenmerk darauf, wie er ihm helfen und ihn richtig behandeln kann.

Genauso geht der menschgewordene Gott mit uns um, wenn wir Nöte und Sorgen haben oder Krisen durchleben. Weder verurteilt noch kritisiert er uns, auch wenn wir die Probleme selbst verursacht haben. Gott vergibt oder übersieht die Sünde nicht einfach, sondern ordnet die Dinge nach seinen Bedingungen. Dennoch liebt er uns so, wie wir sind; er nimmt uns an, wenn wir versagen. Und wenn wir diese Liebe und Annahme Gottes für uns persönlich ergreifen, schenkt uns das die Freude einer sicheren Beziehung.

**Lesen Sie Römer 8,38-39. Was kann laut diesen Versen eine Trennung zwischen Gottes Liebe und uns bewirken?**

## Annahme, die sich mit uns identifiziert, schafft eine vertraute Beziehung

Jesus nimmt uns nicht nur an, wie wir sind; er kann auch völlig mit uns mitfühlen. Er weiß zu jeder Zeit, was wir durchmachen, und er versteht uns wie kein anderer. Das schafft eine Vertrautheit und Nähe wie nichts anderes.

Bedenken wir, dass er das Leben als Baby, Kind, Teenager und als erwachsener Mann durchlebte. Er durchlitt Verachtung, Demütigung und Zurückweisung. Weil er selbst Gott ist, versteht Christus seine Schöpfung vollkommen. Indem er Mensch wurde, zeigt er uns, wie tief und umfassend er sich mit uns und mit all unserem Erleben identifiziert.

Ja, Gott liebt uns und sandte seinen Sohn in Menschengestalt, damit er für uns stirbt und wir eine Beziehung zu ihm haben können. Aber manche von uns neigen dazu, sich nur darauf als theologische Wahrheit zu konzentrieren, und verlieren den Aspekt einer vertrauten Beziehung aus den Augen.

Weil Christus Mensch geworden ist, können wir darauf vertrauen, dass er uns in unseren Schwächen, Leiden und Anfechtungen beistehen will. Er wollte mich (Josh) wissen lassen, dass er um meine Demütigung weiß, die ich als Sohn des stadtbekannten Alkoholikers erlebte, und was es für mich bedeutete, aus Scham immer am Rande stehen zu müssen. Er kennt unser Gefühl, wenn wir als Schüler vielleicht nicht in ein Sportteam gewählt werden oder wenn die Bewerbung für eine Stelle oder einen Ausbildungsplatz zurückkommt. Er kann nachempfinden, was es heißt, grausam von Klassenkameraden gehänselt oder von Kollegen oder „Freunden" gemieden zu werden. Er kann nachfühlen, was wir durchmachen, wenn uns Freundin oder Freund, Mitarbeiter oder Ehepartner betrügen.

Bedenken wir: Er ist der Herr, der alle Macht hat. Doch als er von Maria geboren wurde, wurde er ein abhängiges Baby. Er hat den menschlichen Körper gebildet, und doch musste er laufen lernen. Er ist das präexistente Wort, doch er musste wie wir alle auf Erden erst sprechen lernen. Er schuf die Wolken und Flüsse und Seen, doch er wurde durstig. Er erlitt die Schmähungen derer, die nur einen Teil seiner Familiengeschichte kannten. Er muss unsägliche Trauer empfunden haben, als sein irdischer Vater Joseph starb. Er litt nicht nur die körperliche Qual, als er am Kreuz für uns starb, sondern auch die Qualen, abgelehnt, gedemütigt, verlassen und sogar von seinen engsten Freunden verleugnet zu werden. Doch warum stand er dies mit vollem Bewusstsein durch?

**Lesen Sie Hebräer 2,18; 4,15-16. Warum kann Jesus Mitleid mit uns haben und uns helfen? Was bedeutet Ihnen dieses Wissen?**

Es gibt daher nichts in unserem eigenen Erleben, was Gott in Christus nicht vor uns durchlebt hat. Wie wir erlebte er

- Ablehnung – von seinem eigenen Volk
- Verlassenheit – von seinen eigenen Jüngern
- Unverständnis – von seinen eigenen Nachfolgern
- Spott – bei seiner eigenen Gerichtsverhandlung
- Verrat – von einem engen Freund
- Anfeindung – von den religiösen Führern seiner Tage[2]

Aber das ist nicht alles. Er erlebte als Mensch auch Erfolg und Siege. Er weiß, was es heißt, geliebt und angenommen zu sein. Er weiß, was es bedeutet, wenn man eine Aufgabe gut gemacht hat.

**Lesen Sie Matthäus 17,5. Worüber wird sich Jesus gefreut haben, als der Vater diese Worte zu ihm sagte?**

Er hörte die Stimme des Vaters: *„Dieser ist mein geliebter Sohn, an dem ich Wohlgefallen gefunden habe; ihn hört“* (Mt 17,5). Er kennt die Freude, den Willen des Vaters zu tun und den Sieg über einen Feind zu erringen, den noch niemand bezwungen hat: den Tod. Er hat alles Auf und Ab der menschlichen Existenz erlebt. Er hat sich mit den Dingen beschäftigt, die auch unseren Alltag ausmachen. Die Menschwerdung ist Jesu Art zu sagen: „Egal, wie du dich fühlst; egal, was du erlebst: Ich kann mich in dich hineinversetzen. Ich bin für dich da.“ Das ist *eine* Bedeutung der Menschwerdung Gottes für uns, indem sie die Beziehungsebene betont.

Kapitel 4.4

# Wie können wir andere so annehmen, wie Gott uns annimmt?

Indem Gottes Sohn auf diese Erde kommt, sagt er zu jedem von uns: „Egal, was deine Sünde auch ist, ich habe mein Leben gegeben, um dich zu erlösen." Diese Art von bedingungsloser Annahme ist die Grundlage für eine Beziehung zu Gott, in der es Vertrauen und Sicherheit gibt. Aber die Annahme, die Gott uns entgegenbringt, ist keine Einbahnstraße – er möchte, dass wir andere genauso annehmen.

*Wenn wir andere Menschen nach dem Vorbild Gottes annehmen wollen, müssen wir sie so annehmen, wie sie sind.*

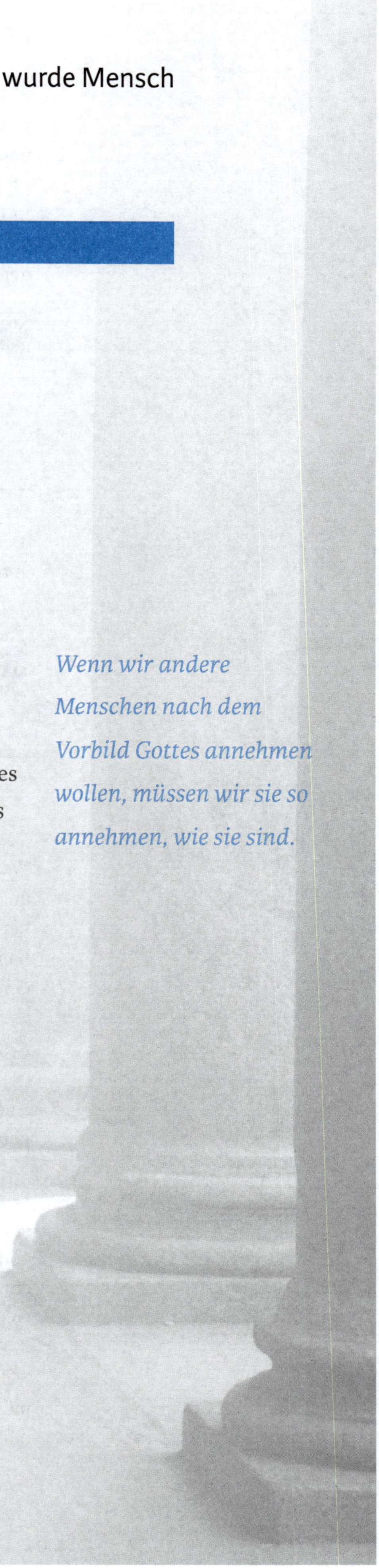

Gott hat uns zur Gemeinschaft mit sich nicht erst eingeladen, als wir richtig glauben oder geistlich leben konnten. Er gab sein Leben für uns, *„als wir noch Sünder waren“* (Röm 5,8). Diese zentrale Botschaft machte Jesus im Gleichnis vom verlorenen Sohn in Lukas 15 deutlich; dort reagiert der Vater mit bedingungsloser Annahme. Der Sohn kam wieder nach Hause zurück, aber nicht, um dort als Sklave zu leben, sondern er wurde wieder als Sohn angenommen.

**Lesen Sie Lukas 15,20-24. Wie reagierte der Vater, als er seinen abtrünnigen Sohn kommen sah?**

________________________________________

________________________________________

Der Vater brach mit der Sitte damaliger Zeit, ergriff die Initiative gegenüber seinem abtrünnigen Sohn und nahm ihn wieder vorbehaltlos mit allen Rechten der Sohnschaft an. So sieht wahre Annahme bei Gott aus.

**Lesen Sie Römer 15,7. Was ist laut diesem Vers der Maßstab, nach dem wir andere annehmen sollen?**

________________________________________

________________________________________

Wenn dieser Gedanke unser Leben bestimmt – Gott nimmt uns bedingungslos an –, müssen auch wir lernen, andere bedingungslos anzunehmen. Dadurch verherrlichen wir Gott und bezeugen anderen Menschen die Beziehung, die wir zu Gott haben. Dadurch wächst in uns die Freude an sicheren Beziehungen und es hilft uns, den Glauben anderen weiterzugeben.

## Annahme heißt, für andere da zu sein

Andere Menschen anzunehmen, wie Christus uns angenommen hat, bedeutet: Wir nehmen uns Zeit *für* andere.

Es gab mächtig Druck. Der Abgabetermin für mein Buch rückte schnell näher, und ich (Josh) brauchte jede freie Minute, um daran zu arbeiten. Obwohl das Erlebnis 30 Jahre zurückliegt, kann ich mich noch sehr gut dran erinnern. Ich war gerade dabei, ein Kapitel zu überarbeiten, als mein Sohn Sean hereinspazierte. „Wollen wir spielen, Papa?“, fragte er mit erwartungsvollem Stimmchen.

Als erfahrener Vater (Kelly war zwei Jahre älter als Sean) hätte ich erkennen müssen, dass Sean eigentlich nur eine Umarmung, einen freundschaftlichen Klaps oder eine oder zwei Minuten Zeit wollte, um mir seinen neuen Ball zu zeigen. Aber ich arbeitete ja gerade an einem „wichtigen“ Kapitel und meinte, keine Minute übrig zu haben.

„Können wir nicht später ein wenig spielen?“, fragte ich. „Ich bin gerade an einem wichtigen Kapitel.“

Sean konnte sich zwar nichts unter einem „Kapitel“ vorstellen, aber er hatte begriffen: Papa hat keine Zeit, ich muss wieder gehen. Also trottete er ohne Widerrede davon, und ich widmete mich wieder meinem Manuskript. Aber meine Ruhe währte nur kurz. Denn meine Frau Dottie kam auf einen kleinen Plausch herein.

Sie begann: „Schatz, Sean sagt gerade, dass du keine für ihn Zeit zum Spielen hast. Ich weiß ja, dass dies Buch sehr wichtig ist. Aber ich möchte dich auf etwas hinweisen.“

„Und worauf bitte?“, fragte ich leicht genervt – denn nun hielt mich meine Frau von dem äußerst wichtigen Projekt ab.

„Schatz, Autorenverpflichtungen und Abgabetermine wirst du den Rest deines Lebens haben. Du wirst deine Zeit immer mit Recherchen zu verschiedenen Themen zubringen. Aber einen zweijährigen Sohn, der auf deinen Schoß kommen und seinen neuen Ball zeigen möchte, wirst du nicht immer haben.“

„Ich verstehe, was du mir sagen willst“, sagte ich, „und du hast wie immer Recht. Aber jetzt muss ich wirklich an diesem Kapitel weiterschreiben.“

„In Ordnung, Josh“, meinte sie, „aber denk darüber nach. Wenn wir uns jetzt Zeit für unsere Kinder nehmen, haben wir auch später einen Draht zu ihnen.“

Ich dachte darüber nach, was meine Frau gesagt hatte. Je länger ich das tat, desto mehr bohrten sich ihre freundlichen Worte wie ein scharfes Messer in mein Gewissen. Sie hatte nur zu recht: Ich würde immer Abgabe- und Besuchstermine haben, Verträge erfüllen, Telefongespräche führen und Vortragsreisen machen. Aber meine Kinder hatte ich nur für sehr kurze Zeit. Jahre vergehen nur allzu schnell – würde ich im nächsten Jahr wirklich mehr Zeit für sie haben?

Ich wusste, wie die Antwort auf diese Frage lauten würde, wenn ich mich nicht veränderte. Und so traf ich in meinem Herzen eine Entscheidung – im Stillen und ganz ohne großes Gerede. Ich ging mit Sean raus in den Hof, und wir warfen uns eine Zeitlang den Ball zu. Seitdem habe ich versucht, meine Kinder über Verträge, Abgabetermine und Verlockungen der Welt zu stellen, die mich so schnell wie möglich in ihre Fänge ziehen wollen. Und das hat sich ausgezahlt!

Ich (Sean) habe sehr oft von Joshs Entscheidungen profitiert. Ich kann mich nicht mehr an den Tag erinnern, als mein Vater keine Zeit für mich hatte. Dafür war ich zu klein. Aber ich erinnere mich daran, dass er sein Bestes tat, um seine Vortragstermine nicht auf Baseballspiele zu legen. Er bemühte sich sehr, an meinem Leben wie auch an dem meiner Schwestern Anteil zu nehmen. Je älter ich werde, desto mehr schätze ich das Opfer, das mein Vater brachte, um zu mir eine Beziehung aufzubauen – vor allem jetzt, wo ich selbst Familienvater bin. Er hat es abgelehnt, Frau und Kinder auf dem Altar des Erfolgs und der Berühmtheit zu opfern. Das bedeutet nicht, dass es immer leicht war, einen so vielbeschäftigten und reisenden Vater zu haben. Ich habe ihn oft vermisst – sehr schmerzlich sogar. Mir half aber das Bewusstsein, dass er uns Kinder über alles liebte und dass auch meine Mutter voll und ganz die Familie im Blick hatte und von Herzen hinter der Berufung meines Vaters stand.

Um seinem Kind, Ehepartner oder lieben Menschen Annahme zu zeigen, muss man ihnen Zeit schenken und da sein, wenn sie uns brauchen.

**Haben Sie auch schon Situationen erlebt, in denen Sie Ihre Kinder oder Freunde aus Zeitmangel vertrösten mussten? Beschreiben Sie.**

**Wie könnten Sie das nächste Mal reagieren?**

## Den andern anzunehmen bedeutet, sich mit seiner Welt auseinanderzusetzen

Ich (Josh) weiß noch zu gut, wie ein Vater mir gegenüber klagte: „Ich habe mir viel Zeit für meinen Sohn genommen, aber es hat nichts gebracht." Die beiden besaßen kein gutes Verhältnis mehr, und die gemeinsame Zeit erschien dem Vater im Nachhinein als Verschwendung. „Was haben Sie denn gemeinsam unternommen?", fragte ich.

„Nun ja, ich mag Golf über alles. Und so habe ich ihn zum Golfspielen mitgenommen – das war eine Katastrophe."

„Mag Ihr Sohn denn Golf?", hakte ich nach.

„Nein, aber ich", antwortete er.

Der menschgewordene Christus ist in *unsere* Welt herabgekommen; er hat nicht verlangt, dass wir in seine kommen. Er kam zu uns, hat sich unser angenommen und sich um *unsere* Problem gekümmert. Wir müssen uns daher in gleicher Weise mit anderen beschäftigen, unseren Fokus auf *ihre* Probleme und *ihre* Fragen richten.

Sie sollen spüren, dass wir sie lieben und annehmen. Dazu müssen wir uns aber bemühen, unser Gegenüber auch näher kennenzulernen. Wenn Menschen signalisieren, dass sie geliebt und angenommen werden wollen, könnte das Folgendes bedeuten: „Ich möchte gerne, dass du Anteil an meiner Welt nimmst – indem du dich dafür interessierst, was ich tue, wovon ich träume und was mir Probleme macht. Du sollst dich aber nicht dafür interessieren, weil *ich* mir das wünsche. Es soll freiwillig sein und von *deinem* Herzen kommen. Du sollst mich wirklich lieben und annehmen, wie ich bin."

**Lesen Sie Johannes 1,39. Wozu lud Jesus den Petrus und Andreas ein?**

**Lesen Sie Markus 3,14a. Wozu berief Jesus die Jünger?**

**Welchen Menschen aus Ihrem Umfeld sollten Sie Zeit und Interesse schenken?**

Meine (Seans) Mutter erzählte uns, wie ihre eigene Mutter versucht hat, Anteil an ihrer Welt zu nehmen, als sie noch ein kleines Mädchen war:

Als kleines Mädchen hieß mein Held *Peter Pan*. Schon beim Hören seiner Geschichten blieb mir der Atem weg. Beim Spielen durchlebte ich noch einmal alle Szenen und konnte einfach nicht genug davon bekommen. Jedes Mal, wenn ich von diesem Jungen träumte, der fliegen konnte, glühten meine Wangen, und ich war Feuer und Flamme für diesen Helden.

Ich erinnere mich noch, wie ich eines Tages mit fünf Jahren in den Keller unseres Hauses ging. Damals entdeckte ich neben der Waschmaschine meiner Mutter einen Karton mit Waschpulver einer damals sehr beliebten Marke. In meiner Fantasie sahen die Seifenflocken wie der Feenstaub aus, den Tinker Bell auf Wendy, John und Michael rieseln ließ, damit sie fliegen konnten. Voller Erwartungsfreude, wollte ich jetzt auch die Tinker-Bell-Szene nachspielen. Ich werde nie vergessen, welchen Spaß ich hatte, als ich überall im Keller viele Hände mit feinem Feenstaub verbreitete. Es sollte jedenfalls ein ganz märchenhafter Moment in meinem Leben sein.

Schließlich war der ganze Fußboden im Keller mit Seifenflocken bedeckt. Als ich meiner Mutter erklärte, warum ich das gemachte hatte, zeigte sie Verständnis für meine kindliche Fantasie. Sie merkte, wie wichtig mir das alles war. Statt mit Wut und Ärger wegen der „Schweinerei“ im Keller zu reagieren, lachte sie darüber und bat mich, ihr doch einmal die Geschichte von Peter Pan zu erzählen. Später – immer noch guter Laune – machten wir dann alles wieder sauber.

Was hat dieses Erlebnis bei mir bewirkt? Es machte mir deutlich: Meine Mutter nimmt mich samt meiner unglaublichen kindlichen Fantasie an. Selbstlos unterstützte sie mich in meinen kindlichen Träumen und vermittelte mir so ein Stück Geborgenheit. Das sollte unvergesslich für mich bleiben.

Auch als ich schon erwachsen war, ging meine Mutter wiederum sensibel mit meinen Träumen um. Sie wollte immer jede Einzelheit wissen, nahm gerne Anteil an meinen Zielen und freute sich mit mir. Mittlerweile ist meine Mutter beim Herrn. Aber ihr Interesse an mir machte mir deutlich, dass sie mich so annahm, wie ich war. Ihr Vorbild half mir, meinen Mann, meine Kinder und die Menschen um mich herum auch so anzunehmen.

**Erinnern Sie sich an Begebenheiten, wo Ihre Eltern oder andere Menschen Anteil an Ihrer Welt genommen und Ihnen Interesse entgegengebracht haben? Schreiben Sie es auf.**

## Annahme beinhaltet, dass wir den anderen auch mit seinen Fehlern annehmen

Wir alle sind darauf angewiesen, dass andere uns mit all unseren Fehlern und „Macken“ annehmen. *Aufrichtige Annahme trennt Person und Verhalten*, so wie Jesus uns trotz all unserer Sünden angenommen hat.

Im Kern drückt das Bedürfnis nach Annahme Folgendes aus: „Bitte erlaube mir, Fehler zu machen, ohne dass du dich von mir abwendest. Ich bin nicht perfekt. Aber ich bin darauf angewiesen, dass du über meine Fehler und Unvollkommenheit hinwegsiehst, um mich so lieb zu haben wie ich bin. Ich brauche jeweils zehn Mal mehr positives Feedback als konstruktive Kritik.“

**Lesen Sie folgende Stellen. Was lernen Sie daraus über Vergebung?**

**Matthäus 18,21-22:**

**Kolosser 3,12-13:**

Wenn jemand, den wir lieben, etwas für uns Unverständliches tut oder einen schweren Fehler begeht, müssen wir weiter den Menschen im Auge haben und nicht unsere Differenzen oder sein Versagen. Den anderen nach Gottes Vorbild anzunehmen bedeutet: „Auch wenn sich alles bei dir ändert, ich mag dich trotzdem. Ich möchte wissen, was du fühlst und denkst, weil mir das wichtig ist." „Ich bin so stolz, wie du die Sache gemeistert hast." „Die Kratzer am Auto sind zweitrangig. Hauptsache, dir ist nichts passiert."

Wenn man Streit oder eine heftige Meinungsverschiedenheit hatte, sollte man dem anderen gegenüber die Wertschätzung als Person deutlich ausdrücken. Man kann durch einen Blumenstrauß, ein schönes Essen oder eine andere Geste zum Ausdruck bringen: „Wir können uns vielleicht nicht immer in die Augen schauen, aber ich mag dich trotzdem."[1]

**Können Sie sich an Situationen erinnern, wo es Ihnen schwergefallen ist – oder es Ihnen immer noch schwerfällt , Person und Verhalten zu trennen? Berichten Sie davon.**

## Die Menschwerdung Jesu zu Weihnachten feiern

Die Weihnachtszeit bietet jedes Jahr viele Gelegenheiten, um sich die Tatsache der Menschwerdung Gottes in Jesus bewusst zu machen: „Gott möchte mit Ihnen in Gemeinschaft leben. Hier sind einige praktische Vorschläge, wie man das verdeutlichen kann."

### Beim Schmücken des Baumes

Manche führen die Tradition des Weihnachtsbaums auf Martin Luther zurück. Er soll vom Anblick der sternenumstrahlten Tannenbäume so gerührt gewesen sein, dass er einen Baum mit nach Hause nahm, ihn mit Kerzen schmückte, um seine Kinder an Gottes Schöpfung zu erinnern. Wenn Sie und Ihre Familie Ihren Weihnachtsbaum schmücken, dann kann man gut darüber ins Gespräch kommen.

Sie könnten zum Beispiel fragen: „Was können uns die Lichter am Baum über die Bedeutung von Weihnachten sagen?" Im Laufe des Gesprächs können Sie die Lichter am Baum löschen und sagen: „Ohne Jesus Christus sind wir wie Glühbirnen oder Kerzen ohne Licht und Leben." Wenn Sie dann die Lichter wieder anzünden, erklären Sie: „So sind wir, wenn wir eine lebendige Verbindung zu Gott haben. Wer an Christus als persönlichen Erlöser glaubt, bekommt von ihm Leben und Licht. Wenn ihr einen erleuchteten Weihnachtsbaum seht, dann denkt an die wahre Bedeutung von Weihnachten: Gott sandte seinen Sohn auf die Erde, weil er sich so sehr eine lebendige Beziehung mit den Menschen wünscht."

## Beim Singen oder Hören von Weihnachtsliedern

Weihnachtsmusik bietet sich hervorragend dazu an, über die Menschwerdung Jesu nachzudenken. Im Lied *Stille Nacht* kommt z. B. die Zeile vor: „Gottes Sohn, o wie lacht Lieb aus deinem göttlichen Mund". Hier bietet sich die Frage an: „Warum ist Jesus *Gottes Sohn*?" Wir können dann erklären, dass Jesu leiblicher Vater nicht Joseph war, sondern vielmehr der heilige Gott des Universums. Jesus wurde von einer Jungfrau geboren und hatte Gott als leiblichen Vater. Somit ist er Gottes Sohn.

Bei dem Lied *Hört der Engel helle Lieder* könnte man fragen: „Warum haben die Engel wohl *Gloria in Excelsis Deo* gesungen?" Wir können dann erklären, dass dieser lateinische Satz *Ehre sei Gott in der Höhe* bedeutet, und sagen: „Die Engel sangen dies, weil Gott an diesem Tag Mensch wurde. Das war Teil seines wunderbaren Erlösungsplans, um die Beziehung zwischen Gott und Mensch wiederherzustellen."

## Beim Schmücken der Häuser

Junge Menschen lieben die Advents- und Weihnachtszeit mit ihrer typischen Dekoration. Dabei denken sie meist nicht darüber nach, welche Bedeutung sich hinter den Lichterketten und all dem anderen Weihnachtsschmuck verbirgt. Wenn wir unser Haus oder die Gemeinderäume dekorieren, können wir auf den Sinn hinter dem Schmücken hinweisen: „Wir schmücken unsere Häuser, um unsere Dankbarkeit gegenüber Gott auszudrücken. Denn er hat Jesus in die Welt gesandt, damit wir eine Beziehung zu ihm haben können."

5. Wahrheit:

# Jesu Sühnung für unsere Sünden

Kapitel 5.1

# Die Kosten der Vergebung

Ich (Sean) bin in Julian, einer kleinen Stadt in den Bergen Kaliforniens, aufgewachsen. Die meisten unserer Einkäufe erledigten wir in dem Kaufhaus der Stadt. Dort bekam ich Süßigkeiten, Schulsachen, Bastelzeug usw. Einmal hatten meine Eltern mich, zwei Schulfreunde und meine fünfjährige Schwester Katie dorthin gefahren und warteten im Auto auf uns. Als wir aus dem Laden kamen, hatte Katie eine Handvoll Anstecknadeln (Buttons) und Buntstifte. Als wir zum Auto liefen, gab sie diese meinen zwei Freunden und sagte: „Hier, die hab ich für euch gekauft."

Wir stiegen ins Auto, und meine Eltern warfen einander einen merkwürdigen Blick zu. Meine Mutter stieg wieder aus und bat Katie, ihr zu folgen. Sie hatten gemerkt, dass etwas nicht stimmte, denn sie hatten Katie kein Geld für Einkäufe gegeben. Schlagartig wurde mir klar, dass meine Schwester ein Ladendieb war!

Meine Eltern besprachen sich kurz miteinander. Dann sammelte Mutter die gestohlenen Sachen von uns Kindern wieder ein, nahm den kleinen Dieb an der Hand und ging mit ihm zurück ins Geschäft.

In Kalifornien ist Ladendiebstahl natürlich verboten. Diebstahl wird mit Geldbuße oder Gefängnis bestraft. Zwar machte ich mir nicht allzu viele Sorgen, denn wenn Katie die Sachen zurückbrachte und sich entschuldigte, würde man ihr sicher vergeben und sie könnte wieder gehen.

Doch was würde geschehen, wenn der Ladenbesitzer richtig böse auf Katie wäre? Wenn er ihre Entschuldigung ablehnen und auf einer Anklage bestehen würde? Ich rechnete mir aus, dass das Gericht meine Schwester verurteilen würde. Sie müsste die Folgen tragen – und ins Gefängnis. Meine Schwester wäre ein Verbrecher.

Natürlich kam es anders. Sie erhielt Vergebung, und Katies Diebstahl hatte keine Folgen.

Doch wie steht es mit dem höheren Gericht im Himmel? Kann Gott sagen: „Du hast zwar gesündigt, doch das ist schon okay. Vergiss es! Ich vergebe dir, und wir sind wieder Freunde“? Die Realität ist: Gott ist von Natur aus heilig. Er kann nicht einfach über die Sünde hinwegsehen.

**Lesen Sie Habakuk 1,13. Was sagt dieser Vers über Gottes Heiligkeit aus?**

---

Gottes ganzes Wesen macht es ihm unmöglich, eine Beziehung mit denen zu pflegen, die von der Sünde infiziert sind.

Auch wenn Gott *„reich ist an Barmherzigkeit“* (Eph 2,4), trennt uns die Sünde von ihm. Diese Trennung ist keine kleine Angelegenheit, denn Sünde hat etwas Schreckliches zur Folge – den Tod. Der Apostel Paulus sagt, dass auch wir tot waren in *„Vergehungen und Sünden“* (Eph 2,1). Tote können keine Vergebung annehmen, auch wenn sie ihnen angeboten wird. Sie können gar nichts annehmen, denn sie sind tot. Das ist ein großes Dilemma. Um uns vergeben zu können, konnte Gott nicht über unsere Sünde hinweggehen. Aus diesem Grunde fasste er einen großartigen, wunderbaren Plan. Für den musste er einen hohen Preis zahlen.

## Ein notwendiges Opfer

Seit drei Tagen waren sie unterwegs. Der Junge konnte sich nicht daran erinnern, schon jemals eine so lange Reise mit seinem Vater unternommen zu haben. Es war sehr aufregend.

Als der Vater in der Ferne bereits ihr Ziel sah, sagte er seinen Knechten: *„Bleibt ihr mit dem Esel hier! Ich aber und der Junge wollen dorthin gehen und anbeten und zu euch zurückkehren.“* Abraham legte das Holz für das Brandopfer auf Isaaks Schultern, er selbst nahm das Messer und das Feuer (siehe 1Mo 22,5-6).

Isaak wusste über Brandopfer Bescheid, und ihm war klar, dass etwas bei den Vorbereitungen seines Vaters fehlte. Isaak sagt: *„Siehe, das Feuer und das Holz! Wo aber ist das Schaf zum Brandopfer?“* (V. 7). Isaak hatte gelernt, dass für Vergebung ein Preis gezahlt werden musste. Ein lebendiges, atmendes Geschöpf musste als Blutopfer sterben.

Sie kennen die Geschichte. Abraham legte seinen Sohn auf den Altar, um ihn Gott als Opfer zu bringen, so wie er es ihm gesagt hatte. Doch gerade als er das Messer hob, um seinen Sohn Gott zu schlachten, griff Gott ein.

**Lesen Sie 1. Mose 22,11-13. Was machte Abraham mit dem Widder (V. 13)?**

---

**Als was könnte man den Widder bezeichnen?**

---

## Das stellvertretende Opfer annehmen

Auch Abraham war ein Sünder, geistlich tot und getrennt von Gott – wie wir alle. An diesem dramatischen Beispiel zeigte Gott ihm, dass er einen wunderbaren Plan bereit hatte. Im Tausch gegen ein anderes Leben sollten Abraham und wir alle wieder zu geistlichem Leben erweckt werden. An unserer Stelle sollte ein Schlachtopfer gebracht werden, das – im wahrsten Sinne des Wortes – für uns bezahlen würde, damit wir zu einem neuen Leben in Gemeinschaft mit Gott auferstehen können. Doch der Tausch „Leben gegen Leben" war ganz genau festgelegt.

**Lesen Sie 3. Mose 1,1-4.**

**Welches Merkmal sollte das Opfertier aufweisen (V. 3)?**

---

**Was bewirkt das Opfer (V. 4)?**

---

Die Priester wurden angewiesen, Gott das Opfer an Stelle von – oder als Stellvertreter – einer Person darzubringen, für die Sühnung der Sünde erwirkt werden sollte. Der geopferte Widder wurde Gott *an Stelle von* Isaak dargebracht. Die Priester opferten Gott Brandopfer und Sühneopfer, damit der Herr *„deren Tod* ***an ihrer Stelle****"* annahm. Die Menschen waren der Sünde schuldig, das makellose Tier ohne Fehler wurde zum heiligen Opfer, das Gott annahm. Der Tod des heiligen Tieres geschah in Stellvertretung für den Tod des Sünders.

Die jährlichen Opfer waren jedoch nicht Gottes endgültige Lösung für das Dilemma der Sünde und des Todes. Sie waren lediglich ein Symbol für das, was noch kommen sollte. Um die Folgen der Sünde (den Tod) rückgängig zu machen, sodass wir für Gott lebendig gemacht würden, musste ein mächtigeres und vollkommenes Opfer gebracht werden.

## Christi vollkommenes Opfer der Erlösung

*Es ist Jesu Tod am Kreuz, der für deine Sünde zahlt.*

Da wir von Geburt an geistlich tot sind, sind wir alle Sklaven der Sünde. Der Apostel Paulus sagt: *„Ich elender Mensch! Wer wird mich retten von diesem Leibe des Todes?“* (Röm 7,24). Dann beantwortet er seine Frage selber: *„Ich danke Gott durch Jesus Christus, unseren Herrn!“* (Röm 7,25).

**Lesen Sie die folgenden Verse. Was lernen Sie daraus über Jesu Opfer?**

**Johannes 3,16:** ______________________________

______________________________

**2. Korinther 5,21:** ______________________________

______________________________

**Hebräer 2,14:** ______________________________

______________________________

______________________________

**Lesen Sie Römer 3,24-25. Was erfahren Sie in diesen Versen über unsere Erlösung?**

______________________________

______________________________

______________________________

Unsere Befreiung aus der Sklaverei der Sünde und des Todes geschah durch die Erlösungstat Jesu Christi als unser stellvertretendes Opfer. Der Begriff Erlösung in diesem Vers stammt aus der damaligen Handelssprache. Er bezieht sich auf den hohen Preis, den man zu der Zeit zahlen musste, wenn man einen Sklaven kaufen wollte – ein Preis, der so hoch war, dass man damit nicht nur den Sklaven erwarb, sondern auch die gültigen Papiere, mit denen der Sklave vollständig aus der Sklaverei freigekauft wurde. Dieser Preis der Erlösung brachte dem Sklaven vollkommene Freiheit, sodass er nicht wieder in die Sklaverei verkauft werden konnte. Erlösung ist die Tat Christi, mit der wir aus der Sklaverei der Sünde und des Todes befreit wurden.

Hier ist er! Gottes wunderbarer und barmherziger Plan der Erlösung, der uns von unserer Sünde befreit und uns wieder zu einem Leben in der Gemeinschaft mit Gott zurückbringt.

**Lesen Sie Epheser 2,4-5. Gott hat uns nicht nur unsere Sünden vergeben. Was hat er noch gemacht?**

Für einen gerechten Gott waren die Schlachtopfer von Stieren und Ziegen nicht ausreichend und mächtig genug, um die Todesstrafe aufzuheben. Sehen Sie, der Opfertod war gerade Teil des Erlösungsplans. Das Opfer musste wiederauferstehen zum Leben, sodass auch wir zurück ins Leben gebracht werden konnten.

**Lesen Sie 1. Petrus 1,18-19. Warum hatte der Tod Jesu die Kraft, Sünden wegzunehmen?**

Es ist Jesu Tod am Kreuz, der für Ihre Sünden bezahlt. Er wurde zum Opfer für Ihre Sünden. Sein Tod geschieht an Stelle Ihres Todes, und schließlich ist seine Auferstehung zum Leben Ihre Auferstehung zu einem neuen Leben in ihm.

**Lesen Sie 1. Petrus 3,18. Wozu hat Jesus uns erlöst?**

Aufgrund seines Sühneopfers können Sie befreit werden, Vergebung Ihrer Sünden erfahren und der ewigen Verdammnis in der Gottesferne entfliehen.

**Lesen Sie Hebräer 9,11-12. Was hat Jesus mit seinem Blut gemacht?**

Der Hebräerbrief zeichnet ein klares Bild von Jesus, unserem Hohenpriester, der im Tempel vor Gott, seinem Vater, sein eigenes Blut versprengt, *„um durch sein Opfer die Sünde aufzuheben“* (Hebr 9,26). Jahr für Jahr opferten die Priester des Alten Testaments Tiere zur Erlösung der Sünde. Doch dies war nur ein immer wiederkehrendes, rituelles Bild, ein Hinweis auf das wahre Opfer, das noch kommen sollte. Durch Jesu letzte Tat als Hoherpriester wurde dieses wahre Opfer vollbracht. *„Dieser aber hat ein Schlachtopfer für Sünden dargebracht und sich für immer gesetzt zur Rechten Gottes“* (Hebr 10,12).

*Wir glauben, dass Jesus, der sündlose Sohn Gottes, durch seinen Tod am Kreuz für unsere Sünde bezahlt hat. Sein Blut, das als Opfer für unsere Sünde vergossen wurde, erlöst uns, sodass wir Vergebung erfahren. Wir werden befreit und zu neuem Leben in ihm erweckt.*

Im Laufe der Kirchengeschichte gab es verschiedene Theorien darüber, wie der Sühnetod Jesu genau zu verstehen sei. Einige Theologen hoben mehr den Aspekt hervor, dass Jesu Tod als „makelloses Lamm Gottes" die Forderungen eines heiligen und zugleich gerechten Gottes erfüllt. Gottes Heiligkeit wird befriedigt, weil Jesus sündlos war – ein vollkommenes Opfer ohne Sünde, das durch seinen Tod den „Lohn unserer Sünde", d. h. den Tod, bezahlt. Diese Theorie der Versöhnung ist in den protestantischen Kirchen am weitesten verbreitet. Andere betonen eher den Aspekt, dass Jesu Opfer ein Lösegeld war. Das heißt, wenn wir sündigen, werden wir zu Sklaven Satans. Christus erlöst uns, indem er buchstäblich sagt: „Nimm mich stattdessen", und uns von Satan freikauft. Biblisch gesehen sind beide Gesichtspunkte wahr.

Auch wenn es gewisse Unterschiede bei der Betonung gibt – *Christus hat für uns gelitten* oder *er wurde an unserer Stelle bestraft*, besteht doch Einigkeit darüber, dass wir durch Jesu Tod erlöst worden sind. Uns wurde vergeben, wir sind zu neuem Leben erweckt worden und nun versöhnt mit Gott. *„Den, der Sünde nicht kannte, hat er für uns zur Sünde gemacht, damit wir Gottes Gerechtigkeit würden in ihm"* (2Kor 5,21). Gott musste einen sehr hohen Preis dafür zahlen, doch Sie und ich waren es ihm wert.

Kapitel 5.2

# Der Beweis, dass Jesus das vollkommene Opfer war

Wenn Gott Sie mit seiner Waage der Gerechtigkeit misst, können weder Ihre guten Taten – ein bußfertiges Leben – noch die Opferung Ihres eigenen Lebens Ihre Sünde aufwiegen. Das Einzige, was Ihre Sünde auslöschen und die Waage der Gerechtigkeit eines heiligen Gottes ausgleichen kann, ist ein reines und heiliges Opfer.

Gott sprach zu den Kindern Israel: *„Ihr sollt heilig sein; denn ich, der HERR, euer Gott, bin heilig“* (3Mo 19,2). Gott machte deutlich, dass die Opfer für ihn rein und makellos sein mussten, dargebracht von heiligen Priestern. Wenn diese Bedingungen erfüllt wären, würde er das Opfer als Stellvertretung für die Sünden des Volkes annehmen, und die Waage der Gerechtigkeit wäre ausgeglichen.

**Lesen Sie Hebräer 7,26-28. Welche Anforderung erfüllte Jesus als Hohepriester?**

Wenn der historische Jesus, der in Bethlehem vor mehr als 2000 Jahren geboren wurde, wahrhaftig Gottes Sohn war, dann ist klar, dass er das vollkommene Opfer und der heilige Hohepriester war, der allein unsere Rettung vollbringen konnte. Gott möchte, dass wir im Glauben davon überzeugt sind, dass Jesus von Nazareth das heilige Lamm Gottes ist. Darum hat er uns so deutliche Zeichen gegeben.

Zunächst einmal gab Gott Johannes dem Täufer ein klares Zeichen, damit er Jesus als Gottes Sohn erkennen konnte.

*Gott möchte, dass wir im Glauben zuversichtlich sind, dass Jesus von Nazareth das heilige Lamm Gottes ist. Darum hat er uns so klare Zeichen gegeben.*

**Lesen Sie Johannes 1,29-34. Woran erkannte Johannes der Täufer, dass Jesus der Sohn Gottes ist?**

Gott gab Johannes die Möglichkeit, Jesus als „den Auserwählten Gottes“ zu identifizieren. Auch uns gab er klare und eindeutige Zeichen, die auf Jesus, den Sohn Gottes, hinweisen: Wir bezeichnen dies auch als *messianische Prophetien*. So können wir sicher sein, dass Gott uns vergibt – denn der Jesus der Bibel ist das vollkommene Opfer.

## Messianische Prophetien – erfüllt in einer einzigen Person

Stellen Sie sich vor, Sie verabreden am Telefon, einen entfernten Geschäftspartner auf einer großen Konferenz zu treffen – jemanden, den Sie noch nie persönlich gesehen haben.

„Woran kann ich Sie erkennen?“, fragen Sie.

„Ich habe eine Aktentasche bei mir“, erwidert der Geschäftspartner.

„Das ist gut“, sagen Sie, „aber viele Leute werden wahrscheinlich eine Aktentasche mit sich tragen. Welche Farbe hat Ihre?“

„Schwarz.“

„Das schränkt die Sache schon ein wenig ein, doch nicht genug“, antworten Sie.

„Ich habe rote Haare“, gibt Ihnen der Partner zu verstehen.

„Das ist eine Hilfe“, antworten Sie. *Ein rothaariger Mann mit einer schwarzen Aktentasche.* Doch das ist noch nicht eindeutig genug. „Was haben Sie an?“

„Ein blaues Jackett. Reicht das?"

„Ja, das ist schon besser. Doch um ganz sicher zu gehen: Können Sie nicht rote Turnschuhe dazu tragen?"

„Sehr lustig", erwidert der Geschäftsmann. „Wissen Sie was, ich werde einfach ein Namensschild tragen, auf dem mein Name in großen, fetten Buchstaben steht."

„Das sollte genügen", sagen Sie. *Ich werde nach einem rothaarigen Mann Ausschau halten, der eine schwarze Aktentasche und ein blaues Jackett mit einem Namensschild trägt.* „Ich sollte Sie schon von Weitem erkennen können, und Ihr Namensschild wird es bestätigen."[1]

**Lesen Sie folgende Prophetien und schreiben Sie, wie sie sich in Jesus erfüllt haben.**

**Jesaja 11,1:** vgl. Lukas 3,23.31

**Micha 5,1:** vgl. Matthäus 2,1

**Jesaja 7,14:** vgl. Matthäus 1,18

**Sacharja 9,9:** vgl. Johannes 12,14-15

**Psalm 41,10:** vgl. Matthäus 26,49

**Psalm 22,17:** vgl. Markus 15,24

**Psalm 16,10:** vgl. Markus 16,6

## Die Göttlichkeit erkennen

Stellen Sie sich einmal vor, dass Gott sich vor einigen tausend Jahren einen Plan ausgedacht hat. Er nahm sich vor, seinen Sohn auf die Erde zu schicken, geboren als Kind eines Menschen. Wenn wir uns damals hätten zu Wort melden können, hätten wir vielleicht gefragt: „Woran werden wir ihn erkennen? Woher werden wir wissen, dass dies der Messias, das heilige Lamm Gottes, das dir wohlgefällige Opfer für unsere Sünden ist?“

Vielleicht hätte Gott dann geantwortet: „Ich werde ihn im Volk Israel auf die Welt kommen lassen, als Nachkomme Abrahams“ (1Mo 22,18; Gal 3,16).

„Aber Abrahams Nachkommen werden so zahlreich sein wie die Sterne am Himmel!“, hätten wir vielleicht protestiert.

„Dann werde ich es eben auf die eine Hälfte von Abrahams Linie beschränken. Er wird ein Nachkomme Isaaks und nicht Ismaels sein (1Mo 21,12; Lk 3,23-34).“

„Das ist schon besser, aber sind das nicht immer noch ziemlich viele Menschen?“

„Sagen wir, er wird aus der Nachkommenschaft Jakobs stammen, das schließt die Hälfte von Isaaks Nachkommen aus (4Mo 24,17; Lk 3,23-34).“

„Aber ...“

„Ich werde es noch genauer definieren. Jakob wird zwölf Söhne haben. Der Messias wird aus dem Stamm Juda kommen (1Mo 49,10; Lk 3,23-33).“

„Werden das nicht immer noch sehr viele Menschen sein? Wir werden ihn vielleicht nicht erkennen, wenn er kommt?“

„Keine Sorge! Sucht ihn in der Linie Jesses (Jes 11,1; Lk 3,23-32) *und* im Hause und der Nachkommenschaft von Jesses jüngstem Sohn David (Jer 23,5; Lk 3,23-31). Und dann werde ich euch noch sagen, *wo* er geboren wird: in Bethlehem, einer kleinen Stadt in der Gegend Judas (Mich 5,2; Mt 2,1).“

„Doch woher sollen wir wissen, welche Person, die dort geboren wird, dein Sohn ist?“

„Ein Bote wird ihm vorausgehen, den Weg bereiten und seine Ankunft ankündigen (Jes 40,3; Mt 3,1-2). Mein Sohn wird seinen Dienst in Galiläa beginnen (Jes 9,1; Mt 4,12-17). Er wird in Gleichnissen reden (Ps 78,2; Mt 13,34-35) und viele Wunder vollbringen (Jes 35,5-6; Mt 9,35).“

„Okay, das wird eine große Hilfe sein.“

„Oh“, wird Gott vielleicht geantwortet haben, „das ist noch längst nicht alles. Er wird auf einem Esel in die Stadt Jerusalem reiten (Sach 9,9; Mt 21,2; Lk 19,35-37) und plötzlich und mit Kraft im Vorhof des Tempels auftreten und das Haus mit Eifer reinigen (Psalm 69,10; Mal 3,1; Joh 2,15-16). *An einem einzigen Tag* werde ich mehr als 29 genaue Vorhersagen erfüllen, die mindestens 500 Jahre zuvor über ihn prophezeit worden sind. Hören Sie Folgendes:

1. Er wird von einem Freund verraten werden (Ps 41,10; Mt 26,49).
2. Der Preis für den Verrat wird 30 Silberstücke betragen (Sach 11,12; Mt 26,15).
3. Das Geld für seinen Verrat wird auf den Boden des Tempels geworfen werden (Sach 11,13; Mt 27,5).
4. Von diesem Geld wird der Acker des Töpfers gekauft werden (Sach 11,13; Mt 27,7).
5. Er wird von seinen Jüngern verraten und verlassen werden (Sach 13,7; Mk 14,50).
6. Falsche Zeugen werden gegen ihn auftreten (Ps 35,11; Mt 26,59-60).
7. Vor seinen Anklägern wird er verstummen (Jes 53,7; Mt 27,12).
8. Er wird verwundet werden und geschlagen (Jes 53,5; Mt 27,26).
9. Er wird grundlos gehasst werden (Ps 69,5; Joh 15,25).
10. Er wird geschlagen und bespuckt werden (Jes 50,6; Mk 15,19).
11. Er wird verhöhnt, verlacht und verlassen werden (Jes 53,3; Mt 27,27-31; Joh 7,5+48).
12. Er wird vor Schwachheit zusammenbrechen (Ps 109,24-25; Lk 23,26).
13. Er wird mit besonderen Worten verspottet werden (Ps 22,7-9; Mt 27,39-43).
14. Die Leute werden den Kopf über ihn schütteln (Ps 22,8; Mt 27,39).
15. Die Leute werden ihn anstarren (Ps 22,18; Lk 23,35).
16. Er wird zwischen „Übeltätern“ hingerichtet werden (Jes 53,12; Mt 27,38).
17. Seine Hände und Füße werden durchbohrt werden (Ps 22,17; Lk 23,33).
18. Er wird für seine Verfolger bitten (Jes 53,12; Lk 23,34).
19. Seine Freunde und Familie werden von ferne zuschauen (Ps 38,12; Lk 23,49).
20. Sein Gewand wird geteilt und das Los darüber geworfen (Ps 22,19; Joh 19,23-24).
21. Ihn wird dürsten (Ps 69,22; Joh 19,28).
22. Ihm wird Galle und Essig gegeben werden (Ps 69,22; Mt 27,34).
23. Er wird seinen Geist Gott anbefehlen (Ps 31,6; Lk 23,46).
24. Seine Beine wird man nicht zerschlagen (Ps 34,21; Joh 19,33).
25. Sein Herz wird sich verkrampfen (Ps 22,15; Joh 19,34).
26. Er wird in die Seite gestochen werden (Sach 12,10; Joh 19,34).
27. Dunkelheit wird am Mittag über das Land kommen (Am 8,9; Mt 27,45).
28. Er wird im Grab eines reichen Mannes begraben werden (Jes 53,9; Mt 27,57-60).
29. Er wird 483 Jahre nach dem Erlass des Königs Artaxerxes im Jahr 444 v. Chr. zur Wiederherstellung des Tempels sterben (Dan 9,24).[2]

Und als letztes Zeichen wird er am dritten Tag nach seinem Tod wieder von den Toten auferstehen (Ps 16,10; Apg 2,31), in den Himmel auffahren (Ps 68,19; Apg 1,9) und sich zur Rechten Gottes setzen mit Majestät und Macht (Ps 110,1; Hebr 1,3).“

Welchen außerordentlichen Weg ist Gott gegangen – nur um uns zu helfen, seinen einzigen Sohn zu finden und zu erkennen! Jesus hat 60 wichtige alttestamentliche

Prophetien erfüllt (dazu kommen 270 zusätzliche kleinere Verheißungen), die alle mehr als 400 Jahre vor seiner Geburt gegeben wurden. Das ist der schlagende Beweis dafür, dass Jesus der einzige ist, der „die Sünde der Welt auf sich nehmen konnte".

**Welche dieser Vorhersagen beeindruckt Sie am meisten? Warum?**

## Der Wahrscheinlichkeitsfaktor

Natürlich war Jesus nicht der einzige Jude, der in den Stamm Juda hineingeboren wurde, in der Stadt Betlehem zur Welt kam und ins Grab eines reichen Mannes gelegt wurde. Ist es möglich, dass diese Details aus dem Leben Jesu einfach nur *zufällig* mit den Prophetien des Alten Testamentes übereinstimmen?

Um diese Frage zu beantworten, müssen wir uns nur ein wenig mit Statistik und Wahrscheinlichkeitsrechnung befassen. In einer Analyse, die sorgfältig geprüft und von der *American Scientific Affiliation* bestätigt wurde, erklärt Professor W. Steiner, dass die Wahrscheinlichkeit, dass nur *acht* Verheißungen von einer Person erfüllt werden, 1 zu $10^{17}$ (d.h. 1 zu 100.000.000.000.000.000) beträgt.[3]

Damit Sie auch nur eine kleine Vorstellung von dieser Zahl bekommen, stellen Sie sich einmal vor, Sie nehmen 100 Trillionen Dollarmünzen und verteilen sie über den ganzen Staat Texas, sodass der Boden komplett mit einer Münzschicht von einem halben Meter Höhe überzogen ist! Nehmen Sie nun eine weitere Dollarmünze, markieren Sie sie mit einem großen roten X und werfen Sie sie auf den Haufen. Dann rühren Sie alles sorgfältig um.

Anschließend verbinden Sie sich die Augen und beginnen bei El Paso an der westlichen Grenze. Sie wandern die ganze Länge und Breite dieses riesigen Staates ab – von Amarillo im Pfannenstiel bis Laredo am Rio Grande und bis nach Galveston am Golf von Mexiko. Auf dem ganzen Weg bücken Sie sich nur einmal kurz, um eine einzige Dollarmünze aus der 50 cm dicken Schicht aufzuheben. Nehmen Sie dann Ihre Augenbinde ab, und schauen Sie sich die Münze in Ihrer Hand an. Wie hoch ist die Wahrscheinlichkeit, dass Sie die gekennzeichnete Münze erwischt haben? *Genauso wahrscheinlich ist es, dass eine Person in ihrem Leben acht messianische Prophetien erfüllt.*[4]

Mit anderen Worten: Es ist beinahe unsinnig zu glauben, dass sich acht alttestamentliche messianische Prophetien durch Zufall in einem Mann erfüllt haben – geschweige denn 60 bedeutende Verheißungen in Jesus von Nazareth – es sei denn, er *ist* (wie er selbst behauptet hat) *„Herrlichkeit als eines Eingeborenen vom Vater"* (Joh 1,14).

**Sie sehen, wie extrem unwahrscheinlich es ist, dass sich alle Vorhersagen in einer Person erfüllen. Was bedeutet dieses Wissen für Sie?**

Gott hat uns diese Prophetien gegeben, damit wir der Wahrheit glauben können, dass Jesus wahrhaftig Gottes vollkommenes Opfer für unsere Sünden ist. Weil Christus für uns am Kreuz gestorben ist, können wir vom Lohn der Sünde freigesprochen werden und ewiges Leben in Gott erhalten. Diese Wahrheit lässt uns mit einstimmen in den Gesang der Engel: *„Würdig ist das Lamm, das geschlachtet worden ist, zu empfangen die Macht und Reichtum und Weisheit und Stärke und Ehre und Herrlichkeit und Lobpreis!“* (Offb 5,12).

**Kapitel 5.3**

# Die wahre Bedeutung der Liebe

Das Kreuz schlug laut und dumpf im Loch auf und verursachte so Wellen der Qual in Jesu Armen und Beinen. Bevor man Jesus ans Kreuz nagelte, hatte man ihn bis zur Unkenntlichkeit geschlagen. Jetzt hing er dort am Pfahl mit unerträglichen Schmerzen. Unter dem Kreuz spielten Soldaten um seine Kleider. Religiöse Führer verspotteten ihn. In seinem Versuch, tief Atem zu holen, drückte er sich mit den von Nägeln durchbohrten Füßen ab und stieß gegen das grobgehauene Holz. Dabei schossen jedes Mal Schmerzen seine Beine hinauf. Schließlich gelang es ihm doch, genug Luft zu holen, und er sprach: *„Vater, vergib ihnen, denn sie wissen nicht, was sie tun“* (Lk 23,34). Eine solche wunderbare Liebe übersteigt unseren Verstand.

Die Menge johlte und lachte über den Schöpfer des Universums, der so hilflos am Kreuz zu hängen schien. *„Andere hat er gerettet. Er rette sich selbst, wenn dieser der Christus Gottes ist, der Auserwählte!“* (Lk 23,35).

Zwei schuldige und verurteilte Verbrecher wurden zu beiden Seiten von ihm gekreuzigt.

**Lesen Sie Lukas 23,39-43. Wodurch bekam der eine Verbrecher Vergebung seiner Sünden?**

---

---

Obwohl er schuldig war und jetzt allein starb, erfuhr dieser Verbrecher, der seine Strafe verdient hatte, die vergebende Liebe des Retters. Denn er erkannte, dass er ein Sünder war und hier die gerechte Strafe empfing, und er anerkannte Jesus als König („*gedenke meiner, wenn du in dein Reich kommst*“ V. 42).

## Geliebt und vergeben

Der Verbrecher, der neben Jesus hing, war so gut wie tot. Das Gleiche gilt für Sie! Wie dieser sterbende Verbrecher sind auch Sie der angeklagten Sünde schuldig. Ihre Sünde steht zwischen Ihnen und einem heiligen Gott – ohne Hoffnung auf Vergebung. Für ihn sind Sie tot, und aus eigener Kraft können Sie diesen Zustand nicht ändern. Es sei denn, Christus denkt an Sie, so wie bei dem Verbrecher, der neben ihm gekreuzigt wurde.

Es war an einem Samstagmorgen. Ich (Josh) war elf Jahre alt. Schon vor der Morgendämmerung zog ich mich an und erledigte eilig meine morgendlichen Pflichten, bevor die Arbeiter kamen.

Ein Team von Männern hatte seit Tagen daran gearbeitet, ein kleines Haus, das zur Farm meiner Eltern gehörte, aufzubocken und zum Transport an einen anderen Ort bereit zu machen. Mein erwachsener Bruder Wilmont wollte es gegen den Willen meines Vaters versetzen. Wilmont hatte sich in eine bittere Fehde mit meinem Vater verstrickt, die zu einem totalen Krieg um die halbe Farm der Familie eskaliert war. Nachdem Wilmont meinen Vater erfolgreich verklagt hatte, kam er nun an diesem Morgen mit einem Sheriff, einem Hilfssheriff und einer gerichtlichen Verfügung, die ihm erlaubte, das Haus zu versetzen.

Ich versuchte mein Bestes, um mich aus dem Familienkonflikt herauszuhalten. Ich hasste es mitanzusehen, wie mein Vater und Bruder sich stritten, doch das war ihre Sache. Heute wollte ich nur das aufregende Ereignis genießen und sehen, wie ein ganzes Haus die Straße hinuntergezogen wurde. Ein Ereignis, das einem Elfjährigen größere Unterhaltung bot als ein Wanderzirkus.

Als die Traktoren gerade am Haus befestigt wurden, begann mein Vater – wie immer betrunken –, Wilmont anzuschreien. Der Sheriff bewegte sich schnell in Richtung des torkelnden Mannes, um eine hässliche Szene zu vermeiden. Doch es war schon zu spät. Mein Bruder, der so etwas erwartet hatte, hatte dafür gesorgt, dass mehrere Familien aus unserem kleinen bäuerlichen Ort zugegen waren, um ihm moralischen Beistand zu leisten. Viele von ihnen fingen an, meinen Vater im Sprechchor zu beschimpfen, während der Sheriff versuchte, den alten Mann zurückzuhalten.

Mit Entsetzen schaute ich zu. Meine Aufregung schlug in Scham um. Erschreckt durch die Eskalation des Konflikts und gedemütigt zu sehen, dass der Familienkonflikt vor den Augen meiner Nachbarn und Freunde ausgetragen wurde, rannte ich fort von der beschämenden Szene, hin zu unserer Scheune, die in der Nähe lag. Ich schlug das Scheunentor hinter mir zu, kletterte in den Mais-Silo und deckte mich bis zum Hals mit den Körnern zu.

Im Dunkeln, der Stille und der Einsamkeit wandelte sich meine Scham allmählich in Wut. Ich war wütend, dass die Trunksucht meines Vaters eine solche Trennung in mein Zuhause gebracht hatte. Ich war zornig, dass er selten nüchtern war. Und ich war voller Wut, dass er dem Leben meiner Mutter so große Schmerzen bereitet hatte. Doch mehr als alles andere fühlte ich mich allein.

Stundenlang muss ich im Mais gelegen haben. Doch niemand kam, um nach mir zu schauen. Niemand schien überhaupt bemerkt zu haben, dass ich fort war. Ich fühlte mich total verlassen.

*An dem Tag, als Jesus sich selbst am Kreuz opferte, waren Sie und ich in den Gedanken und dem Herzen eines liebenden Gottes.*

Selbst in einer Welt voller Geschäftigkeit und Aktivitäten kann man sich schnell allein fühlen. Doch selbst dort, in diesem Maisbehälter, war ich nicht vergessen. Und auch Sie sind in Ihren einsamsten Augenblicken nicht allein. Obwohl Sie von Geburt an ein Sünder sind, der nichts anderes als den Tod verdient hat, breitet der heilige und sündlose Schöpfer seine Arme weit aus – so breit wie das Kreuz ist – und sagt: „Ich liebe dich, und ich vergebe dir."

**Lesen Sie Lukas 15,20. Wie empfängt der Vater den verlorenen Sohn?**

______________________________

______________________________

______________________________

**Haben Sie sich auch schon einmal allein, ungeliebt und unverstanden gefühlt? Wie sind Sie damit umgegangen, was hat Ihnen in dieser Situation geholfen?**

______________________________

______________________________

______________________________

**Lesen Sie Matthäus 11,28. Wen ruft Jesus hier zu sich?**

## Die Bedeutung der Liebe

So allein Sie sich auch manchmal in Ihrem Leben fühlen – Gott hat Sie nicht vergessen! An dem Tag, an dem Jesus sich selbst am Kreuz geopfert hat, waren auch Sie und ich in den Gedanken und dem Herzen eines liebenden Gottes. Wenn Sie sich Jesus als Ihrem Retter anvertraut haben, so wie dies der sterbende Verbrecher tat, sind Ihre Sünden wirklich vergeben. Auf Sie wartet nun ein Platz im Paradies, an dem Sie mit ihm ewig vereint sein werden.

**Lesen Sie 1. Johannes 4,9-10. Worin hat Gott gezeigt, dass er uns liebt?**

Dass Sie Vergebung erlangen, war Gott das Opfer wert – auch wenn er einen hohen Preis dafür zahlen musste. Selbst als Sie noch ein Feind Gottes waren, getrennt von ihm und allein, hat er Sie geliebt. Er hat Ihre Not gesehen, sich mit Ihrem Todesschmerz identifiziert und sich selbst geopfert, sodass Sie Vergebung Ihrer Sünden erfahren können und zu neuem Leben in einer ewigen Beziehung mit ihm erweckt werden.

Es ist schwer zu verstehen, dass Christus jeden von uns so sehr liebt. Der große Dichter und Prediger Charles Wesley konnte dies auch kaum begreifen und schrieb folgendes Lied dazu:

Kann es denn sein, dass Gott mir gibt
ein Anrecht auf des Heilands Blut?
Starb er für mich, der ihn betrübt,
gab er sein Leben mir zugut?
O große Liebe, mein Gewinn,
du gabst dein Leben für mich hin.

Er kommt von seines Vaters Thron.
Nicht messbar ist der Gnade Tat.
Nur Liebe treibt den Gottessohn,
der sich für mich entäußert hat.
Unendlich frei ist Gottes Gnad',
weil sie auch mich gefunden hat.

Verdammnis schreckt mich seither nicht.
Ich lebe: Jesus ist nun mein.
Er ist mein Haupt und Lebenslicht.
Gerecht bin ich durch ihn allein.
Kühn ford're ich vor seinem Thron
die Krone, die durch ihn mein Lohn.[1]

Kapitel 5.4

# Wie wir andere so lieben können, wie Gott uns geliebt hat

Weil Christus sein Leben für uns gegeben hat, wissen wir, was echte Liebe ist. Und so sollten auch wir unser Leben für unsere Brüder und Schwestern in Christus hingeben (1Jo 3,16). Ja, *„denn so hat Gott die Welt geliebt, dass er seinen eingeborenen Sohn gab, damit jeder, der an ihn glaubt, nicht verloren geht, sondern ewiges Leben hat"* (Joh 3,16). Doch sind wir dazu aufgerufen, diese Art von Liebe tatsächlich auch den Menschen um uns herum weiterzugeben? Wie kann unsere menschliche Liebe jemals seiner unendlichen Liebe entsprechen? Unsere Bemühungen zu lieben, kann man genauso mit Gottes Liebe vergleichen wie das Malbuch eines Erstklässlers mit Gottes farbigem Sonnenuntergang oder die handgetöpferte Vase eines Töpfers mit Gottes kunstvoller Schöpfung eines zarten, neugeborenen Babys. Dennoch sollten wir dem Beispiel seiner Liebe folgen. Wenn wir in seinen Fußspuren der Liebe gehen, finden wir den Sinn unseres Lebens und wahre Freude. Wir wollen uns nun mit zwei Dimensionen der Liebe Gottes beschäftigen und sehen, was sie bewirken. So erleben wir, wie Gott unsere Freude vollkommen macht, wenn wir lieben, wie er liebt.

## Wahre Liebe bringt Opfer

Aufopfernde Liebe gibt – egal ob sie etwas dafür erhält oder nicht.

**Lesen Sie Epheser 5,2. Welchen Maßstab für unsere Liebe finden wir dort?**

---

Gott möchte, dass wir die anderen so lieben, wie er uns geliebt hat, und das schließt Opfer mit ein. Vielleicht müssen wir nicht im wahrsten Sinne des Wortes unser physisches Leben opfern, dennoch sollen wir selbstlos leben und lieben. Das kann bedeuten, dass wir unsere Bequemlichkeit für die anderen aufgeben müssen. Es kann auch heißen, dass wir anderen unsere Zeit und unseren Besitz zur Verfügung stellen. So erweisen wir anderen Liebe, die Gott ähnlich ist.

## Wahre Liebe gibt die eigene Bequemlichkeit auf

Als Stephanie und ich (Sean) unser erstes Kind bekamen, war uns nicht klar, was es bedeuten würde, ein kleines Bündel Freude zu lieben und dafür zu sorgen. Scottie war ein gesundes und aktives Kind. Schon vorher wusste ich, dass ich ihn gerne in den Armen halten und wiegen und ihm sogar vorsingen würde. Und so war es auch. Doch ich schätze, ich habe nicht ganz realisiert, dass es sich um einen 24-Stunden-Job mit einer 7-Tage-Woche handeln würde. Stephanie und ich kümmerten uns in der Nacht abwechselnd um Scottie. Zeitweise musste ich um 2.00 Uhr morgens aufstehen, um die Bedürfnisse eines schreienden Babys zu stillen. Manchmal wanderten Stephanie oder ich um 4.00 Uhr mit einem von Koliken geplagten Scottie umher. Es war unangenehm, den notwendigen Schlaf zu verpassen und sich am nächsten Tag zur Arbeit zu schleppen. Als jung verheiratetes Paar vermissten wir auch, am Abend mit Freunden auszugehen, weil wir mit unserem Baby zu Hause bleiben mussten. Wir gaben aber willentlich die vorher genossene Bequemlichkeit – und es mag komisch klingen –, mit ganzer Freude auf, weil wir unseren kleinen Jungen liebten. Das ist aufopfernde Liebe.

*Der große Lohn für die Unannehmlichkeiten der aufopfernden Liebe ist Freude. Einen Teil davon erhalten wir hier auf der Erde, den Rest in der Ewigkeit.*

Max Lucado schreibt in seinem Buch *3:16 Zahlen der Hoffnung* über einen Vater, der seinen Sohn aufopfernd liebt.

> Ich kenne einen Vater, der aus Liebe zu seinem Sohn jede Nacht in einem Sessel schläft, und zwar nie mehr als ein paar Stunden am Stück. Seit einem Autounfall ist sein Teenager querschnittsgelähmt. Um die Blutzirkulation des Jungen zu erhalten, massieren Therapeuten seine Gliedmaßen alle paar Stunden. Nachts übernimmt der Vater die Aufgabe der Therapeuten. Obwohl er den ganzen Tag gearbeitet hat und auch am nächsten Tag wieder zur Arbeit gehen muss, stellt der Vater den Wecker bis Sonnenaufgang alle zwei Stunden, um diese Aufgabe zu erfüllen.[1]

**Haben Sie schon einmal ein Beispiel aufopferungsvoller Liebe erlebt, das Sie staunen ließ? Schreiben Sie es hier auf.**

**Lesen Sie 1. Johannes 3,16. Was sagt dieser Vers über unsere Aufopferung?**

Aufopfernde Liebe gibt die eigene Bequemlichkeit auf, um sich selbst zu geben. Wir sollten aber für andere keine Opfer aus persönlichem Gewinn heraus bringen. Doch lassen Sie mich (Josh) Ihnen etwas Überraschendes sagen. All die andauernden kleinen, aber langweiligen und manchmal zermürbenden Opfer, die man bei der Erziehung eines Kindes bringen muss – schlaflose Nächte mit einem Baby, lange Autofahrten, um für das Basketballspiel eines Kindes zurück zu sein oder die Kämpfe in der Teenagerzeit –, zahlen sich definitiv aus. Die Opfer, die Dottie und ich gebracht haben, bis Sean erwachsen war, haben mehr Freude gemacht, als ich sagen kann. Ich möchte Sean nicht in Verlegenheit bringen, indem ich an dieser Stelle alle seine hervorragenden Eigenschaften als Sohn, Ehemann, Vater, Redner und Erzieher aufzähle. Doch mein Leben hat sich schon deshalb gelohnt, weil ich mit der wunderbarsten Frau der Welt verheiratet bin. Wir durften einen Jungen und drei Mädchen aufwachsen sehen, die zu Menschen wurden, die Gott, ihre Familien und die Welt um sie herum lieben und bereit sind, Opfer zu bringen. Gottes Geschenk an mich – meine Familie – hat meine Freude vollkommen gemacht. Lieben Sie Ihre Familie und bringen Sie Opfer für sie, so werden auch Sie diese Art der Freude erleben.

Die kleineren Opfer im Leben können manchmal schwieriger sein als die großen. Seien Sie nicht entmutigt, wenn die selbstlose Liebe für andere zeitweise persönliche Unannehmlichkeiten bringt. Wer aufopfernde Liebe in andere sät, wird Freude ernten. Geben Sie sich selbst hin ohne einen Gedanken an Lohn, akzeptieren Sie die Widrigkeiten und Unbequemlichkeiten, die eine Liebe voller Opfer mit sich bringt, und Gott wird Ihnen mehr zurückgeben, als Sie sich je vorstellen können.

**Lesen Sie 1. Petrus 1,6. Was sagt Petrus über die Zeit der Betrübnis?**

**Lesen Sie Römer 8,18. Was sagt Paulus über die Leiden der jetzigen Zeit?**

Der große Lohn für die Beschwerden, die wir aus aufopfernder Liebe auf uns nehmen, heißt Freude. Einen Teil der Freude werden wir schon hier auf der Erde erleben – den Rest in der Ewigkeit.

## Wahre Liebe opfert Besitz

**Lesen Sie folgende Bibelstellen. Worin zeigt sich opferbereite Liebe?**

**1. Johannes 3,17**

**Jakobus 1,27**

Opferbereite Liebe bedeutet, anderen von unserem Besitz zu geben. In den Augen der Welt müssen wir nicht reich sein, um von unserem Besitz abzugeben. Meine Gabe muss auch nicht den gleichen Umfang haben wie die von Bill Gates, damit sie etwas wert ist. Als die Witwe zwei Münzen in den Opferkasten des Tempels legte, sagte Jesus, sie habe mehr eingelegt als die anderen, die nur von ihrem Überfluss gaben; sie gab ihren ganzen Lebensunterhalt (s. Mk 12,43). Wichtiger als Geben an sich ist, ein Opfer zu bringen.

Gott bittet nicht nur um 10 % Ihres Besitzes. Er möchte, dass wir ihm alles geben – und damit ist unser ganzer Besitz gemeint.

**Lesen Sie folgende Bibelstellen. Wozu fordert die Bibel uns auf?**

**Matthäus 22,37-39**

**Römer 12,1**

In der Welt herrscht die Meinung, dass Vermögen und das Anhäufen von Besitz die Weltwirtschaft ankurbele. Setze man das an erste Stelle, habe man genug, um auch anderen zu geben. Jesus hatte ein anderes Verhältnis zu Besitz und Reichtum. Er sagte: *„Die Füchse haben Höhlen und die Vögel des Himmels Nester, aber der Sohn des Menschen hat nicht, wo er das Haupt hinlege“* (Mt 8,20).

Diese Aussage bedeutet aber nicht, dass Immobilienbesitz oder der Erwerb von Reichtum falsch sind, sondern dass alles, was wir haben, eigentlich zuerst Gott gehört. Besitz hat eher mit Verwalterschaft zu tun als mit Eigentum. Gott hat jedem von uns gewisse Güter gegeben, und er möchte, dass wir gute Verwalter sind und die Nöte anderer damit stillen.

**Lesen Sie Philipper 2,4. Wozu fordert Paulus uns auf?**

---

---

In seinem Buch *The Faith* fordert uns Chuck Colson heraus, die Welt des Besitzes mit Gottes Augen zu sehen:

> Wenn wir die Welt mit Gottes Augen sehen, stellen wir die Bedürfnisse anderer Menschen vor unsere eigenen. Als die berühmte Romanschriftstellerin Flannery O`Connor in einem Briefwechsel gefragt wurde, wie man die Liebe Gottes erleben kann, antwortete sie daher: „Gib Almosen.“ Damit meinte sie, man solle etwas für die Armen tun, für die Menschen, die in Not sind. Der Apostel Jakobus erinnert uns daran, dass gerade das eines der Kennzeichen christlicher Heiligung ist (1,27; 2,17). Wenn wir uns um die von Gott Geliebten kümmern, die Armen und Mittellosen, die Witwen, Waisen, die Kranken und jeden, dem Ungerechtigkeit widerfährt, stürzen wir uns direkt in den kosmischen Kampf, der fortwährend zwischen Gut und Böse tobt. Wir können wählen, auf welcher Seite wir stehen. Wenn wir uns einmal auf die Seite Gottes begeben haben, werden wir seine Sichtweise verstehen und Gottes Liebe und Freundschaft auf ganz neue Art und Weise erleben.[2]

Christi Liebe – eine aufopfernde Liebe – ist Liebe in Aktion, die das, was Gott gegeben hat, an andere weitergibt.

**Lesen Sie Galater 6,2. Wie erfüllen wir das Gesetz Christi?**

---

---

---

## Wahre Liebe opfert Zeit

Wir beide (Josh und Sean) sind schon viel gereist und haben auf Jugendveranstaltungen gesprochen. Wenn es etwas gibt, das wir immer wieder von der Jugend heute hören, dann das: „Ich habe Probleme mit meinem Vater – er kümmert sich nicht um mich." Es ist nicht so, dass diese Kinder ihre Mütter nicht schätzten – sie brauchen sie. Doch ihre Wahrnehmung ist diese: „Meine Mutter ist für mich da, mein Vater nicht. Und wenn er einmal zu Hause ist, dann ist es so, als ob er gar nicht richtig da ist. Verstehen Sie, was ich meine?"

Was diese Kinder unserer Meinung nach sagen wollen ist, dass Liebe so buchstabiert wird: Z-E-I-T. Eigentlich buchstabieren wir doch alle Liebe auf diese Art. Wenn uns jemand sagt, dass er uns liebt, sich aber nicht die Zeit nimmt, mit uns zusammen zu sein, hört sich diese Liebeserklärung falsch an. Väter, die keine Zeit mit ihren Kindern verbringen, versuchen dies häufig durch viele oder teure Geschenke zu kompensieren. Doch was wir wirklich von denen wollen, die wir lieben, sind nicht Geschenke. Wir möchten ihre Zeit. Wir möchten nicht noch mehr Sachen – sondern die Person. Der Philosoph und Schriftsteller Ralph Waldo Emerson soll einmal gesagt haben, dass ein Geschenk nur eine Entschuldigung dafür ist, dass man sich nicht selbst gegeben hat. Geschenke sind wichtig, doch sie ersetzen nicht das ultimative Geschenk Ihrer Zeit.

Einige Menschen versuchen, um die Notwendigkeit herumzukommen, Zeit mit ihren Lieben zu verbringen. Sie behaupten, dass nicht die Quantität der Zeit zähle, sondern nur deren Qualität wichtig sei. Eine der größten Mythen unserer Zeit ist der Mythos der *quality time*. Natürlich möchten wir alle qualitativ gute Momente mit unserer Familie verbringen. Doch die erreicht man nicht durch einen Temin oder irgendeinen Zeitplan. Man erhält qualitative Zeit, indem man quantitativ mehr Zeit mit der Familie verbringt. Die Qualität muss aus der Quantität kommen. Wir brauchen beides!

Einer der größten Vorteile, wenn man viel Zeit mit den Kindern verbringt, ist, dass man so als Vorbild dienen kann. Wenn Sie eine Besorgung machen müssen, nehmen Sie eines Ihrer Kinder mit. Sonst verpassen Sie vielleicht eine Gelegenheit, bei der Sie ihm ein Vorbild sein können. Wenn unsere Kinder mit uns, ihren Eltern, oder den Großeltern zusammen sind, können sie erst sehen, wie wir auf die Welt reagieren: Wie wir uns verhalten, wenn ein anderer Autofahrer uns die Vorfahrt nimmt, oder wenn ein drängender Verkäufer oder eine langsame Bedienung uns ärgert. Unsere Kinder lernen mehr für ihr eigenes Leben, wenn sie mit uns zusammen sind, uns beobachten und unsere Reaktionen auf andere erleben, mehr als sie je in einem Klassenzimmer oder aus einem Schulbuch lernen können.

Es gibt noch einen weiteren Mythos, dem wir zum Opfer fallen können: „Nur die großen Erlebnisse zählen." Nennen wir sie einmal die „Disney-World-Erfahrungen". Damit sind große Ausflüge gemeint, die den ganzen Tag oder eine Woche dauern und meistens sehr viel Geld kosten. Diese großen Momente können bei uns

Eltern ein Ausflug in den Vergnügungspark, ins Kino oder ein Zoobesuch sein. Für Jugendleiter sind es Aktivitäten wie ein Skiwochenende, ein Jugendcamp oder eine große Freizeit. Es mag wahr sein, dass sich Ihre Kinder an diese „großen Ereignisse" erinnern, doch es sind in Wirklichkeit die tagtäglichen kleinen Augenblicke, die sie formen. Natürlich sind große Ereignisse nicht falsch oder schaden den Kindern. Auch wir haben mit unseren Kindern große Ausflüge gemacht und wunderbare Erinnerungen daran. Doch solche Ereignisse können niemals die kleinen, beständigen Augenblicke ersetzen, in denen wir einfach nur *mit ihnen zusammen sind.*

**Lesen Sie Johannes 1,39 und Markus 3,14a. Wie zeigt Jesus den Jüngern seine Liebe und sein Interesse?**

**Haben Sie in letzter Zeit etwas Schönes mit Ihren Kindern erlebt, mit ihnen etwas gemeinsam unternommen? Was war das?**

Mit einer Person zusammen zu sein, ist mehr, als einfach nur physische Anwesenheit. Sie können mit jemandem Zeit verbringen und doch *nicht bei ihm sein.* Mit einer Person zusammen zu sein heißt, die Aufmerksamkeit auf sie zu richten, sich für sie zu interessieren und ihr das Gefühl zu vermitteln, dass man sie wirklich liebt und sich um sie kümmert.

Jeff Myers, Vorsitzender von *Passing the Baton International* (den Stab weitergeben) unterstreicht, wie wichtig es ist, die richtigen Fragen zu stellen, um eine Person mit einzubeziehen und ihr zu zeigen, dass man *bei ihr* ist. Jeff sagt:

Wenn ich Fragen stelle, ist mein Ziel, den Studenten zu helfen, ihre Probleme selbst zu lösen und nicht ihnen Anweisungen zu geben.

„Was meinst du dazu?"

„Warum geschieht das?"

„Was ist passiert?"[3]

Jeffs Ansatz entsprechend könnten Sie, wenn Sie Zeit mit Ihren Kindern verbringen, einmal folgende Fragen stellen:

- Was mögt ihr am liebsten: Farbe, Essen, Musik, Ausflugsziel usw.? Denken Sie miteinander darüber nach, warum Sie manchmal die gleichen Dinge gern haben, in anderen Bereichen jedoch unterschiedliche Interessen zeigen. (Ziel ist, die Einzigartigkeit des Einzelnen, aber auch die Familienzugehörigkeit zu unterstreichen.)
- Was war der peinlichste Augenblick, der glücklichste, der traurigste Moment eures Lebens? Warum habt ihr euch so gefühlt? Was ist passiert?
- Wenn ihr Gott eine Frage stellen könntet – wie lautete sie?

Die Autorin Mary DeMuth schlägt einige Fragen vor, die eine großartige Brücke sein können, wenn wir wirklich „bei einer Person sein wollen".

- Was würdest du an dir selbst ändern, wenn du könntest? Warum?
- Beschreibe einen perfekten Tag. Was würdest du tun? Was würdest du dir anschauen?
- Wenn du einem Freund ein Geschenk machen könntest, was wäre es? Warum?

Wenn Sie Ihre Zeit opfern und jemandem Liebe zeigen möchten – eine Liebe, die der Liebe Jesu ähnlich ist –, müssen Sie sich gedanklich mit der Beziehung befassen. Richten Sie Ihre Aufmerksamkeit auf die Interessen des anderen, und Sie werden ihn davon überzeugen, dass er „wirklich geliebt ist".

**Was möchten Sie in der kommenden Woche tun, um Ihren Kindern zu zeigen, dass Sie sie lieben und Interesse an ihnen haben?**

## Wahre Liebe leidet mit

Wir wissen, wir sind Empfänger der aufopfernden Liebe Jesu, die für uns Folter und Tod erlitten hat. Doch wie reagiert Gott, wenn wir uns im Gebet an ihn wenden und ihm unseren Kummer bringen – sei es über den Verlust eines geliebten Menschen, unseren Schmerz, über den Verrat eines „Freundes" oder das Gefühl der Verlassenheit, weil uns ein Kollege im Stich gelassen hat? Er versichert uns, dass er uns liebt. Die opferbereite Liebe Jesu, die ihn drängte, auf die Erde zu kommen und mit uns zu leben, ließ ihn die gleichen Verletzungen und Verluste erleben wie wir. Wir vertrauen darauf, dass er uns versteht. Er ist bei uns in unseren Schmerzen und sagt: „Ich fühle mit dir. Ich weiß, dass du verletzt bist, und ich bin für dich da." Christi Liebe – die mitfühlende Liebe – ist unser Vorbild. Wir sollen für die da sein, die leiden und mit Problemen im Leben zu kämpfen haben, uns aber auch mit denen freuen, denen es im Leben gerade gut geht.

Jeden Tag sind wir mit Situationen konfrontiert, in denen wir mitfühlende Liebe vorleben können. Denken Sie einmal über folgende Situationen nach. Sie kommen Ihnen vielleicht bekannt vor:

Ihre Frau kommt vom Einkaufen nach Hause und gesteht Ihnen, dass der Kotflügel Ihres Autos bei einem kleineren Unfall eine Beule abbekommen hat. Wie reagieren Sie?

Ihre vierzehnjährige Tochter, eine bisher gute Schülerin, bringt drei Vieren und eine Fünf nach Hause. Was werden Sie ihr als Erstes sagen?

Ihr Freund ruft an und berichtet Ihnen voller Frust, dass er mit seinem Vorgesetzen in eine Auseinandersetzung geraten ist und heute entlassen wurde. Was sagen Sie ihm?

Diese und viele ähnliche Situationen spiegeln das Leben in einer Welt voller Schwierigkeiten und Kämpfe wider. Menschen machen Fehler. Kinder haben Probleme. Freunde werden verletzt. Leute geraten in Schwierigkeiten. Manchmal sind diese Vorfälle schwerwiegend: eine lebensbedrohliche Krankheit oder ein Unfall, der Zerbruch einer ernsthaften Beziehung, der Tod eines Verwandten oder Freundes, eine ungeplante Schwangerschaft usw. Doch meistens handelt es sich um eher kleinere Enttäuschungen, Verluste, Konflikte und Verletzungen im täglichen Leben. Der Umgang mit Schwierigkeiten gehört zum menschlichen Leben dazu.

**Lesen Sie Römer 12,15. Was sagt dieser Vers, wie wir anderen unsere Liebe zeigen sollen?**

In solchen Momenten brauchen die Menschen keine aufmunternden oder belehrenden Worte und keinen Lösungsansatz. Sie brauchen jemanden, der sich mit ihrem Schmerz identifiziert und mit ihnen leidet. Genau das tut die mitfühlende Liebe. Sie drängt Sie, sich mit der Situation des anderen zu identifizieren – ob fröhlich oder traurig – und für ihn da zu sein.

**Lesen Sie Johannes 11,35. Worin zeigt sich Jesu Liebe und Anteilnahme?**

Jahrelang habe ich (Josh) diese mitfühlende Liebe nicht verstanden. Immer wenn Dottie mit einem Problem zu mir kam – besonders einem, bei dem sie verletzt worden war –, versuchte ich, es zu lösen. Ich sprach ihren Schmerz nicht an, sondern setzte mich vielmehr mit dem Problem auseinander, das den Schmerz *verursacht* hatte.

Einmal kam Dottie von einem Elterntreffen in der Schule nach Hause, sehr verletzt über das, was einige Mütter über eines unserer Kinder gesagt hatten. Wenn sie früher mit mir über ein solches Problem geredet hatte, habe ich die Situation gleich analysiert und etwas in der Art gesagt: „Schatz, mach dir nicht so viel daraus. Du musst Folgendes tun:" Dann habe ich einen Plan vorgelegt, wie man das Problem lösen kann. Vielleicht war der Vorschlag sogar gut, doch ich habe den Schmerz ignoriert, den Dottie in diesem Moment spürte. Aber dieses Mal gelang es mir schließlich doch. Ich nahm Dottie in die Arme und sagte: „Schatz, es tut mir so leid, dass du diese Worte hören musstest, und ich leide mit dir." Das war's: kein Lösungsansatz und keine korrigierenden Maßnahmen. Aus tiefstem Herzen drückte ich einfach aus, dass ich mich mit ihrem Schmerz identifizierte.

Und es funktionierte! Dottie fühlte sich bestätigt und verstanden. Genau das brauchte sie in diesem Moment. Ein paar Tage später kam sie darauf zurück und fragte mich, wie sie meiner Meinung nach auf die kritischen Bemerkungen über eines unserer Familienmitglieder eingehen könnte. Mein Lösungsvorschlag war dann willkommen.

**Lesen Sie Hiob 2,12-13. Wie drücken Hiobs Freunde ihr Mitgefühl aus?**

Wir müssen nicht immer ganz genau verstehen, was ein Mensch durchmacht, um in Liebe mit ihm mitzufühlen. Ein Freund von uns musste dies auf schmerzliche Weise erfahren. Als seine Frau sich emotional auf einem Tiefpunkt befand, sagte er einmal zu ihr: „Liebling, ich weiß genau, was du durchmachst." Sie schnauzte ihn böse an: „Nein, das weißt du nicht! Wie kannst du es wagen, zu sagen, dass du weißt, was ich durchmache?" Mein Freund war sprachlos, doch seine Frau hatte Recht. Um den Schmerz eines anderen Menschen zu teilen, müssen wir nicht unbedingt wissen, was er oder sie gerade durchmacht. Wir können nicht immer an der individuellen Erfahrung einer Person teilhaben. Es bedeutet vielmehr, dass wir *mit* der Person *leiden*, weil wir *wissen*, dass unser Freund *leidet*. Die Liebe drängt uns dazu, uns mit dem, den wir lieben und der jetzt leidet, zu identifizieren. Mein Freund hätte sagen sollen: „Schatz, was du gerade durchmachst, muss sehr schwer sein. Ich möchte dir sagen, dass ich leide, weil du leidest."

Auf diese Weise können wir uns mit Leid und Schmerz anderer Menschen identifizieren, ohne den Eindruck zu vermitteln, wir wüssten genau, wie sie sich fühlen – denn sie wissen genau, dass das nicht wahr ist. Versuchen Sie, ähnliche Formulierungen zu finden, wenn einer Ihrer Lieben mit Schwierigkeiten und Verletzungen zu kämpfen hat. „Was du gerade durchmachst, muss dich sehr verletzen. Du sollst wissen, dass ich mit dir leide. Ich werde für dich da sein.“ Wenn wir diese mitfühlende Liebe dem anderen zeigen, wird das seinen Schmerz heilen und die Beziehung zu ihm vertiefen. Auch Gott gefällt es, wenn wir dem anderen so unsere Liebe zeigen. Wenn Sie sein tröstender Diener sind, werden Sie die Freude Gottes erleben.

**Lesen Sie 2. Korinther 1,3-4. Wie nennt Paulus Gott hier?**

*Mitfühlende Liebe heilt den Schmerz eines Menschen und lässt die Beziehung zu ihm tiefer werden.*

Andere so zu lieben, wie Christus uns geliebt hat, erfüllt uns mit Freude und ehrt Gott.

Weil Christus stellvertretend für uns gestorben ist, kann uns vergeben werden. Jesus hat uns geliebt und sich für uns geopfert. Deshalb ist er auf die Erde gekommen, hat mit uns gelebt und sich selbst als vollkommenes Opfer gegeben. Durch die Inkarnation (Gott nimmt Menschengestalt an) machte Jesus die gleichen Erfahrungen wie wir. So kann er in Liebe mit uns leiden. Christus hat uns wahre Liebe gezeigt, und er möchte auch andere Menschen auf diese Weise durch uns lieben. Wenn wir Gottes aufopfernde und mitleidende Liebe annehmen und anderen genau diese Liebe weitergeben, spiegeln wir wirklich die Liebe Christi wider.

6. Wahrheit:

# Rechtfertigung aus Glauben

Kapitel 6.1

# Wie können wir vor Gott gerecht werden?

Stille lag über der Menge. Man konnte eine Stecknadel fallen hören. Ich (Josh) war zu den Zuhörern hinuntergegangen und hatte einen der vorne sitzenden Diakone gefragt: „Wie sind Sie gerettet worden, wodurch haben Sie eine Beziehung zu Christus bekommen?“ Er antwortete ohne zu zögern: „Durch Glauben – durch Glauben bin ich gerettet worden.“ Ich schaute die Versammlung an und sagte: „Nein, das stimmt nicht. Niemand wird durch Glauben gerettet!“ Das war der Augenblick, als es im Saal totenstill wurde, und es wurde spürbar kühler. Bevor mich die Menge nun als Häretiker abstempeln konnte, setzte ich dazu an, meine Aussage zu erklären.

Die Wahrheit ist: Niemand von uns wird einfach durch Glauben errettet. Wenn wir durch Glauben gerettet würden, hätte Jesus nicht für uns sterben müssen. Wir hätten uns ganz einfach selbst durch Ausübung des Glaubens retten können. Die Frage ist: Hat Glauben und Glauben allein irgendwelche Macht? Eine ganze Generation wächst heute mit diesem Denken heran. Viele Menschen meinen, dass ihre Entscheidung, etwas zu glauben, tatsächlich Kraft hat, diesen Glauben in Wahrheit zu verwandeln. Sie scheinen zu denken, wenn sie nur fest und ernsthaft genug an etwas glauben, dann wird es wahr.

Wenn es um Rettung geht, gibt es nur *eine* Kraft, die Ihre Stellung als verlorener und von Gott getrennter Mensch ändern kann. Ihr bloßer Glaube kann Sie nicht retten. Es ist das *Objekt* Ihres Glaubens, das die Macht hat zu retten – Jesus Christus.

**Lesen Sie 1. Petrus 1,18-19. Wodurch sind Sie errettet worden?**

Denn Jesus, der Sohn des allmächtigen Gottes, starb für Sie und ist wieder auferstanden, um Ihre Erlösung zu erkaufen.

**Lesen Sie Epheser 2,8. Was können wir mit dem Blick auf Jesus sagen?**

In der Bibel wird nirgendwo der Glaube als die Kraft dargestellt, die uns rechtfertigt oder gerecht macht vor Gott; der Glaube ist vielmehr der Arm, der sich nach der rettenden Gnade Gottes ausstreckt. Es ist Jesus und Jesus allein, der die Kraft hat, zu vergeben und uns vom Tod ins Leben zu rufen. Darum sind wir auch nicht um unseres Glaubens willen gerettet, sondern *durch* den Glauben an Jesus Christus. Wenn Jesus nicht der Messias ist, der Sohn Gottes, der am Kreuz für Ihre Sünden starb, dann ist Ihr Glaube absolut „wertlos".

## Von der absoluten Notwendigkeit gerechtfertigt zu werden

*Wenn wir unseren Glauben auf Jesus setzen, sind wir erlöst – erkauft aus der Sklaverei und gerechtfertigt, d. h. vor Gott gerecht erklärt.*

Da wir von Geburt an geistlich tot sind, können wir nichts selbst tun, um Gnade vor Gott zu finden. Wie bereits vorher erwähnt, sind wir durch die Sünde versklavt zu einem „toten Leben". Doch durch den Glauben an Christus können wir frei werden von einem Leben in der Sklaverei der Sünde. Dennoch gibt es da noch ein Problem. Wir sind immer noch Menschen, verdorben durch die Sünde. Wie kann ein heiliger Gott Gemeinschaft haben mit einem unheiligen und unvollkommenen Menschen? Wie bereits erwähnt, ist Gott zu heilig, *„um Böses mitansehen zu können"* (Hab 1,13). Doch Gott hatte die Lösung. Erlösung (unser Loskauf aus einem Leben in der Sklaverei) schließt Rechtfertigung mit ein (vor Gott gerecht gesprochen werden).

**Lesen Sie Römer 3,20-24. Was lernen Sie in diesen Versen über Ihre Rechtfertigung?**

Wenn wir unseren Glauben auf Jesus setzen, sind wir erlöst – erkauft aus der Sklaverei und umsonst gerechtfertigt durch Gnade, d. h. vor Gott gerecht erklärt.

Wenn Gott uns für gerecht erklärt hat, gehören wir zu seinem Volk, und er sondert uns ab von einem Leben in Sünde. Diese Absonderung nennt man auch *Heiligung.*

Paulus beginnt seinen Brief an die Gemeinde in Korinth mit den Worten: „... *an die Gemeinde Gottes, die in Korinth ist, den Geheiligten in Christus Jesus, den berufenen Heiligen*". Während das *„für-gerecht-erklärt-werden"* sich darauf bezieht, dass wir augenblicklich in eine neue Stellung versetzt worden sind, beschreibt der Begriff *Heiligung* einen Prozess, bei dem wir allmählich verwandelt und Christus ähnlicher werden – so lehren es einige Bibellehrer. Andere wiederum betonen, dass die *Heiligkeit* ein sofortiges, davon getrennt zu sehendes vollkommenes Werk ist, worauf ein allmähliches Wachstum in der *Heiligung* folgt. Ganz gleich, worauf Sie oder Ihre Gemeinde den Schwerpunkt legen, wir sind in der richtigen Stellung vor Gott, weil wir erlöst, gerechtfertigt und geheiligt sind.

**Lesen Sie Psalm 51,9-10. Worum bittet David?**

---

**Wie konnte er das bekommen, als Christus noch nicht gestorben war?**

---

---

David bat um eine Beziehung zu einem heiligen Gott, eine Beziehung, die durch nichts gehindert wurde. Doch wie konnte David eine erlöste, gerechtfertigte und geheiligte Beziehung zu Gott haben, bevor Christus starb? Jesus war noch nicht in diese Welt hineingeboren worden. Auf den ersten Blick scheint es, dass David keine Möglichkeit hatte gereinigt zu werden, da er Jahrhunderte vor Christi Opfer der Erlösung und Rechtfertigung lebte.

Die Antwort darauf ist, dass die Kraft von Christi Tod und Auferstehung nicht nur in die Zukunft hineinreicht, um uns heute von der Sünde zu befreien, sondern auch zurück in die Vergangenheit, um all die, die vor Jesu Opfertod gelebt haben (siehe Röm 3,25-26) zu retten. Unsere Gerechtigkeit vor Gott wurde möglich durch den Glauben an Jesus; denn er löst unser vergangenes, gegenwärtiges und zukünftiges Sündenproblem. Durch Jesu Erlösungswerk können auch wir die Verheißung, die Gott Israel gab, für uns in Anspruch nehmen.

**Lesen Sie Jesaja 1,18. Was verspricht Gott mit unseren Sünden zu machen?**

---

Können wir denn nichts vorbringen oder für Gott tun, um unsere Erlösung zu verdienen? Gibt es nichts, womit wir Gerechtigkeit erlangen können? Können wir nichts dazu tun, um unsere Heiligkeit zu erwerben?

**Lesen Sie Römer 3,27-28. Wie beantwortet Paulus die Frage, ob wir etwas zu unserer Rechtfertigung beitragen können?**

*Wir glauben, dass die Rechtfertigung vor Gott und die Reinigung von unseren Sünden das Ergebnis der Gnade Gottes ist, allein durch den Glauben an Jesus als unser Sühneopfer.*

Leistungsorientierten Menschen, die sich alles selbst verdienen möchten, fällt es vielleicht schwer, die Erlösung aus Gnade durch Glauben zu verstehen, oder es fällt ihnen zumindest nicht leicht, sie zu akzeptieren. Um mit Gott in Beziehung zu treten, gibt es nur eine Bedingung: Gottes Angebot annehmen. Gottes Angebot ist ein Geschenk, und Jesus hat die Voraussetzungen dafür erfüllt.

**Lesen Sie Römer 9,16. Woran hängt unsere Erlösung eindeutig und allein?**

Darum sagt Paulus, wenn er von der Erlösung spricht: *„So liegt es nun nicht an dem Wollenden, auch nicht an dem Laufenden, sondern an dem sich erbarmenden Gott"* (Röm 9,16).

Christus hat uns durch seinen Tod am Kreuz von unseren Sünden erlöst. Wenn wir unseren Glauben auf ihn, unser stellvertretendes Opfer, setzen, sind wir erlöst und gerechtfertigt vor Gott. Wir sind ausgesondert als sein heiliges Volk. Nicht durch das, was wir getan haben, sondern aufgrund dessen, was Christus *für uns* getan hat (s. Röm 4,3-4).

Kapitel 6.2

# Beweise für die Macht Jesu, uns zu retten

Ihr Bruder war seit vier Tagen tot. Als Jesus den Männern befahl, das Grab zu öffnen, wies Martha daher nur auf das hin, was nahe lag: *„Herr, er riecht schon, denn er ist vier Tage hier. Jesus spricht zu ihr: Habe ich dir nicht gesagt, wenn du glaubtest, so würdest du die Herrlichkeit Gottes sehen?“* (Joh 11,39-40).

Muss man hier davon ausgehen, dass Marthas Bruder Lazarus von den Toten auferstehen wird, wenn sie nur fest genug daran glaubt? Hat der Glaube diese Macht? Nein, sicher nicht! Im Akt des Glaubens selbst liegt keine Kraft. Die Macht unseres Glaubens liegt im Gegenstand unseres Glaubens begründet. Wenn Jesus nicht wirklich der Sohn Gottes gewesen wäre, hätte kein Glaube in der ganzen Welt Lazarus von den Toten auferwecken können. Kein noch so großer Glaube an Christus wird uns retten, wenn Jesus nicht wahrhaftig Gott und Mensch zugleich ist. Wir können nicht erlöst und vor Gott gerecht sein, das Geschenk des ewigen Lebens erhalten, wenn Jesus nicht der ist, der er zu sein behauptet: der Sohn Gottes, das vor Gott angenehme Opfer. Daher ist es für unseren Glauben an die Erlösung entscheidend, dass wir mit Gewissheit sagen können, dass Jesus wahrhaftig Gott im Fleisch ist.

Zwei Gründe haben wir uns bereits angeschaut, warum wir einen solch zuversichtlichen Glauben haben können, dass Jesus der Christus ist: Er wurde von einer Jungfrau geboren, und er erfüllte die messianischen Prophetien.

**Warum machen gerade diese beiden Aspekte uns so zuversichtlich, dass Jesus der Christus ist? Erklären Sie.**

*Jesus wollte, dass seine Wunder als Legitimation seiner Identität als Sohn Gottes verstanden wurden.*

Doch es gibt noch einen weiteren Hinweis, der uns Gewissheit schenkt. Jesus selbst hat darauf hingewiesen, dass seine Taten, wie das Wunder der Auferstehung des Lazarus von den Toten, Beweise dafür sind, dass er Gottes Sohn ist.

## Die Wunder Christi

**Lesen Sie die folgenden Bibelstellen. Was beweisen die Wunder Jesu nach seinem eigenen Zeugnis?**

**Johannes 5,36:**

**Johannes 10,25:**

**Johannes 10,38:**

**Apostelgeschichte 2,22:**

Diese Wunder weisen ihn eindeutig aus als den von Gott gesandten Messias, als den Sohn Gottes. Nach seiner Auferstehung wiesen auch seine Jünger auf die Wunder Jesu hin als Beweis für seine Identität. Der Apostel Johannes, der auf Christi Identität als Gott verweist, berichtet, dass Jesus viele andere *„Zeichen und Wunder“* tat, die nicht für uns aufgeschrieben wurden (Joh 20,30-31).

**Lesen Sie 1. Korinther 15,17-19. Welches ist das wichtigste aller Wunder Jesu? Warum?**

Das wichtigste Wunder, das Jesus vollbrachte, war die Auferstehung von den Toten. Wenn er den Tod nicht besiegt hat, gilt für uns: *„... so ist euer Glaube nichtig, so seid ihr noch in euren Sünden“* (1Kor 15,17). Zwei ganze Kapitel dieses Buches werden wir später noch der Auferstehung Jesu widmen.

## Stellen Sie sich vor, Sie sind mit Jesus unterwegs

Stellen Sie sich vor, Sie wären einer der Jünger Jesu. An einem sonnigen Sabbatnachmittag spazieren Sie neben ihm her. Gerade erst haben Sie den Tempel verlassen. Dort haben die religiösen Führer Jesus vorgeworfen, er sei von einem Dämon besessen. Die Pharisäer waren so wütend, dass sie Jesus beinahe gesteinigt hätten. Doch Sie konnten vorher entkommen. Schnell voranschreitend kommen Sie an einem Bettler vorbei, der im Schneidersitz am Straßenrand kauert. Sie sind schon weitergegangen, als Sie plötzlich bemerken, dass Jesus nicht bei Ihnen und den anderen Jüngern ist. Sie schauen zurück und sehen, wie Jesus den Mann anstarrt. Da der Mann häufig an dieser Stelle bettelt, gehört er hier irgendwie schon fast zum Inventar. Nur wenige kennen den Namen des Bettlers, doch den meisten sind seine Umstände bekannt; er ist seit seiner Geburt blind. Sie kehren mit den anderen Jüngern um und nähern sich zögernd dem Paar – dem Bettler und dem Meister – und fragen sich, warum Jesus hier stehengeblieben ist. Einer von Jesu Begleitern, der eher ungestüm ist und ihm immer alles recht machen möchte, platzt mit einer Frage heraus: *„Rabbi, wer hat gesündigt, dieser oder seine Eltern, dass er blind geboren wurde?“* (Joh 9,2). Jesus mit seiner charakteristischen Freundlichkeit kniet sich neben den Mann in den Schmutz und antwortet – mehr zu dem Mann als zu dem Fragesteller: *„Weder dieser hat gesündigt noch seine Eltern, sondern damit die Werke Gottes an ihm offenbart würden!“* (Joh 9,3). Jesu seltsame Worte hallen von den Steinen der Gebäude wider, die die Szene umgeben. Er erklärt, dass die Augen dieses Mannes – die niemals das Lächeln seiner Mutter erblickt haben, niemals gesehen haben, wie der blendend weiße Marmor des Herodestempels die Sonnenstrahlen reflektiert, niemals beobachtet haben, wie der Wind in Wellen durch das goldene Getreide eines Weizenfeldes weht, niemals einem jungen Mädchen ins Gesicht geschaut haben, das vor Liebe errötet – all die Jahre lang verdunkelt waren, sodass die Kraft Gottes in ihnen heute sichtbar werden kann! Sie und die anderen schauen zu, Ihre Aufmerksamkeit ist auf den Mann gerichtet, der bisher in Dunkelheit gelebt hat, und auf den Mann, der sich selbst das Licht der Welt nennt. Jesus spuckt in den Staub, nicht nur einmal, sondern mehrmals. Niemand spricht, als er einen Lehmklumpen mit seinen Zimmermannshänden formt und geduldig, zart, den Brei auf den Augen des Blinden verteilt. Jesus spricht: „*Geh hin, wasche dich in dem Teich Siloah!*“ (Joh 9,7). Was nun passiert, geht über jede natürliche Erklärung hinaus. Es übersteigt sogar die medizinische Erkenntnis des 21. Jahrhunderts. Als der Mann Jesus gehorcht und sich den Schlamm von den Augen wäscht, kann er sehen!

In nur einem Augenblick wird eines der komplexesten Organe des menschlichen Körpers wiederhergestellt. Die Augen des Mannes wurden geheilt: ohne Skalpell wird die mögliche Ursache – der angeborene graue Star, der die Linsen des Mannes trübte – vorsichtig entfernt; ohne kleine Saugrohre werden die getrübten, geleeartigen Augäpfel der Glaskörper wieder klar. Ohne Laserbehandlung wird die Netzhaut wiederhergestellt. Kein hochentwickeltes Serum wurde auf die komplexe Schicht der lichtempfindlichen Zellen im hinteren Teil der Augen appliziert, damit die 6 Millionen Zapfen und 120 Millionen Stäbchen wieder ihre kodierten Botschaften des Lichts über Millionen von Fasern, aus denen der Sehnerv besteht, zum Gehirn senden konnten. Es wurde auch keine Therapie verschrieben für die permanente Amblyopie im Inneren der Augen – die Unterentwicklung des visuellen Systems aufgrund jahrzehntelangen Nichtgebrauchs.[1]

Zwanzig Jahrhunderte später ist eine solch angeborene Blindheit häufig noch immer irreparabel, auch wenn die Operation von den besten Chirurgen im fortschrittlichsten Operationssaal des besten Krankenhauses der Welt durchgeführt wird. Doch Jesus, der Zimmermann aus Galiläa, vollbrachte die Heilung in einem kurzen Moment. Schlamm und sein eigener Speichel waren die einzigen Werkzeuge.

So faszinierend diese Heilung auch sein mag – und sie ist nur eines der vielen Wunder, die Jesus vollbrachte –, sie sollte uns nicht verwundern. Das Entfernen eines grauen Stars, das Wiederanbringen der Netzhaut und die Wiederherstellung der ultrasensitiven Maschinerie des menschlichen Auges ist ein hochspezialisiertes und noch in der Entwicklung befindliches Gebiet der modernen Medizin. Doch für Jesus von Nazareth war es keine große Leistung – denn er ist der Schöpfergott, der Architekt des menschlichen Auges.

**Welche Seite der Person Jesu leuchtet in diesem Wunder besonders auf? - Er stellt etwas wieder her, was zerstört und unbrauchbar war.**

## „Ich glaube!“

Die Heilung des Blindgeborenen war mehr als nur ein Wunder für die, die zuerst davon hörten – sie war beunruhigend. Als die Pharisäer von der Neuigkeit hörten, kam es zu einem Aufruhr.

**Lesen Sie Johannes 9,16. Was beunruhigte die Pharisäer?**

Für die Kritiker Jesu war die Heilung des Blindgeborenen kaum auszumalen. Viele der Pharisäer hatten Jesus bereits als Messias abgelehnt. Ihren politischen und religiösen Erwartungen hatte er nicht entsprochen. Das Königreich, das er verkündigte, verlangte Demut, Buße, Bereitschaft zum Dienen und Hingabe an Gott. Sie erwarteten, dass der Messias auf Einhaltung der rabbinischen Regeln und Gesetze beharren würde. Das Volk sollte für seine nationale Bestimmung gereinigt werden. Mit Jesu Art von Religion, die auf Beziehung beruhte, wollten sie nichts zu tun haben. Doch seine Wunder brachten sie in ein Dilemma. Wie konnten sie einen Mann akzeptieren, der ihre nationalen Ambitionen nicht teilte? Und wie konnten sie andererseits einen Mann ablehnen, der eine solch erstaunliche Macht demonstrierte?

Die Pharisäer entschlossen sich, den Fall zunächst zu untersuchen. Sie ließen den geheilten Mann vor sich kommen, damit er erklären konnte, was passiert war. Dann riefen sie seine Eltern, die bestätigen sollten, dass der Mann tatsächlich blind geboren worden war. Schließlich nahmen sie den Mann noch einmal ins Kreuzverhör und hofften, das Dilemma zu lösen.

In Wahrheit waren ihre Nachforschungen nicht wirklich offen und objektiv, denn sie konnten sich selbst nicht erlauben zu glauben, was das Wunder wirklich zeigte: dass Jesus mehr war als ein Mensch. Doch sie konnten auch nicht erklären, wie ein einfacher Mensch – ein Mensch, von dem sie annahmen, dass er wie sie ein Sünder war – solch ein Wunder vollbringen konnte (siehe Joh 9,17-22).

**Lesen Sie Johannes 9,25.32-33. Wie erklärt der Geheilte das Wunder?**

**Lesen Sie Johannes 9,35-38. Wie reagiert der Geheilte, als Jesus sich ihm offenbart?**

Der Mann, der blind geboren war, hatte kein Problem, die Wahrheit zu erkennen, denn DIE WAHRHEIT stand vor ihm. Dieser Mann, der Wunder tun konnte, war mehr als ein Mensch. *„Ich war blind, und nun kann ich sehen!“*, sagte der geheilte Mann und nannte so den Beweis, der ihn bald überzeugen würde. „Wenn dieser Mann nicht von Gott ist, könnte er es nicht tun!“ Doch Jesus *tat* es; er hatte die Kraft, dieses und andere Wunder zu vollbringen, denn er war *der Auserwählte* (siehe Joh 1,1). Seine Macht spiegelte einfach seine Identität wider. Wer anders als Gott hat die Macht, die Jesus demonstrierte: über den menschlichen Körper, das Wetter, die Schwerkraft und sogar den Tod? Wer anders als Gottes Sohn könnte solche Dinge tun?[2]

- Einen Sturm stillen (siehe Mt 8)
- Einem Stummen die Sprache wiedergeben (siehe Mt 9)
- 5.000 Menschen mit fünf Broten und zwei Fischen speisen (siehe Mt 14)
- Dämonen austreiben (siehe Mk 5)
- Auf dem Wasser gehen (siehe Mk 6)
- Die Blinden sehend machen (siehe Mk 10)
- Einen Feigenbaum verfluchen (siehe Mk 11)
- Die Zukunft vorhersagen (siehe Mk 14)
- Einen Gelähmten heilen (siehe Lk 5)
- Einen jungen Mann von den Toten auferwecken (siehe Lk 7)
- Eine blutflüssige Frau heilen (siehe Lk 8)
- Aussätzige heilen (siehe Lk 17)
- Wasser in Wein verwandeln (siehe Joh 2)
- Die Lahmen wieder gehend machen (siehe Joh 5)
- Sünden vergeben (siehe Joh 8)
- Einen Mann von den Toten auferwecken (siehe Joh 11)

Die Wunder Jesu liefern überzeugende Beweise dafür, dass er das vollkommene Lamm Gottes war, das sich selbst opferte, damit Sie und ich erlöst und vor Gott gerechtfertigt wurden.

**Lesen Sie Johannes 14,11. Was sollen die Wunder Jesu in uns bewirken?**

Die Wunder Jesu sollen uns zum Glauben führen, dass er der Sohn Gottes ist. Wenn wir unser Vertrauen auf Jesus setzen, können wir sicher sein, dass er der ist, den Gott als Opfer an unserer Stelle annimmt.

**Lesen Sie Römer 8,1-2. Was sind die Folgen, wenn Sie an Jesus als das Lamm Gottes glauben?**

Wenn Sie an Jesus als das Lamm Gottes glauben, werden Sie trotz Ihrer Sünden gerecht gesprochen, Ihr Todesurteil wird aufgehoben, und Sie sind nun ein Kind Gottes!

**Kapitel 6.3**

# Die Freude der Errettung

Stellen Sie sich vor, Sie werden in einen großen Gerichtssaal geführt. Der allmächtige Gott sitzt als Richter hinter einem erhöhten Pult; der Tisch der Anklage befindet sich zu seiner Linken, der der Verteidigung zu seiner Rechten. Sie erkennen, dass Satan am Anklagetisch steht, während ein ängstlich aussehender Mann auf der Anklagebank sitzt. Der Gerichtsdiener verkündet laut: „Fall Nr. 8032666". Der Richter antwortet: „Sie haben das Wort."

„Euer ... *Ehren*", verhöhnt Satan den Richter und nähert sich dem in sich zusammengesunkenen Angeklagten. „Ich weiß, dass ich Ihnen nicht alle Sünden des Angeklagten aufzählen muss. Sein Ehebruch allein ist genug, um ihn zu verurteilen, ganz zu schweigen von seiner Erbsünde durch Adam. Beweisstück A listet detailliert die Zeiten und Daten auf, an denen der Angeklagte Frauen sexuell begehrte – 65.243-mal. Um es noch schlimmer zu machen, die Zeilen, die auf der Liste rot unterstrichen sind, zeigen die Gelegenheiten, an denen die Lust des Mannes auch wirklich zum Ehebruch führte, z.B. am 19. Juli"

„Schon gut, schon gut“, unterbricht ihn der Mann. „Das genügt.“

„Worauf plädieren Sie?“, fragt der Richter.

„Freispruch, Euer Ehren, denn ich habe etwas zur Verteidigung vorzubringen.“

„Fahren Sie fort“, sagt der Richter mit einem Nicken.

„Es war nicht mein Fehler“, beginnt der Mann. „Meine Sekretärin war einsam, und ich tat es aus Mitleid. Sehen Sie, sie war von ihrem Ehemann misshandelt worden und brauchte jemanden, der sie tröstet. Ich war gerade da und ...“

„Das spielt keine Rolle!“, schreit Satan. „Es ist egal, warum, Euer Ehren. Allein die Tatsache zählt, dass er die Tat begangen hat. Seine sogenannten Gründe sind reine Entschuldigungen. Dieser Mann ist ein Sünder.“ Er hebt einen Stapel Papier in die Höhe und schwenkt ihn hin und her. „Und Euer Gesetz sagt, *Die Seele, die sündigt, sie allein soll sterben,* (Hes 18,4).“

„Ich bin vielleicht ein Sünder, aber ich habe noch etwas anderes zu meiner Verteidigung zu sagen, Euer Ehren“, stammelt der Angeklagte.

„Fahren Sie fort“, sagt der Richter.

„Ich weiß, dass Sie gerecht und fair sind“, erwidert der Angeklagte. „Deshalb biete ich all das Gute, das ich in meinem Leben getan habe, zu meiner Verteidigung an.“ Drei Männer kommen herein mit großen, vollgeschriebenen Notizbüchern. „Ich habe hier meine noblen Taten der Freundlichkeit zusammengestellt. Ich habe notiert, wie ich meinen Mitmenschen geholfen, meine Zeit und eine beträchtliche Summe an Geld geopfert habe, um das Leiden anderer zu verringern. Darüber hinaus habe ich meine zweite Frau treu geliebt.“ Der Mann lächelt stolz. „Sie sehen, meine guten Taten sind zahlreich, während meine Seitensprünge selten waren – zumindest vergleichsweise. Das Gute überwiegt das Böse, das ich getan habe, bei Weitem.“

„Das hat nichts zu sagen!“, schreit Satan. Er schaut den Mann an. „Es spielt überhaupt keine Rolle, wie viel Gutes Sie getan haben, Sie sind dennoch ein Sünder. Das ist alles, was dieses Gericht wissen muss. Und alle Sünder gehören *mir*!“

„Nein, ich nicht!“, wendet der Mann ein.

„Oh, doch“, entgegnet Satan scharf. „Schauen wir uns einmal die Erbsache an. Sind sie ein Nachkomme Adams?“

„Natürlich“, antwortet der Mann. „Alle Menschen sind es. Was hat das damit zu tun?“

„Alles!", fährt Satan ihn an. Er spricht zum Richter, ohne den Mann aus den Augen zu lassen. „Euer Ehren, ich berufe mich auf die ewigen Worte des Gerichts: *Darum, wie durch einen Menschen die Sünde in die Welt gekommen ist und durch die Sünde der Tod und so der Tod zu allen Menschen durchgedrungen ist, weil sie alle gesündigt haben*" (Röm 5,12). Satan zeigt auf den Mann. „Gute Taten können Ihre Sünde nicht auslöschen, mein Herr, und nichts, was Sie tun, kann Ihr Todesurteil abwenden!"

Mit einem selbstgefälligen Ausdruck im Gesicht wendet sich Satan dem Richter zu. „Ich übergebe den Fall Ihnen, Euer Ehren. Sie haben keine andere Wahl, als Gerechtigkeit walten zu lassen und die Todesstrafe zu verhängen."

„So steht es geschrieben", sagt der Hohe Richter mit fester, aber trauriger Stimme. *„Der Lohn der Sünde ist der Tod"* (Röm 6,23), und er schlägt mit dem Hammer auf sein Pult. Zwei Wachen kommen herein und ziehen den in sich zusammengesackten und bitterlich schluchzenden Mann aus dem Gerichtssaal. Zischend und fauchend folgt Satan ihm hinterher.

Plötzlich werden *Sie* zur Anklagebank geführt. Mit gesenktem Kopf warten Sie voller Angst auf das, was nun kommen wird.

Der Richter liest laut von dem vor ihm liegenden Blatt: „Fall Nr. 2308777." Er schaut Sie an und fragt: „Wie plädieren *Sie*?" – „Freispruch, Euer Ehren", antworten Sie. „Notiert", erwidert der Hohe Richter. „Der Kläger kann seine Klage vorbringen." Frech und arrogant kommt Satan nach vorne; sein unbarmherziger Blick ist voller Geringschätzung und Verachtung. „So, Sie halten sich für unschuldig", lächelt er höhnisch. „Zufällig weiß ich es besser. Ich verfüge über eine lange Liste all Ihrer Sünden, und das sind Tausende." Satan beginnt, Ihre Sünden eine nach der anderen aufzuzählen: Stolz, Neid, sexuelle Begierden, Habgier, unbeherrschter Zorn, Hass, Egoismus. Es folgt ein Beispiel nach dem anderen Ihrer schlimmsten Sünden. Voller Scham senken Sie den Kopf, während die Liste immer weiter geht. Schließlich hält Satan inne, schaut den Richter an und sagt: „Eurer Ehren, diese Dinge hat der Angeklagte in nur einem Jahr getan." Er wendet sich an Sie und fragt: „Soll ich fortfahren, oder möchten Sie Ihrer Aussage noch etwas hinzufügen?"

„Ich stehe zu meiner Aussage", erwidern Sie. Satan stößt ein teuflisches, gackerndes Lachen aus. „Wie dumm sind Sie eigentlich? Sie haben nichts zu Ihrer Verteidigung vorzubringen! Nach dem Gesetz ist Ihre Geburt als Sünder schon eine Garantie für Ihr Todesurteil. Und dazu kommt noch, dass Ihre Sündenliste selbst ein Kriegsschiff zum Sinken brächte. Sie verschwenden bloß die Zeit des Gerichts und könnten genauso gut aufhören. Sie haben nichts zu Ihrer Verteidigung vorzubringen, und es ist eine Beleidigung, dass Sie behaupten, unschuldig zu sein."

Sie stehen auf und antworten: „Es ist wahr, ich habe kein Recht, auf Freispruch zu plädieren. Ich stehe hier vor diesem heiligen Gericht und bin nur schon durch mein innerstes Wesen verdammt. Ich bin in allen angeklagten Punkten schuldig in Wort und Tat. Mit einer Ausnahme." – „Und was könnte das wohl sein?", antwortet Satan mit schneidender Verachtung.

Sie schlucken, fallen auf Ihre Knie, schauen zum Richter hoch und schreien: „Barmherzigkeit, Euer Ehren." In diesem Moment steht eine Person, die Sie bisher nicht beachtet haben, neben dem Richter auf und kommt auf Sie zu. Sie nickt Ihnen zu, lächelt Sie an und gibt Ihnen ein Zeichen fortzufahren. Sie räuspern sich, stehen auf und fahren fort. „Ich habe gesündigt. Ich war ein Sklave der Sünde und des Todes."

„Jetzt sprechen wir endlich die gleiche Sprache", fällt Satan Ihnen ins Wort. „Und es besteht kein Zweifel daran, dass ich den Tod verdient habe", fügen Sie hinzu. „Doch ich berufe mich auf das Blut meines Heilandes Jesus Christus, der mich von meinen Sünden gereinigt und alle Schuld abgewaschen hat." Nun steht die Person an Ihrer Seite und spricht:

„Es ist wahr. Dieser Mensch hat das Todesurteil verdient." Satan applaudiert. Der Hohe Richter hebt seine Hand. „Ruhe, bitte!", fordert er. „Der Tod ist der Lohn der Sünde", fährt die Person an Ihrer Seite fort. „Und ich selbst habe dafür bezahlt."

„Einspruch!", schreit Satan dazwischen.

„Einspruch abgelehnt!", die mächtige Stimme des Richters dröhnt durch den Saal. Sie spüren, wie Ihnen jemand freundlich die Hand auf die Schulter legt. Sie schauen auf und sehen Jesus Christus neben sich stehen.

„Das stimmt", sagt Jesus mit lauter und fester Stimme. „Ich, der Sohn Gottes, habe für die Sündenschuld dieses Menschen bezahlt." Dann schaut Jesus Sie an, als er fortfährt: „Und du, mein Kind, hast dein ganzes Vertrauen auf mich als deinen Verteidiger gesetzt."

„Das ist ja lächerlich!", schreit Satan den Richter an. „Sie können doch dieses doppelzüngige Gerede nicht dulden. Wer ist hier überhaupt zuständig? Das Gesetz gilt: Jeder, der sündigt, muss sterben." Satan wendet sich mit wildem Blick zu Jesus. „Der Angeklagte hat gesündigt, deshalb hat dieser Mensch den Tod verdient, nicht du." Satan zeigt mit ausgestrecktem Finger auf Sie: „Der Angeklagte muss sterben."

Jesus wendet sich an den Hohen Richter und sagt: „Die Anklage bringt Einwände vor, Euer Ehren. Sie hat absolut recht: Ich habe den Tod *nicht* verdient – und war deshalb der vollkommene Ersatz für meinen Mandanten."

„Das ist doch die Höhe ... ein Skandal! Unfair! Das ist ... das ist gesetzeswidrig!", brüllt Satan. „Offensichtlich hat die Anklage Euer unfehlbares Wort vergessen, Euer Ehren", antwortet Jesus. „Wenn das Gericht erlaubt, werde ich das Gedächtnis der Anklage auffrischen, indem ich meinen Mandanten bitte, aus Eurer Heiligen Schrift vorzulesen." Jesus händigt Ihnen Gottes Heiliges Wort aus und zeigt auf einen Abschnitt. Er lächelt Ihnen aufmunternd zu und flüstert: „Lies es laut und mit fester Stimme vor." Sie räuspern sich und lesen: „Das Gesetz konnte mir nicht helfen, so zu leben, wie es Gott gefällt. Denn ich war an die Sünde versklavt und zu schwach, es zu erfüllen. Deshalb sandte Gott seinen Sohn. Er wurde Mensch und war wie ich der Macht der Sünde ausgesetzt. An meiner Stelle nahm er Gottes Verurteilung der Sünde auf sich (nach Römer 8,3)."

„Nein, nein, nein!", schreit Satan und schlägt mit der Faust auf den Tisch. „Das ist nicht gerecht! Das ist Gnade, und ich hasse Gnade! Außerdem, darum geht es nicht hier vor Gericht. Euer Ehren, Sie sind ein gerechter Richter, und ich weiß, Sie werden auf Gerechtigkeit bestehen. Ich fordere Gerechtigkeit!"

Jesus schaut hinauf zu dem Hohen Richter und sagt: „Der Gerechtigkeit wurde Genüge getan, Euer Ehren. Die Sünde wurde begangen, und mein Tod als Sohn Gottes hat die Strafe dafür bezahlt. Die Gerechtigkeit wurde erfüllt, und dieses Gericht hat jedes Recht, Gnade walten zu lassen und diesen Menschen freizusprechen. Mein lieber Freund hier ist vor dem Gesetz unschuldig, weil ich alle Sünden und die Strafe dafür auf mich genommen habe."

„So steht es in meinem ewigen Wort", beginnt der Richter. Er schaut Sie direkt an und fährt fort: „Du bist in meinen Augen gerecht, wenn du an meinen Sohn Jesus Christus glaubst, dass er dir die Sünden vergibt (siehe Römer 3,22). Und dein Zeugnis hier zeigt, dass du das getan hast, richtig?"

„Das stimmt!", erwidern Sie ohne zu zögern.

„Nein, nein, nein!", schrillt Satans Stimme. „Dieser Halunke ist ein Sünder durch und durch. Ich habe den Beweis erbracht. Dieser Mensch hat die Gerechtigkeit, die vor Euch gilt, nicht erreicht. Bei Weitem nicht! Ich bestehe auf Vergeltung der Sünde: den ewigen Tod für diesen Nachkommen Adams!"

Der Richter hebt die Hand und sagt: „Ruhe im Gerichtssaal! Die Strafe für den Tod wurde bezahlt. Die Sünden dieses Menschen wurden fortgenommen; sie wurden so weit weggeworfen wie der Osten vom Westen ist. Dieses Kind Adams ist nun ein Kind Gottes. Es steht geschrieben: „Was sich keiner verdienen kann (und er schaut dem Angeklagten direkt in die Augen), schenke ich in meiner Güte. Ich erkläre dich für nicht schuldig. Ich nehme dich an, weil Jesus Christus dich erlöst hat (siehe Röm 3,24)."

Sie spüren, wie Ihr Verteidiger seinen Arm um Ihre Schulter legt und Sie zu sich zieht. Sie schauen in sein Gesicht. Er lächelt und nickt bestätigend.

Der Hohe Richter liest weiter vor: „Ich habe Jesus gesandt, damit er die Strafe deiner Sünde auf sich nimmt und meinen Zorn befriedigt. Du bist vor mir gerecht, weil du glaubst, dass Jesus sein Blut für dich vergossen und sein Leben für dich gegeben hat" (siehe Röm 3,25).

„Das ist weder gerecht noch fair!", kreischt Satan.

Der Richter hebt seine Hand und bittet wieder um Ruhe. Dann sagt er: „Ich bin in diesem Moment vollkommen gerecht und fair, wenn ich diesen Sünder vor meinen Augen gerecht spreche, weil mein Kind an Jesus glaubt (siehe Röm 3,26)." Mit diesen Worten schlägt der Hohe Richter seinen Hammer donnernd auf den großen Richtertisch und erklärt: „Diese Person ist durch meine Gnade und den Glauben an Jesus Christus gerechtfertigt. Das Verfahren ist beendet, die Akte wird geschlossen!"

Der Kern dieses fiktiven Beispiels ist absolut wahr. Die Abschnitte aus Römer 3 sind zwar in den Kontext unserer Geschichte eingebettet, doch keineswegs Fiktion, sondern direkte Zitate aus der Bibel. Die meisten Menschen glauben, dass Gott ihnen aufgrund ihrer guten Werke einen Platz im Himmel geben wird. In Wahrheit kommen Sie jedoch nur in den Himmel, wenn Ihr Todesurteil, der Lohn für Ihre Sünde, auf jemand anderen gelegt wird und Sie allein durch den Glauben an Jesus Christus erlöst und vor Gott gerechtfertigt werden. Und was ebenso wichtig ist: Durch Jesu Opfer und Ihren Glauben an ihn, ändert sich Ihre Stellung als Sohn oder Tochter Adams. Sie sind dann ein Kind Gottes.

**Listen Sie auf, welche Bibelstellen Ankläger, Verteidiger und Richter für ihre Position heranziehen.**

**Ankläger:** ______________________________

**Verteidiger:** ______________________________

**Richter:** ______________________________

## Ihre Freude wurde vollkommen gemacht

**Lesen Sie Epheser 1,4-5. Welchen Entschluss hat Gott bereits vor der Schöpfung getroffen?**

______________________________

______________________________

______________________________

*„Wie er uns in ihm auserwählt hat vor Grundlegung der Welt, dass wir heilig und tadellos vor ihm seien in Liebe, und uns vorherbestimmt hat zur Sohnschaft durch Jesus Christus für sich selbst nach dem Wohlgefallen seines Willens"* (Eph 1,4-5). Sie wurden tot geboren. Sie waren allein, verlassen und ohne Liebe aufgrund Ihrer Sünde. Sie hatten Angst, waren getrennt und ohne jegliche familiäre Verbindung. Doch nun, da Sie Ihr Vertrauen auf Jesus gesetzt haben, haben Sie eine richtige Familie und sind etwas Besonderes.

**Lesen Sie Galater 4,6. Was dürfen wir als gerechtfertigte Menschen zu Gott sagen?**

*Wir wurden von der Sünde befreit, haben Frieden in unserem Herzen, sind erlöst von Schuld, haben einen Sinn im Leben und die Hoffnung auf ein ewiges Leben mit ihm.*

Als Folge unserer Rechtfertigung vor Gott kommt sein Heiliger Geist in unser Leben, und wir werden in seine Familie adoptiert. Wir erhalten aber nicht nur sein ewiges Leben und können Gott *Vater* nennen, sondern wir sind *„wenn Kinder, so auch Erben, Erben Gottes und Miterben Christi"* (Röm 8,17).

Erwählt, erlöst, gerechtfertigt, geheiligt, aufgenommen in seine Familie und in Besitz des ewigen Lebens und Erbes! Was könnten wir mehr erbitten?

**Lesen Sie Römer 4,6-8. Mit welchem Wort beschreibt König David einen Sünder, der gerecht gesprochen wurde? Was bedeutet der Ausdruck?**

**Lesen Sie Johannes 15,11. Was ist Jesu Wunsch für unser Leben?**

Ihre Erfüllung, Ihre vollkommene Freude und Ihr Glück liegen in der Beziehung zu Gott, Ihrem Vater. Er hätte Sie nicht retten müssen. Doch in seiner Gnade bietet er Ihnen – und allen, die ihr Vertrauen auf Jesus gesetzt haben – die Adoption an. Wir wurden von der Sünde befreit, haben Frieden in unserem Herzen, sind erlöst von Schuld, haben einen Sinn im Leben und die Hoffnung auf ein ewiges Leben mit ihm (lesen Sie 1Petr 1,3-4).

## Eine meiner größten Freuden im Leben

Seit jenem Moment, als ich (Josh) im Alter von 11 Jahren wieder aus dem Mais-Silo gestiegen war, verlassen, einsam und zornig, war ich entschlossen, das Glück zu finden. Ich habe bereits beschrieben, wie mich meine Suche zu Religion, Bildung und Prestige führte, nur um jedes Mal wieder aufs Neue enttäuscht zu werden. Doch Gott meinte es gut mit mir. Obwohl ich ihn nicht liebte, liebte er mich. Ich spürte, wie Jesus bittend vor meiner Herzenstür stand.

**Lesen Sie Offenbarung 3,20. Warum klopft Jesus an unsere Herzenstür?**

Ich war im zweiten Jahr an der Universität und hielt die Tür noch immer geschlossen und verriegelt. Es war mir egal, ob Jesus auf dem Wasser gegangen war oder Wasser zu Wein gemacht hatte. Kein Partymuffel sollte mir den Spaß verderben. Ich hätte mir keinen schnelleren Weg vorstellen können, um meine gute Zeit zu ruinieren. Ich nannte sie zwar „gute Zeit", doch eigentlich fühlte ich mich hundeelend. Ich war ein wandelndes Schlachtfeld. Mein Kopf sagte mir: *Der christliche Glaube ist wahr,* doch mein Wille widersetzte sich dem mit aller Kraft.

Dann war da noch das Problem mit dem Stolz. Der Gedanke, Christ zu werden, erschütterte mein Ego. Ich hatte gerade festgestellt, dass all mein vorheriges Denken falsch gewesen war und meine Freunde Recht hatten. Jedes Mal, wenn ich mich in Gesellschaft dieser enthusiastischen Christen befand, kochte der innere Konflikt wieder hoch. Wenn Sie sich schon einmal in der Gesellschaft fröhlicher Leute elend gefühlt haben, wissen Sie, dass die Freude der anderen Ihnen ganz schön unter die Haut fahren kann. Manchmal musste ich aufstehen, die Gruppe verlassen und regelrecht aus der Studentenversammlung davonlaufen. Schließlich kam der Zeitpunkt, an dem ich abends um 22.00 Uhr zu Bett ging, doch bis 4.00 Uhr morgens keinen Schlaf fand. Ich konnte das Problem nicht loslassen. Ich musste etwas tun, bevor es mich um meinen Verstand brachte.

Dann tat ich einen klugen Schritt im Glauben. Ich kehrte meinem alten Leben den Rücken zu und setzte mein Vertrauen auf Jesus, meinen Retter, als Opfer für meine Sünde.

**Lesen Sie 2. Korinther 5,16-17. Was sagt dieser Vers über einen Menschen, der Jesus als seinen Retter angenommen? Was bedeutet das?**

Ein Aspekt dieses neuen Lebens war für mich Frieden: die Erlösung von meiner Rastlosigkeit. Bevor ich an Christus gläubig wurde, musste ich mich immer beschäftigen. Ich ging zu meiner Freundin, auf eine Party, zur Studentenvereinigung oder hing einfach mit meinen Freunden rum. Ich ging über den Campus, den Kopf voll stürmischer Gedanken. Wie ein Gummiball war ich immer in Bewegung. Ich setzte mich hin und versuchte, zu studieren oder nachzudenken, doch es wollte einfach nicht klappen. Nachdem ich mein Leben Jesus übergeben hatte, kam eine Art geistiger Frieden über mich. Verstehen Sie mich bitte nicht falsch! Ich meine nicht, dass alle Konflikte damit beseitigt waren. In meiner Beziehung zu Jesus ging es nicht so sehr um die Abwesenheit von Konflikten, sondern um die Fähigkeit, mit ihnen fertig zu werden. Um nichts in der Welt möchte ich dies missen.

Ein anderer Bereich, in dem Besserung eintrat, waren meine Wutausbrüche. Wenn mich vorher jemand nur schief ansah, explodierte ich schon. In meinem ersten Jahr an der Universität hätte ich beinahe einen Mann umgebracht. Ich besitze noch Narben von diesem Kampf. Mein Temperament gehörte so selbstverständlich zu mir, dass ich gar nicht auf die Idee gekommen wäre, es bewusst zu ändern. Eines Tages geriet ich in einen Konflikt, der mich normalerweise in Rage gebracht hätte, doch diesmal blieb ich ruhig und gelassen. Mein Jähzorn war weg! Es war nicht mein Verdienst; Jesus hatte mir ein neues Leben geschenkt. Das heißt nicht, dass ich nun perfekt war. Vierzehn Jahre lang habe ich niemals wieder die Beherrschung verloren. Als es wieder einmal passierte, machte es all die Male, an denen nichts geschehen war, wieder wett.

**Lesen Sie Galater 5,22-23. Welche Eigenschaften will der Heilige Geist in Ihnen hervorbringen?**

______________________________

______________________________

**Haben auch Sie nach der Bekehrung Veränderungen in Ihrem Charakter bemerkt? Wenn ja, welche?**

______________________________

______________________________

Doch Jesus veränderte mich noch auf eine andere Art. Mein altes Leben war von Hass geprägt. Wie eine schwere Last drückte mich der Hass nieder. Er saugte alle Lebensfreude aus mir heraus. Äußerlich sah man mir nichts an, doch innerlich nagte der Hass an mir und machte mir das Leben zur Hölle. Menschen, Dinge und Probleme bedrückten mich. Ich war unsicher. Immer, wenn ich jemanden kennenlernte, der anders war als ich, fühlte ich mich bedroht und reagierte mit Hass.

Einen Menschen in der Welt hasste ich mehr als jeden anderen – meinen Vater. Wie demütigend war es für mich, dass er ein stadtbekannter Alkoholiker war. Wenn Sie aus einer Kleinstadt kommen und einer Ihrer Elternteile Alkoholiker ist, wissen Sie, was ich meine. Jeder wusste es. Meine Freunde an der Highschool machten Witze über die Trunksucht meines Vaters. Sie dachten, es würde mir nichts ausmachen, denn ich machte ebenfalls Witze und fiel in ihr Lachen mit ein. Äußerlich lachte ich mit, aber lassen Sie mich Ihnen sagen, mein Innerstes schrie. Manchmal, wenn ich zum Stall ging, fand ich meine Mutter hinter den Kühen im Mist liegen;

so schrecklich zusammengeschlagen, dass sie nicht mehr aufstehen konnte. Das hat mich als Kind fast zerrissen. Wenn wir Freunde zu Besuch hatten, brachte ich meinen betrunkenen Vater in die Scheune, band ihn dort fest und parkte sein Auto hinter dem Silo. Ich schämte mich, dass irgendjemand ihn so hätte sehen können. Unseren Gästen erzählten wir, dass er weggefahren sei. Ich glaube, niemand kann eine Person mehr hassen, als ich meinen Vater gehasst habe.

Etwa fünf Monate nach meiner Bekehrung zu Christus, kam die Liebe Gottes mit solcher Kraft in mein Leben, dass sie diesen Hass packte, ihn auf den Kopf stellte und hinausschmiss. Anstelle des Hasses gab Gott mir Liebe und Freude. Ich konnte meinem Vater direkt in die Augen schauen und sagen: „Dad, ich liebe dich." Und ich meinte es auch so – nach so manchen Dingen, die ich ihm angetan hatte und die ihn erschüttert hatten.

**Lesen Sie Römer 5,5. Woher kommt die Kraft, andere zu lieben, die uns Leid zugefügt haben?**

Nachdem ich zu einer Privatuniversität gewechselt hatte, erlitt ich einen schweren Autounfall und kam ins Krankenhaus. Als ich wieder nach Hause entlassen worden war, kam mein Vater ins Zimmer. Erstaunlicherweise war er an diesem Tag nüchtern. Doch er schien unruhig zu sein und ging im Zimmer hin und her. Dann platzte es aus ihm heraus: „Mein Sohn, wie kannst du einen Vater wie mich lieben?" Ich antwortete: „Dad, vor sechs Monaten habe ich dich noch verachtet." Dann erzählte ich ihm die Geschichte meiner Suche und zu welchem Urteil ich über Jesus Christus gekommen war. Ich sagte ihm: „Ich habe mein Vertrauen auf Jesus Christus gesetzt, Gottes Vergebung erfahren, ihn in mein Leben eingeladen und er hat mich verändert. Ich kann nicht alles erklären, Dad, doch Gott hat den Hass genommen und mir die Fähigkeit gegeben zu lieben. Ich liebe dich, so wie du bist."

Wir sprachen fast eine Stunde lang miteinander, und dann erlebte ich einen der glücklichsten Momente in meinem Leben. Dieser Mann, mein Vater, der mich so gut kannte, dass ich mich nicht vor ihm verstecken konnte, schaute mich an und sagte: „Sohn, wenn Gott in meinem Leben das tun kann, was er in deinem Leben getan hat, dann möchte ich ihm die Chance dazu geben. Ich möchte ihn als meinen Retter und Herrn annehmen."

Wenn ein Mensch zum Glauben an Christus kommt, dauert es gewöhnlich ein paar Tage, Wochen, Monate oder sogar Jahre, bis Veränderungen in seinem Leben sichtbar werden. In meinem eigenen Leben dauerte es sechs bis achtzehn Monate, und Veränderung findet immer noch statt. Doch das Leben meines Vaters änderte sich sofort vor meinen Augen. Es war, als ob Gott heruntergegriffen und den Lichtschalter betätigt hätte. Weder vorher noch nachher habe ich jemals eine derart dramatische Veränderung erlebt. Nach diesem Tag hat mein Vater nur noch einmal ein Glas Alkohol in die Hand genommen. Er führte das Glas nur bis zu seinen Lippen, dann stieß er es fort. Für immer. Ich habe nur eine Erklärung dafür: Die Beziehung zu Jesus Christus verändert Leben und macht unsere Freude vollkommen.[1]

**Lesen Sie Johannes 8,36. Was bewirkt Jesus in uns?**

**Haben Sie nach Ihrer Bekehrung auch erlebt, dass sich die Beziehungen zu Menschen geändert haben? Was passierte?**

**Gibt es Menschen, mit denen Sie noch Dinge aus der Vergangenheit bereinigen müssen? Denen Sie vergeben oder die Sie um Vergebung bitten müssen? Schreiben Sie deren Namen hier auf.**

Kapitel 6.4

# Wie man eine persönliche Beziehung zu Gott bekommt

Gott hat einen weiten Weg zurückgelegt, um mit Ihnen Gemeinschaft zu haben. Er verließ den Himmel, starb einen qualvollen Tod und ist wieder auferstanden, um Sie zu neuem Leben zu erwecken. Noch einmal: Er tat all dies, weil er *„ein eifersüchtiger Gott“* ist (2Mo 34,14), der Gemeinschaft mit Ihnen haben möchte.

Welche Schritte müssen Sie nun gehen, wenn Sie noch keine lebendige Beziehung zu Gott haben, sie aber suchen? Im Folgenden gebe ich Ihnen eine einfache Darstellung des Evangeliums, die Ihnen helfen kann, eine Beziehung zu Gott aufzubauen. Sie können aber damit auch jemand anderen in die Gemeinschaft mit Gott führen.

1. **Kann man Gott wirklich persönlich kennen? Lesen Sie die angegebenen Stellen und schreiben Sie auf, was Sie über Gott erfahren.**

**1. Johannes 4,10**

---

**Johannes 17,3**

---

**Jeremia 29,11**

---

2. **Was hält uns davon ab, Gott persönlich kennenzulernen?**

**Römer 3,23**

---

Obwohl wir dazu geschaffen wurden, in Beziehung mit Gott zu leben, wählen wir – aufgrund unserer Ich-Bezogenheit – unseren eigenen Weg und sind ihm ungehorsam. Diese Ich-Bezogenheit, die sich entweder in aktiver Rebellion oder in passiver Gleichgültigkeit zeigt, ist ein Beweis für das, was die Bibel Sünde nennt.

**Römer 6,23**

---

Mit dem Tod, den Paulus hier anspricht, ist nicht nur der physische Tod gemeint, sondern auch die geistliche Trennung von Gott. Es bedeutet, dass *„die, die Gott nicht kennen, und* (die), *die dem Evangelium unseres Herrn Jesus nicht gehorchen ... Strafe leiden* (werden), *ewiges Verderben vom Angesicht des Herrn und von der Herrlichkeit seiner Stärke"* (2Thes 1,8-9).

Die Sünde, die im Leben eines jeden einzelnen Menschen sichtbar wird, trennt uns von der Liebe Gottes und macht eine Beziehung zu Gott unmöglich. Diese Trennung hat nicht nur ein irdisches Chaos zur Folge, sondern auch Konsequenzen für die Ewigkeit.

3. **Wie kann diese Trennung von Gott überwunden werden?**

**Römer 3,25**

---

Jesus Christus, Gottes Sohn, ist Gottes *einzige* Lösung für unsere Sünde. Durch ihn allein können wir Gott persönlich kennenlernen und seine Liebe erfahren.

**1. Korinther 15,3-6**

---

**Johannes 14,6**

---

*Aber:*

**4. Reicht es, die Wahrheit nur zu kennen?**

**Johannes 1,12**

---

Jeder von uns muss Jesus Christus als seinen Herrn und Retter *annehmen;* dann haben wir eine persönliche Beziehung zu Gott und können seine Liebe erfahren.

**Epheser 2,8-9**

---

Durch Glauben nehmen wir Jesus Christus in unser Leben auf, setzen unser Vertrauen auf ihn, seine Kraft und Macht.

**Offenbarung 3,20**

---

Wir nehmen Christus auf, indem wir seine persönliche Einladung annehmen.

*Und ...*

**5. Was passiert, wenn wir Jesus Christus aufnehmen?**

**2. Korinther 5,15**

---

Wenn wir Jesus im Glauben durch einen Akt unseres Willens aufnehmen, erhalten wir ein neues Leben. Wenn wir nur intellektuell zustimmen, dass Jesus

Christus der Sohn Gottes und am Kreuz für unsere Sünden gestorben ist, ist das kein Glaube. Glaube erfordert eine ehrliche Umkehr von den alten Wegen und ein Vertrauen auf Gott, dass er in Zukunft die Führung übernimmt. Rein intellektueller Glaube reicht nicht aus, damit Christus in Ihr Leben kommt. Eine emotionale, religiöse Erfahrung reicht aber ebenso wenig aus. Christus aufnehmen bedeutet, sich vom alten Ich abwenden (Buße tun) und Christus vertrauen, dass er in unser Leben kommt, uns die Sünden vergibt und uns zu dem macht, was wir sein sollen.

**6. Was verspricht die Bibel denen, die Christus aufnehmen?**

**1. Johannes 5,11 -13**

________________________________________

________________________________________

Wenn wir ihn aufnehmen, können wir sicher sein, dass wir im Himmel ewiges Leben haben und hier auf der Erde Freude. Wenn Sie Jesus Christus noch nicht im Glauben angenommen haben, können Sie es jetzt tun. Das folgende Gebet enthält keine magischen Worte; es ist einfach ein Vorschlag, damit Sie Ihren ehrlichen Wunsch nach einer Umkehr zu Gott ausdrücken können:

*„Herr Jesus, ich glaube, dass du der bist, der du sagst, und ich möchte dich persönlich kennenlernen. Danke, dass du am Kreuz für meine Sünden gestorben bist. Ich nehme deine Vergebung an und nehme dich als meinen Herrn und Retter an. Komm in mein Herz und mach mich zu dem Menschen, der ich sein sollte, als du mich schufst. Amen."*

## Ein neuer Anfang

Wenn Sie Jesus in Ihr Leben aufgenommen oder jemanden zu Jesus geführt haben, haben Sie oder die andere Person gerade einen neuen Anfang gemacht. *„Daher, wenn jemand in Christus ist, so ist er eine neue Schöpfung; das Alte ist vergangen, siehe, Neues ist geworden!"* (2Kor 5,17). Was bedeutet das nun?

- Sie haben erkannt, dass Sie ein Problem hatten. Sie haben gegen Gott gesündigt und sind Ihren eigenen Weg gegangen.
- Sie haben erkannt, dass Jesus Ihre einzige Lösung ist. Sie haben Gott gebeten, Ihnen Ihre Sünden zu vergeben. Sie haben sich von Ihrem alten Leben abgekehrt, hin zu Jesus, Ihrer einzigen Hoffnung auf Gemeinschaft mit Gott.
- Sie haben Jesus im Glauben geantwortet, ihn im Glauben als Herrn und Retter angenommen, der an Ihrer Stelle gestorben ist.
- Sie haben sich auf Jesus verlassen, dass er Sie vom Tod ins Leben führt. Im Glauben haben Sie sich ausgestreckt und sein Geschenk des ewigen Lebens angenommen. Sie sind nun in Gottes Familie aufgenommen.

## Einen Menschen zu Jesus führen

Wenn man einen Menschen zu Christus führen oder geistlich wachsen sehen möchte, ist es wichtig, eine Beziehung zu dieser Person aufzubauen. Haben Sie das gemacht und ihr das Evangelium erklärt, ist es gut, noch weitere effektive Werkzeuge an der Hand zu haben. Um zu zeigen, was Christsein bedeutet, gibt es nichts Besseres als Ihr eigenes Zeugnis. Ein Zeugnis ist eine einfache Beschreibung dessen, was Christus in Ihrem Leben getan hat. Ist es sorgfältig ausgearbeitet, kann es ein wirksames Mittel sein. Es ist gar nicht so schwer, die eigene Geschichte in präziser und effektiver Weise wiederzugeben. Im Folgenden finden Sie einige Hinweise.

### Wie Sie Ihr eigenes Zeugnis vorbereiten

Bevor Sie beginnen, bitten Sie Gott um Weisheit und Führung, damit Sie zu einem guten Ergebnis kommen. Die folgenden drei Punkte können den Rahmen für Ihre eigene persönliche Geschichte bilden.

### Mein Leben, bevor ich Christus kennenlernte

**Machen Sie sich bereits hier zu manchen Punkten Notizen.**

a. Ihr erster Satz sollte interessant sein und Aufmerksamkeit erregen.

________________________________________

b. Beschreiben Sie auch die Dinge, die gut waren in Ihrem Leben, bevor Sie Jesus kennenlernten (z.B. guter Mensch, Athlet, Leistungen, Moral, Großzügigkeit, Kirchgänger usw.)

________________________________________

c. Beschreiben Sie eines Ihrer grundlegenden Probleme (z. B. mangelnde Freude, kein Sinn im Leben, Stolz, falsche Prioritäten usw.)

________________________________________

d. Zeigen Sie auf, welchen Einfluss dieses Problem auf Ihr Leben hatte.

________________________________________

ODER – wenn Sie sich als Kind bekehrt haben – beschreiben Sie Ihre „ersten Jahre“.

e. Erzählen Sie, wie Sie als Kind versorgt wurden (z. B. körperliche Bedürfnisse wie Essen und Schutz durch Ihre Eltern oder Bezugspersonen).

________________________________________

f. Berichten Sie, wie Ihr Bedürfnis nach einer persönlichen Beziehung zu Gott entstand (z. B. „im Alter von .... Jahren wurde mir meine geistliche Not bewusst und ich wollte Gott persönlich kennenlernen.")

## Wie ich zu Christus fand

a. Seien Sie konkret.
b. Vermeiden Sie unklare Aussagen (z. B. „Ich ging nach vorne", „Ich machte ein Kreuz auf der Karte"). Gebrauchen Sie kein „Kanaanäisch" (z. B. „Ich wurde erlöst durch den stellvertretenden Tod des Lammes" usw.)
c. Sprechen Sie über Christus und das, was er getan hat (d. h.: Präsentieren Sie das Evangelium in Ihrem Zeugnis).

**Schreiben Sie das Evangelium einfach und klar hier auf:**

## Mein Leben, seit ich an Christus glaube

a. Beschreiben Sie, wie sich Ihr Leben verändert hat, seit Sie Christus angenommen haben (z. B. Bei welchen Problemen hat er Ihnen geholfen? Welchen Einfluss hat er auf Ihre Taten und Einstellungen? usw.)

b. Erzählen Sie, wie Christus Ihr Problem gelöst hat. Oder, wenn Sie sich als Kind bekehrt haben, beschreiben Sie eine positive Eigenschaft, die die Nachfolge Christi mit sich bringt (z. B. Freude, Friede, Hoffnung auf ewiges Leben, keine Angst vor dem Tod, Vergebung der Sünden, sinnerfülltes Leben).

c. Seien Sie aufrichtig und realistisch (z. B. „Nicht alle Probleme in meinem Leben waren auf einmal weg.")
d. Schließen Sie einen Aufruf ein, Gott persönlich kennenzulernen.

e. Beenden Sie Ihr Zeugnis mit einem starken, eindringlichen Schluss.

**Vermeiden Sie ...**

- für Nichtchristen bedeutungslose Klischees, wie „Segen“, „wiedergeboren“, „preist den Herrn“, „Bekehrung“, „erlöst“, „verherrlicht“ usw.
- vage, verallgemeinernde Aussagen über das, was in Ihrem Leben passiert ist. Werden Sie konkret.
- zu viele abgenutzte Schlagwörter wie „fantastisch“, „super“, „großartig“ usw.
- zu predigen. Berichten Sie einfach aus Ihrer Erfahrung.

Die zwei folgenden Beispiele zeigen Ihnen, wie sich ein Zeugnis anhören könnte. Sie sollen Ihnen bei der Vorbereitung Ihres eigenen Zeugnisses helfen.

## Beispiel Nr. 1: Bekehrung in der Kindheit

(*Mein Leben, bevor ich Christus kennenlernte.*) Seit ich denken kann, hatten mich meine Eltern von Herzen lieb und sorgten gut für mich. Auch wenn sie nicht reich waren, wurden meine grundlegenden Bedürfnisse nach Essen, Kleidung, Schutz und Liebe immer gestillt. Sie kümmerten sich aber nicht nur um meine physischen Bedürfnisse, sondern auch um mein geistliches Leben.

(*Wie ich Christus kennenlernte.*) Als ich sechzehn Jahre alt war, nahmen mein Vater und ich an einer Beerdigung teil. Während wir so über den Friedhof gingen, stellte ich ihm eine grundlegende Frage, die wir alle irgendwann einmal haben. Die Frage lautete: „Papa, wohin gehst du, wenn du einmal stirbst?“ Mein Vater nahm dann zu Hause die Bibel und zeigte mir, dass es nach dem Tod zwei mögliche Ziele gibt – den Himmel oder die Hölle. Er erklärte mir, dass die Bibel unter anderem auch darum geschrieben wurde, dass wir sicher sein können, dass wir ewiges Leben haben, d. h. in den Himmel kommen (1Jo 5,13). Mein Vater sagte mir, dass der Himmel ein Geschenk für alle die ist, die Christus nachfolgen wollen. Er sagte mir, dass Christus nachzufolgen ganz einfach ist: Man muss nur die Führung seines Lebens Christus übergeben.

(*Seit ich Christus kenne.*) Seit ich Christus nachfolge, habe ich keine Angst mehr vor dem Tod, denn Christus hat versprochen, dass seine Nachfolger mit ihm für immer im Himmel leben werden. Verstehen Sie mich nicht falsch: Mein Leben ist nicht perfekt! Ich kämpfe mit ähnlichen Problemen wie Sie. Doch die Gewissheit des ewigen Lebens gibt mir Frieden und Vertrauen, dass ich diese Probleme angehen kann.

Wenn Sie nichts dagegen haben, möchte ich Ihnen nun erklären, wie auch Sie eine persönliche Beziehung zu Gott haben können und diese Gewissheit des ewigen Lebens bekommen können.

## Beispiel Nr. 2: Bekehrung im späteren Leben

(*Mein Leben, bevor ich Christus kennenlernte.*) Im Alter von 20 Jahren realisierte ich, dass bei mir zwar äußerlich alles in Ordnung schien, doch innerlich ging ich durch Höhen und Tiefen. Ich verbrachte viel Zeit damit, nach einer dauerhaften, tiefen Beziehung zu suchen, doch jedes Mal wurde ich bitter enttäuscht – bis ich Jesus Christus kennenlernte.

(*Wie ich Christus kennenlernte.*) Als ich mein Leben Christus übergab, begann ich allmählich zu verstehen, dass echte, dauerhafte Beziehungen erst durch die Beziehung zu Gott möglich werden. Ich wusste aber nicht, wie ich zu dieser persönlichen Beziehung mit Gott kommen konnte. Bis ein Freund es mir erklärte. Er sagte, dass Gott mich liebt und seinen Sohn gesandt hat, um die Strafe für meine Sünden auf sich zu nehmen, damit ich eine persönliche Beziehung zu Gott haben kann. So bat ich Jesus Christus, in mein Leben zu kommen.

(*Seit ich Christus kenne.*) Mein Glauben an Christus hat mir geholfen, die richtigen Prioritäten zu setzen. Seit Gott in meinem Leben an erster Stelle steht und seine Prioritäten die meinen geworden sind, weiß ich, was es heißt, einen Freund im Leben zu haben, der sich um mich kümmert. Jesus wurde mein bester Freund, und dadurch wurde auch ich ein besserer Freund für andere.

**Schreiben Sie jetzt mit Hilfe der Notizen Ihr persönliches Zeugnis nieder, und üben Sie es vorzutragen.**

# Zusammenfassung der Wahrheiten 4-6

## Wahrheit 4

***Wir glauben,*** dass Gott Mensch wurde. Wenn wir uns die Beweise ansehen, die zeigen, dass Jesus Gott-Mensch war, dann können wir diese Wahrheit mit Gewissheit glauben.

Das Kommen Jesu Christi auf Erden zeigt uns, dass Gott uns bedingungslos annimmt, obwohl wir Sünder sind.

Wenn wir andere so annehmen, wie Gott uns annimmt, können wir feste und innige Beziehungen aufbauen.

## Wahrheit 5

***Wir glauben,*** dass Christus stellvertretend für unsere Sünden am Kreuz gestorben ist, sodass wir bei Gott erlöst sind. Weil es genügend Beweise gibt, dass Jesus in Wahrheit Gottes Sohn ist – ein vollkommenes und wohlgefälliges Opfer –, können wir das mit Gewissheit glauben.

Christi Opfertod ist wichtig für uns, weil er seine Liebe zu uns deutlich macht. Er ist die Voraussetzung dafür, dass Gott uns unsere Sünden vergeben kann.

Christi Opfertod zeigt erst, was wahre Liebe ist. Eine Liebe, die wir an andere Menschen weitergeben sollen. Wenn wir das tun, erleben wir die Freude fester, liebevoller Beziehungen.

## Wahrheit 6

***Wir glauben,*** dass wir allein durch Gottes Gnade und durch den Glauben an Jesus gerechtfertigt worden sind vor Gott und vollkommene Vergebung der Sünden erfahren haben.

Weil es genügend Beweise gibt, dass Christus Gottes Sohn ist, können wir mit Gewissheit glauben, dass unsere Rechtfertigung sicher ist.

Wenn wir in einer Beziehung mit Gott leben, erlöst, gerechtfertigt, geheiligt und als seine Kinder angenommen worden sind, sind wir vom Tod ins Leben hinübergegangen und sehen mit Freude dem ewigen Leben entgegen.

Doch so wunderbar und erstaunlich das auch sein mag, das ist noch nicht alles. In *Mit Sicherheit 2* werden wir die Wahrheit über die Neuschöpfung Gottes entdecken. Sein Ziel ist, alle Dinge zu einer vollkommenen Welt ohne Sünde wiederherzustellen. Und wir sind an diesem Auftrag beteiligt.

# Anmerkungen

## 1. Wahrheit: Gottes existiert

### Kapitel 1.1 Wer ist Gott?

1 Wikipedia, Artikel: *Age and Size of the Universe* auf www.wikipedia.org/wiki/universe, 2009.

2 Erklärt in der Filmproduktion *Ants Natures secret power* produziert für den Wissenschaftskanal von ADI Mayer Film und OMF mit Docstar DWRBM: BWK@2004.

3 Wikipedia, Artikel: *The Brain* auf www.en.wikipedia.org/wiki/brain, 2009.

4 ebd. *The pantheism* auf www.en.wikipedia.org/wiki/pantheism, 2009.

5 Christian Smith, *Soul Searching: The Religious and Spiritual Lives of American Teenagers* (New York, NY: Oxford Press,2005), S. 41-42.

6 Wikipedia, Artikel: *Overview of Deism* auf www.en.wikipedia.org/wiki/deism, 2009.

7 Smith, S. 41-42.

### Kapitel 1.2 – Woher wissen wir, dass Gott existiert?

1 Frank Turek, The Cosmological Argument, in *Apologetics Study Bible*, Hrsg. Sean McDowell (Nashville, TN: Broadman & Holman Publishers 2009). Turek zitiert Norman Geisler und Frank Turek aus *I don t have enough faith to be an atheist* (Wheaton, IL: Crossway Books, 2004).

2 Willian Lane Craig im Interview mit Lee Strobel, *The Case for a Creator* (Grand Rapids, MI: Zondervan, 2004), S. 109.

3 William A. Dembski und Sean McDowell, *Understanding Intelligent Design* (Eugene, OR: Harvest Publishing House)

4 Hill Roberts und Mark Whorton, *Holman Quick Source Guide to Understanding Creation* (Nashville: Broadman & Holman Publishing 2008), S. 122-123.

5 Ebd., S. 109-110.

6 Ebd., S. 133-134.

7 Sean McDowell, *Ethix* (Nashville, TN: Broadman & Holman Publishers, 2006), S. 49-50, Zitat von Fjodor Dostojewski, *Die Brüder Karamasow* (New York, NY: Bantam Books, 1970), S. 95.

8 Ebd., S. 161-162.

9 Bertrand Russel, *Why I am not a Christian* (New York, NY: Simon & Schuster, 1957), S. 107.

10 Aus Josh McDowell und Thomas Willams, *In Search of Certainty* (Wheaton, IL; Tyndale House Publishers, 2003).

### Kapitel 1.3 Unsere Identität als Geschöpf Gottes verstehen

1 Charles W. Colson, *The Faith* (Grand Rapids, MI: Zondervan, 2008), S. 171.

2 Charles C. Ryrie Hrsg., *Ryrie Study Bible* (Chicago IL: Moody Press, 1976), S. 25. (Deutsche Ausgabe, *Die Ryrie Studien-Bibel*. SCM R. Brockhaus Verlag.)

## Wahrheit 2 – Gottes Wort

### Kapitel 2.1 Warum hat Gott uns sein Wort gegeben?

1 Aus Josh McDowell, Bob Hostetler, David Bells, *Beyond belief to conviction* (Wheaton, IL: Tyndale House Publishers, 2002), S. 157-158, 163-165 und www.seanmcdowell.org.

### Kapitel 2.2 Beweise dafür, dass Gottes Wort zuverlässig ist

1 Josh McDowell, Bob Hostetler, David Bells, *Beyond belief to conviction* (Wheaton, IL: Tyndale House Publishers, 2002), S. 166 -178 und www.seanmcdowell.org.

2 Josh McDowell, *Evidence that demands a verdict* (Nashville, TN: Nelson, 1999), S. 74. (Deutsche Ausgabe: *Die Fakten des Glaubens: Die Bibel im Test*. Hänssler/CLV, 2003.)

3 Ebd., S. 78.

4 Ebd., S. 79.

5 Aus Josh Mcdowell, *New Evidence*, Tabelle auf S. 38.

6 Ebd.

7 Ebd., S. 38-39.

8 United Bible Society, *2008 Global Summary of Scripture Distribution by Bible Societies*. Siehe www.biblesociety.org/index.php?id=21.

9 United Bible Society, *2008 Global Scripture Translation as of December 31, 2008*, www.biblesociety.org/index.php?id=22.

10 Aus Josh McDowell, Hosteteler, Bellis, S. 167-169, 176-179.

11 Sean McDowell, *Bones and Dirt, Apologetics Study Bible for Students*. Sean McDowell Hrsg., (Nashville, TN: Broadman & Holman Publishers, 2009).

### Kapitel 2.3 Bewahrung und Fürsorge durch Gottes Wort

1 Aus Josh McDowell, Bob Hostetler, David Bells *Beyond belief to conviction* (Wheaton IL, Tyndale House Publishers, 2002), S. 11-12 www.seanmcdowell.org.

2 Paul Copan, *True for you but not for me* (Minneapolis, MN: Bethany House Publishers, 1998), S. 17.

3 Aus Sean McDowell, *Ethix: Being Bold in an Whatever World* (Nashville TN: Broadman & Holman Publishers, 2006), S. 41.

4 Dieses Kapitel wurde entnommen aus den Kapiteln 6 und 7 von Josh McDowell und Bob Hostetler, *Right from wrong* (Nashville TN: Word Publishing, 1994).

5 Bill Hybels, *Laws That Liberate* (Wheaton , IL: Victor Books, 1985), S. 10.

6 S. I. McMillen, *None of These Diseases* (Westwood, NJ: Spire Books, 1968; aus dem Vorwort). (Deutsche Ausgabe: *Vermeidbare Krankheiten*, Aussaat Verlag, 1969.)

### Kapitel 2.4 Gottes Bewahrung und Fürsorge erleben und genießen

1 Dieses Kapitel wurde entnommen aus den Kapiteln 10 und 11 von Josh McDowell und Bob Hostetler, *Right from wrong* (Nashville TN: Word Publishing 1994).

2 Caitlin Flanagan, Why Marriage matters, *Time magazine*, 13. Juli, 2009, S. 47.

3 Ebd., S. 47.

## 3. Wahrheit: Die Sünde

### Kapitel 3.1 Die erste zerbrochene Beziehung

1 Adapted from Josh McDowell and Thomas Williams, *The Relational Word* (Holiday, FL: Green Key Books, 2006), S. 21-24.

2 Aldous Huxley, Confessions of a Professed Atheist, *Report: Perspective on the News*, Bd. 3 Juni 1966), S. 19.

3 Christian Smith, *Soul Searching: The Religious and Spiritual Lives of American Teenagers* (New York, NY: Oxford University Press, 2005), S. 165.

4 Ebd., S. 163.

## 4. Wahrheit: Gott wurde Mensch

### Kapitel 4.2 Der Beweis, dass Gott Mensch wurde, um uns zu erlösen

1 C. S. Lewis, *Mere Christianity* (New York, NY: Macmillan, 1960), 40-41. (Deutsche Ausgbabe: *Pardon, ich bin Christ*. Brunnen Verlag, 2002.)

2 Diagram drawn from Josh McDowell, *The New Evidence That Demands a Verdict* (Nashville, TN: Thomas Nelson Publishers, 1999), 158. (Deutsche Ausgabe: *Die Fakten des Glaubens: Die Bibel im Test*. Hänssler/CLV, 2003.)

3 William E. Lecky, *History of European Morals from Augustus to Charlemagne* (New York, NY: D. Appleton, 1903), S. 2, 8-9.

4 Clark H. Pinnock, *Set Forth Your Case* (Nucley, NJ: Craig Press, 1967), S. 62.

5 Gary R. Collins, quoted in Lee Strobel, *The Case for Christ* (Grand Rapids, MI: Zondervan, 1998), S. 147.

6 Dan Brown, *The Da Vinci Code* (New York, NY: Doubleday, 2003), 233. (Deutsche Ausgabe: *Sakrileg*. Bastei Lübbe, 2004.)

7 James A. Kleist, *The Epistles of St. Clement of Rome and St. Ignatius of Antioch, "To the Ephesians"* (Ramsey, NJ: Paulist Press, 1978).

8 Alexander Roberts, *First Apology, the Ante-Nicene Fathers*, Bd. 1 (Grand Rapids, MI: Eerdmans, 1993), S. 184.

9 Joseph P. Smith, St. Irenaeus: *Proof of the Apostolic Preaching* (Ramsey, NJ: Paulist Press, 1978), Kapitel 47.

10 Pliny, *Letters and Panegyricus*, übersetzt von Betty Radice, Loeb Classical Library (Cambridge, MA: Harvard University Press, 1969): 10.96 (2. 289).

11 J. Ed Komoszewski, M. James Sawyer, Daniel B. Wallace, *Reinventing Jesus* (Grand Rapids, MI: Kregel, 2006), S. 215.

12 Drawn from Josh McDowell and Sean McDowell, *More Than a Carpenter* (Wheaton, IL: Tyndale House Publishers, 2009), 30-39. (Deutsche Ausgabe: *Wer ist dieser Mensch?* CLV/Hänssler.)

13 Origen, *Contra Celsum*, übersetzt von Henry Chadwick (Cambridge, England: Cambridge University Press, 1980), S. 32.

14 Aus Josh McDowell, Bob Hostetler, David H. Bellis, *Beyond Belief to Convictions* (Wheaton, IL: Tyndale House Publishers, 2002), S. 68-71.

### Kapitel 4.3 Was Gottes bedingungslose Akzeptanz bewirkt

1 Gloria Gaither and William J. Gaither, *I Am Loved* (Nashville, TN: William J. Gaither, Inc., 1978), CCLI14019.

2 Aus Josh McDowell, Bob Hostetler, David H. Bellis, *Beyond Belief to Convictions* (Wheaton, IL: Tyndale House Publishers, 2002), S. 92-93.

### Kapitel 4.4 Wie können wir andere so annehmen, wie Gott uns annimmt?

1 Drawn from David and Teresa Ferguson, *Never Alone* (Wheaton, IL: Tyndale House Publishers, 2001), S. 87-88.

2 Aus Josh McDowell, Bob Hostetler, David H. Bellis, *Beyond Belief to Convictions* (Wheaton, IL: Tyndale House Publishers, 2002), S. 147-149.

## 5. Wahrheit: Jesu Sühnung für unsere Sünden

### Kapitel 5.2 Der Beweis, dass Jesus das vollkommene Opfer war

1 Dieses Kapitel wurde entnommen aus Kapitel 4 von Josh McDowell, Bob Hostetler, David H. Bellis, *Beyond Belief to Convictions* (Wheaton, IL: Tyndale House Publishers, 2002), S. 63-68.

2 Für weitere Ausführungen zu dieser Prophetie siehe Josh McDowell, *The New Evidence That Demands a Verdict* (Nashville: Thomas Nelson Publishers, 1999), 195-201. (Deutsche Ausgabe: *Die Fakten des Glaubens: Die Bibel im Test.* Hänssler/CLV, 2003.)

3 Peter W. Stoner and Robert C. Newman, *Science Speaks* (Chicago: Moody Press, 1976), S. 107.

4 Edb.

### Kapitel 5.3 Die wahre Bedeutung der Liebe

1 Charles Wesley (1707-1788), Robert K Brown and Mark R. Norton (Hrsg.), *The One Year Book of Hymns* (Wheaton, IL: Tyndale House Publishers, 1995), 29. März.

### Kapitel 5.4 Wie wir andere so lieben können, wie Gott uns geliebt hat

1 Max Lucado, *3:16: The Numbers of Hope* (Nashville, TN: Thomas Nelson Publishers, 2007), 42. (Deutsche Ausgabe: *Das 3:16-Versprechen.* Gerth Medien, 2008.)

2 Charles W. Colson, *The Faith* (Grand Rapids, MI: Zondervan, 2008), S. 164-165.

3 Jeff Myers, *Handoff* (Dayton, TN: Legacy Worldwide, 2008), S. 128.

## 6. Wahrheit: Rechtfertigung aus Glauben

### Kapitel 6.2 Beweise für die Macht Jesu, uns zu retten

1 Bascom Palmer Eye Institute, Cataracts, www.bpei.med.miami.edu/site/disease/disease_cataracts.asp (2009).

2 Josh McDowell, Bob Hostetler, David H. Bellis, *Beyond Belief to Convictions* (Wheaton, IL: Tyndale House Publishers, 2002), S. 71-76.

### Kapitel 6.3 Die Freude der Errettung

1 Josh McDowell, Sean McDowell, *More Than a Carpenter* (Wheaton, IL: Tyndale House Publishers, 2005), 160-165. (Deutsche Ausgabe: *Wer ist dieser Mensch?* CLV/Hänssler.)

rigatio
Kurs- und Studienmaterial

**Josh McDowell**
**Sean McDowell**

lehre

## MIT SICHERHEIT TEIL 2

Grundlagen unseres Glaubens

Broschiert, 240 Seiten
Format: 20 x 27 cm

ISBN 978-3-95790-015-9
Best.-Nr. 682 015

**EUR 18,95**

**Josh McDowell** ist als Redner in der ganzen Welt unterwegs und beschäftigt sich intensiv mit apologetischen Themen. Auch als Autor ist er international bekannt und geschätzt. Josh und seine Frau haben vier erwachsene Kinder und leben in Kalifornien.

**Sean McDowell** arbeitet als Lehrer, Konferenzredner und Autor. Wie seinem Vater Josh ist es ihm ein besonderes Anliegen, jungen Menschen eine christliche Weltsicht zu vermitteln. Sean lebt mit seiner Frau und seinen zwei Kindern in Kalifornien.

**Kennen Sie Ihren Glauben?** Können Sie ihn anderen erklären? Welche Bedeutung haben Glaubenswahrheiten für Ihren Alltag? Wenn Sie die grundlegenden Wahrheiten des christlichen Glaubens fundiert und praktisch erarbeiten möchten, dann ist dieser Kurs ideal für Sie.

**Josh und Sean McDowell stellen zwölf elementare Wahrheiten unseres Glaubens** anschaulich und eindrücklich vor. Beim Studieren werden Sie feststellen: Das Entdecken unseres Glaubens ist keine trockene und langweilige Sache, sondern interessant, lebendig und von praktischer Bedeutung für das alltägliche Leben.

**Im zweiten Band** dieses zweiteiligen Kurses geht es um die sechs Themen:

- das neue Leben in Christus
- die Dreieinheit
- die Gemeinde
- die Auferstehung Jesu
- das Reich Gottes
- Jesu Wiederkunft

**Sie können den Kurs einzeln oder in einer Gruppe durcharbeiten.** Dabei lernen Sie nicht nur selbst Ihren Glauben kennen, sondern bekommen auch hilfreiche Tipps und Anregungen, wie Sie mit Kindern, Freunden oder Kollegen darüber reden können.

**Auf www.rigatio.com finden Sie zusätzliches kostenloses Material** für die Vorbereitung und Durchführung von Gruppentreffen.

Sich
und andere
im Glauben
*fördern*

rigatio Stiftung gGmbH
Carl-Benz-Straße 2 | 57299 Burbach | Deutschland
www.rigatio.com